本书获自治区级协同创新中心——陆海经济一体化协同创新中心、广西高等学校高水平创新团队及卓越学者计划、广西一流学科(培育)——应用经济学的资助

镜湖文库
JINGHU LIBRARY
广西财经学院经济与贸易学院

镜湖文库

JINGHU
LIBRARY

广西对外贸易商品结构与产业结构相互关系研究

宋文 著

中国经济出版社
CHINA ECONOMIC PUBLISHING HOUSE
·北京·

图书在版编目（CIP）数据

广西对外贸易商品结构与产业结构相互关系研究／宋文著．--北京：中国经济出版社，2020.10
（广西财经学院镜湖文库）
ISBN 978-7-5136-6374-8

Ⅰ．①广… Ⅱ．①宋… Ⅲ．①对外贸易-出口商品结构-关系-产业结构-研究-广西 Ⅳ．①F752.867

中国版本图书馆 CIP 数据核字（2020）第 195993 号

责任编辑　燕丽丽　赵嘉敏
责任印制　巢新强
封面设计　赵　飞

出版发行　中国经济出版社
印 刷 者　北京九州迅驰传媒文化有限公司
经 销 者　各地新华书店
开　　本　710mm×1000mm　1/16
印　　张　14.5
字　　数　250 千字
版　　次　2020 年 10 月第 1 版
印　　次　2020 年 10 月第 1 次
定　　价　88.00 元
广告经营许可证　京西工商广字第 8179 号

中国经济出版社 **网址** www.economyph.com **社址** 北京市东城区安定门外大街 58 号 **邮编** 100011
本版图书如存在印装质量问题，请与本社销售中心联系调换（联系电话：010-57512564）

前　言

在美国单边主义和贸易保护主义的影响下，全球经济贸易增速放缓，外国直接投资大幅下降，世界主要发达经济体下行压力增大，新兴经济体发展步伐缓慢。在此背景下，中国结构性矛盾突出，产业结构和对外贸易商品结构调整迫在眉睫。广西作为“一带一路”海上丝绸之路的重要节点，近年来与东盟国家的经济贸易合作取得了新进展。中国—东盟自由贸易区的深化发展、中国（广西）自由贸易试验区的获批，为广西开展对外经贸合作提供了契机。随着广西经济总量的上升和进出口贸易总额的扩大，经济发展从量变向质变过渡，协调产业结构升级和优化进出口商品结构是新时期广西经济发展需要突破的瓶颈。

广西经济发展与产业结构升级、对外贸易商品结构优化息息相关，对外贸易商品结构与产业结构的协调发展对广西经济实现跨越式振兴具有重要意义。本书主要研究广西对外贸易商品结构和产业结构的相互关系，在对广西对外贸易商品结构和产业结构发展现状进行系统分析的基础上，运用数理模型对两者之间的关系进行实证检验，探究其发展过程中存在的问题，在此基础上提出广西产业结构调整和对外贸易商品结构优化的建议。本书的研究结论对广西经济发展和产业结构、对外贸易商品结构调整具有一定程度的理论指导意义，为西部其他省市进行贸易结构和产业结构改革提供了现实参考。

本书从以下几个部分展开研究与论述：

第 1 章是绪论。介绍了选题背景及意义，对国内外相关文献进行了梳理，还介绍了本书的研究内容和方法。

第 2 章介绍了对外贸易商品结构与产业结构关系的理论基础。首先，总结了对外贸易商品结构理论，归纳了对外贸易商品结构优化的衡量标准。其次，梳理了产业结构理论，分析影响产业结构升级的各项要素条件。再次，总结出对外贸易商品结构与产业结构相互发展的两种状态：一致性发展和错位发展。错位发展包括超前错位和落后错位。最后，探讨了对外贸易商品结构影响产业结构的传导机制和产业结构影响对外贸易商品结构的途径。

第3章是广西对外贸易商品结构和产业结构的历史演进。第1节重点梳理了广西2004—2017年进出口商品结构的变迁，对广西进出口贸易中具有代表性的初级产品、劳动密集型产品和资本技术密集型产品贸易进行了详细分析。第2节系统研究广西产业结构的演进过程，详细分析了广西三次产业内部结构的发展情况。

第4章和第5章是广西对外贸易商品结构和产业结构互动关系的实证研究部分。第4章第1节运用反映广西出口商品结构、进口商品结构和产业结构变化的指标分析得出广西进出口商品结构落后错位于产业结构；第2节实证检验了广西产业结构变化与进出口商品结构变化的相关性，研究发现两者关联性不强，特别是广西进口商品结构变化对产业结构升级的促进作用十分有限。第5章通过建立回归方程研究广西三次产业对进出口商品结构变化的影响和广西分类商品进出口对产业结构变化的影响，具体分析了各个自变量对因变量的影响程度。

第6章是结论与政策建议。第1节总结了本书的主要研究成果；第2节根据广西经贸发展特点，提出了有针对性的政策建议，包括基于广西产业结构特色的外贸政策调整和与广西对外贸易商品结构优化相协调的产业结构发展策略。

本书受广西财经学院科研项目（编号：BS2019021）、广西财经学院经济与贸易学院科研项目（编号：2019ZD13）、国家社科基金重点项目（编号：16AJY019）以及中国（广西）—东盟跨境电子商务与区域发展创新团队的经费支持。诚然，笔者竭尽全力钩沉索隐，但仍存在不足之处，希望得到读者的批判指正，这将成为笔者今后长期深耕研究的动力与努力方向。

宋　文

2020年5月于南宁

目　录

1 绪 论

1.1 研究背景和意义

1.1.1 研究背景

1.1.1.1 世界经济增速趋缓，贸易保护主义抬头

2008 年，世界部分发达国家和发展中国家经济受国际金融危机影响而陷入负增长。为摆脱困境，相关国家施行了强有力的经济刺激政策，2010—2011 年，世界经济逐渐复苏，以至于出现了超预期反弹。然而，2012 年欧债危机爆发，加之世界大宗商品价格剧烈波动，以及美联储货币政策调整等负面因素影响，发达国家经济增速动力严重不足，部分发展中国家经济发展出现停滞，世界经济再次出现下滑。正是在这一背景下，世界经济和全球贸易量在 2016 年分别仅增长了 3.3%和 2.2%。尽管在此之后，受美国等发达国家经济恢复与增长的驱动，世界经济出现新一轮周期性复苏。相比 2016 年，世界 GDP 增长率由 3.3%上升到 2017 年的 3.7%，增幅达 0.4 个百分点。但是，2018 年世界 GDP 没有延续这一高增长趋势。按购买力平价计算，世界 GDP 增长率在 2018 年约为 3.7%，仅持平上一年度。伴随世界经济增长动能不足，世界经济未来增速的下行压力较大，特别是在贸易保护主义抬头、美联储加息、地缘政治冲突加剧等影响下，世界经济发展中不确定性因素增多，全球生产、消费、贸易、投资进程普遍趋缓。例如，2019 年第一季

度，世界货物贸易量同比仅增长0.4%，增速较上年同期回落4个百分点，为10年来同期最低。同年1—5月，世界货物出口额同比下降2.3%，货物进口额下降6.9%，而上年同期进、出口额同比均达到两位数增长。

在国际金融危机爆发十余年后，世界经济增长率仍低于危机前水平，经济形势不容乐观。同时，逆全球化、贸易保护主义的持续蔓延，使世界贸易增长速度低于经济增长速度，贸易对经济增长的支撑作用下降，贸易摩擦与投资争端加剧，严重冲击着全球产业格局。受新兴科技和产业变革等诸多因素的综合影响，各国资源、技术禀赋优势正悄然发生着变化，全球产业重组和产业链布局调整势在必行。特别是国际金融危机之后，发达国家不断提高在具备比较优势领域的竞争力，吸引资本回流制造业。与此同时，新兴经济体试图突破传统国际分工对发展空间的制约，这导致发达国家和个别发展中大国的竞争优势强化，后发国家调整的空间有限。从产业发展来看，需求总量、结构以及地域构成同样重要，对外贸易结构的调整也受此影响。全球消费布局和消费重心的改变，会促进各国调整产业和贸易政策，这亦将改变世界产业分工和商品贸易结构。

1.1.1.2 中国经济长期向好，外贸发展压力增大

中国经济发展正处于战略机遇期，有足够的韧性、巨大的潜力和不断迸发的创新活力应对世界经济的不稳定因素，因此，中国经济长期向好的态势不会改变。2018年，中国GDP超过900千亿元，按可比价格计算，比上年增长6.6%。从产业发展情况来看，第一产业增加值超过64千亿元，比上年增长3.5%；第二产业增加值超过36千亿元，比上年增长5.8%；第三产业增加值超过469千亿元，比上年增长7.6%。在供给侧结构性改革效应下，中国经济结构持续优化。其中，第三产业增加值占全年GDP的比重为52.2%，较上年增长0.3个百分点，高于第二产业11.5个百分点。同时，消费作为经济增长主动力的作用明显，消费支出对GDP增长的贡献率达到76.2%，较上年增长18.6个百分点，远高于资本形成总额。

2019 年，是中国全面建成小康社会，实现第一个百年奋斗目标的关键之年。一季度 GDP 增长 6.4%，经济运行远好于预期，新旧动能转换加快实施，夯实了全年经济稳定健康发展的良好基础。在这一季度，全国规模以上工业增加值增长 6.5%；经济结构转型升级成效显现，全国工业产能利用率为 75.9%，为 2013 年以来的次高点；高技术产业增加值和战略性新兴产业增加值分别增长 7.8%和 6.7%；固定资产投资增长 6.3%，其中高技术制造业投资增长 11.4%，增速比全部投资高出 5.1 个百分点。

当前，中国经济总体运行平稳，但周期性、结构性问题叠加，外贸发展仍存在较多困难，特别是在全球经济增长放缓、中美贸易摩擦升温的背景下。不过，中国外贸发展的有利因素依旧存在。例如，2018 年中国货物贸易总量首次超过 30 万亿元，达 305051 亿元，较上年增长 9.7%。其中，出口 164177 亿元，进口 140874 亿元，贸易顺差 23303 亿元；一般贸易进出口占比 57.8%，较上年高出 1.4 个百分点；机电产品出口增长 7.9%，占出口总额的 58.8%，较上年提高 0.4 个百分点。中国与发达国家之外的贸易伙伴进出口额增加，尤其是与“一带一路”沿线国家进出口贸易额增长达 13.3%。伴随着中国与“一带一路”沿线国家经贸合作的纵深发展，将有效对冲发达国家经济趋缓给中国经济造成的影响。

改革开放以来，中国对外贸易商品结构不断转型升级，逐步由中国制造向中国创造跃升。特别是近 10 年来，中国外贸逐渐由高速发展迈向高质量发展，出口主导产业慢慢从轻工纺织等传统劳动密集型产业，转向装备制造业、高新技术产业等资本、技术密集型产业。例如，高铁、航空航天、通信设备等高附加值产品，逐步赢得海外市场的认可。

1.1.1.3 广西经济发展增速，外贸发展机遇递增

作为中国国内的新兴经济体，受益于“一带一路”倡议、中国—东盟自由贸易区的升级、中国（广西）自由贸易试验区和广西北部湾经济区的开发建设，在坚持“三大定位”新使命和“五个扎实”新要求的发展方针指引

下，广西经济进入高速发展时期。“十三五”期间，广西经济社会发展稳中向好，经济结构逐步优化，增长动力逐步转换，开放合作不断拓展，经济综合实力持续提升。但是，在国内外经济下行风险增大的背景下，广西经济仍然面临新旧动能转型升级、外贸结构调整等突出问题。

2018 年，广西全区经济运行总体平稳。经初步核算，全年全区生产总值为 20352.51 亿元，按可比价格计算，较上年增长 6.8%。从产业发展情况来看，第一产业增加值增长 5.6%，第二产业增加值增长 4.3%，第三产业增加值增长 9.4%。从轻、重工业来看，轻工业增加值增长 5.6%，重工业增加值增长 4.4%。三次产业增加值占全区生产总值的比重分别为 14.8%、39.7%和 45.5%，三次产业对经济增长的贡献率分别为 13.1%、25.4%和 61.5%。第三产业对地区经济的贡献率超过第二产业，作为经济血脉的金融业、作为促进先进制造业和现代服务业融合发展重要纽带的租赁和商务服务业，增速明显高于其他传统的第三产业。同年，广西货物进出口总额 4106.71 亿元，比上年增长 5.0%。其中，出口 2176.14 亿元，增长 14.6%；进口 1930.57 亿元，下降 4.1%。贸易顺差 245.57 亿元，比上年增加 359.83 亿元。对东盟国家进出口总额 2061.49 亿元，比上年增长 6.3%。从出口商品来看，高新技术产品出口 425.51 亿元，增长 35.4%；机电产品出口 964.95 亿元，增长 22.0%；农产品出口 139.63 亿元，增长 3.1%。尽管在中美贸易摩擦的影响下，广西从美国进口机电产品、高新技术产品以及农产品均呈下降趋势，但是在 2019 年，广西获批中国（广西）自由贸易试验区，这将深化广西面向东盟的经济合作，并彰显广西作为西部陆海新通道的功能地位。

1.1.2 研究意义

1.1.2.1 理论意义

对外贸易商品结构优化和产业结构升级一直是学术界研究的重点领域，国内外学者偏向于对两者进行独立研究，虽然近些年出现了关于对外贸易商品结构与产业结构相互关系的研究，但是对两者关系的阐述不够清晰。本书明确界定了对外贸易商品结构和产业结构之间存在一致性发展和错位发展的关系。错位发展主要包括超前错位和落后错位。

国内外对于对外贸易商品结构和产业结构关系的研究主要集中于某一国家或地区；对具体省份的研究主要集中于东中部省市，特别是贸易大省，针对广西的研究几乎没有。鉴于地方经济特色，广西与东中部地区的发展情况有异，本书研究了广西对外贸易商品结构与产业结构的作用机制及相互关系，填补了此领域理论研究的空白。此外，本书的研究还可为西部省市深化和拓展对外贸易商品结构与产业结构的理论研究提供借鉴和依据。

1.1.2.2 现实意义

“一带一路”倡议、中国—东盟自由贸易区的升级和国家西部大开发战略为广西经济腾飞带来了机遇，同时也带来巨大挑战。作为经济后发地区，如何跨越性地实现经济振兴，需要将地方特色和经济发展有效结合起来。广西与其他西部省市相比，具有自身的发展特点和优势。本书在系统梳理广西对外贸易商品结构和产业结构发展现状的基础上，对两者关系进行实证检验，并研究其发展过程中存在的问题。针对广西对外贸易商品结构优化和产业结构升级的互动过程中存在的问题，提出适合广西的政策建议。同时，本书为西部其他省市实施进出口商品结构和产业结构调整提供了一定的现实参考。

1.2 研究动态与述评

产业结构建立在一国（地区）生产结构的基础上，一方面，产业结构决定着对外贸易商品结构的水平；另一方面，对外贸易商品结构也反映着产业结构的状况，在长期的经济发展中会引导一国（地区）产业结构的变化。经济发展中的各种内外部因素会促使产业结构升级，包括生产资料的优化配置、技术进步、消费者需求、对外贸易、国际投资因素等（杜传忠、郭树龙，2011）①。一国（地区）的对外贸易商品结构优化除了深受本国（地区）产业结构的影响外，同样会受到国外消费者偏好和外部经济环境的影响。

国内研究对外贸易商品结构优化与经济发展、产业结构升级与经济发展关系的文献较多，但将对外贸易商品结构和产业结构结合起来进行研究的并不多；国外文献的研究多集中在国家层面。关于两者相互关系研究的国内文献中，集中在研究中国对外贸易商品结构和产业结构的相互关系上，关于地区的研究多集中在东中部地区，对西部地区的研究则较少，针对广西的研究几乎没有。对外贸易商品结构与产业结构的发展应该是相辅相成的（蒋昭侠，2004）②，但在现实经济中，某些特定时期两者会存在一定程度的偏离。本书对现有文献进行梳理，从对外贸易商品结构与产业结构相适应、相偏离以及两者的影响因素方面梳理国内外现有文献。

1.2.1 对外贸易商品结构与产业结构相适应

开放经济条件下，一国（地区）经济是否健康、平稳地发展，主要表现在该国（地区）对外贸易商品结构和产业结构的发展是否能够相互适应。两者的适应性发展主要表现在产业结构水平越高，对外贸易商品结构特别是出口商品结构的水平也越高（陈虹，2011）③。

绝对优势理论（Adam Smith，1776）、比较优势理论（David Ricardo，1817）及H-O定理（Heckscher，1919；Ohlin，1933）研究了一国（地区）开展对外贸易的基础条件，从实质上看，无论是建立在绝对优势差异、比较优势差异或者建立在资源禀赋差异基础上的对外贸易都是一国（地区）产业

① 杜传忠，郭树龙．中国产业结构升级的影响因素分析：兼论后金融危机时代中国产业结构升级的思路［J］．广东社会科学，2011（4）：60-66.

② 蒋昭侠．产业贸易教程［M］．北京：中国经济出版社，2004：127.

③ 陈虹．中国对外贸易结构与产业结构的关系研究［D］．长春：吉林大学，2011：44.

结构的反映。在这三个理论框架下，一国（地区）对外贸易结构只有与产业结构相适应，才能在国际贸易中获利。

制成品的生命周期包括：新生期、成长期、成熟期、销售下降期和让与期。产品生命周期过程是技术创新国和模仿国的产业演进过程。雁行理论（Kaname Akamatsu，1935）和产品生命周期理论（Raymond Vernon，1966）阐述了技术比较优势在不同国家之间的变化，出口商品结构的升级会同时伴随着本国产业结构的优化①。“爬梯理论”（Gerald M. Meier，1995）指出，随着经济的发展，一个国家（地区）的产业格局会经历由依赖劳动力、资源优势向资本、知识等后天性生产资源优势的产业升级，一国（地区）对外贸易商品结构就像在比较优势的梯子往上爬一样前进②。出口商品结构的升级会同时伴随着本国产业结构的优化，两者息息相关。

Hollis Chenery 和 Moises Syrquin（1975）用三次产业的比重系数、人均收入、总人口、净资本流入和时间变量构建半对数回归方程，对日本、韩国、以色列、中国台湾等国家和地区 20 世纪 50—70 年代统计数据进行研究，发现制造业等加工部门的增长对出口的依赖性比较明显，在较小规模经济体中表现尤为突出，国家工业化进程与进出口的关联性明显③。Peter（1987）考察了 8 个新兴工业化国家出口增长与产业发展之间的关系，发现大多数新兴工业化国家的出口增长与产业发展之间存在双向因果关系④。Mazumdar（1996）在索洛模型的基础上深化研究了经济增长和比较优势理论，得出一国出口消费品、进口资本品的贸易结构可以促进经济增长，对产业结构升级具

① VERNON R. International investment and international trade in the product cycle [J]. The quarterly journal of economics, 1966, 80 (2): 190-207.

② 陈宪，张鸿. 国际贸易——理论、政策、案例 [M]. 上海：上海财经大学出版社，2004.

③ 霍利斯·钱纳里，莫伊思·赛尔昆. 发展的型式：1950-1970 [M]. 李新华，译. 北京：经济科学出版社，1988.

④ PETER C Y CHOW. Causality between export growth and industrial development: empirical evidence from the NICs [J]. Journal of development economics, 1987, 26 (1): 55-63.

有拉动效应[①]。

杨全发（1999）对钱纳里的模型进行了变形，提出出口扩展型生产模型。在此模型中，杨全发将分类商品的进出口贸易额作为自变量，分析其对中国产业结构变化的影响。研究发现：中国在改革开放以前，分类商品进出口与产业结构变化的关系不大；改革开放以后，食品、活动物的出口与中国第一产业的比重呈负相关状态。部分化学原料及化学制品的出口与第一产业比重变化是正相关的，而与进口呈负相关状态。资源密集型产品的出口对第二产业中工业的比重是负向贡献，该类产品的进口对工业的比重是正向贡献。制成品出口相比较进口对工业比重的贡献要大。各类商品出口对第三产业比重都没有呈现正面影响，第三产业比重与初级产品进口呈负相关，与工业制成品进口呈正相关[②]。总体来说，改革开放以后，我国出口商品贸易结构与产业结构的发展较为一致。

对外贸易不仅通过乘数效应推动区域经济总量的增长，还通过进出口构成变化推动区域产业结构的调整。钟昌标（2000）分析了国际贸易对区域产业结构的直接和间接影响。外贸影响区域产业结构变动的直接效应主要是通过出口和进口来实现的。出口促进区域产业结构演变包括四个方面：改变区域生产要素存量；推动区域基础设施建设；通过后向经济联系推动产业结构变化；出口部门劳动者收入的增加可刺激本区域消费品和投资品的生产。进口主要通过需求信号和技术、生产线的引进来直接推动区域新兴产业的发展。间接影响主要是通过产业转移和跨国投资实现的。由于产业转移和跨国投资引发的新产业，待其发展到一定程度，可带动相关产业发展。他采用投入产出法分析了对外贸易对宁波市产业结构变化的影响，发现国内需求变化和出口规模的增大对宁波产业结构变化的影响较为明显；进口替代也产生了一定的影响，但是作用不大；技术进步对第一、第三产业的影响为负，说明当前

① MAZUMDAR J. Do static gains from trade lead to medium-run growth [J]. Journal of political economy, 1996 (6): 1328-1337.

② 杨全发. 中国对外贸易与经济增长 [M]. 北京：中国经济出版社，1999：138-150.

宁波一次、三次产值中技术因素含量不高，技术进步对第二产业存在正的支持作用①。

李磊（2000）将中国产业结构和出口商品结构划分为劳动密集型、资金密集型和技术密集型三大类，研究了中国1985—1998年的产业结构和出口贸易结构的变化趋势，发现劳动密集型产值占比和劳动密集型产品出口占比的变化趋势是相反的，而资本密集型产值占比和资本密集型产品出口占比的变化趋势却是一致的②。王岳平（2002）认为，在开放经济条件下，对外贸易可以通过技术进步提高工业效率、专门化生产和竞争、工业演进等路径改变一国的产业分工和联系，促使该国产业结构升级③。

陈明森（2003）认为，对外贸易建立在各国要素禀赋差异的基础上。首先，该贸易基础会对一国的国内产业结构的变化产生引导作用，即产业结构的变化最初也是建立在要素禀赋的基础上的；其次，在对外贸易中形成专业化分工又会进一步促进产业结构的调整。同时，他认为对外贸易对产业结构升级的推动作用，与贸易对象存在着很大关系。如果贸易对象是最终产品，则贸易国一般是按照其资源禀赋，发展具有比较优势的产业；若两国的贸易对象是中间产品，两国的产业结构存在纵向联系，即两国产业链的上下游会发生直接依赖；资本货物贸易和技术软件贸易会促使我国实现技术创新和产业升级。在开放经济条件下，由于存在着国际产业转移，同样会影响一国产业结构的发展④。这说明，基于生产要素比较优势而产生的对外贸易会导致一国或地区的对外贸易结构与产业结构趋同发展。

张伟、李勇（2004）认为，中国加入WTO之后，出口商品结构对产业结构升级起到了促进作用。虽然我国进口结构得到一定的优化，但是进口贸易会对国内消费市场产生影响。随着进口贸易的增加，国内相关生产企业的利

① 钟昌标．外贸对区域产业结构演进的效应［J］．数量经济技术经济研究，2000（10）：18-20.
② 李磊．中国出口结构与产业结构的实证分析［J］．财贸经济，2000（5）：61.
③ 王岳平．开放条件下的工业结构升级研究［D］．北京：中国社会科学院研究生院，2002：40.
④ 陈明森．自主成长与外向推动：产业结构演进模式比较［J］．东南学术，2003（3）：51-66.

润势必减少，国内生产市场遭受影响，不利于本国产业结构的升级①。

余剑（2005）指出，资本在贸易品中所占比重的加大，说明贸易结构存在优化的趋势，由此带动资本密集型产业发展不断增强。因此，在贸易结构优化的同时，产业结构逐渐升级②。余剑、谷克鉴（2005）研究了开放条件下资本要素对产业结构和贸易结构的影响。从 HOV 模型来看，随着中国要素供给的优势由劳动力向资本转变，中国第二产业在国际贸易经济中的比重上升，产业结构升级；与此同时，随着出口比较优势由资源向资本的转变，我国出口贸易结构也在优化。说明产业结构和贸易结构的变化方向一致③。

不同出口商品类型的国家有着与之相对应的产业结构：初级商品出口较多的国家对应的产业结构较为低级；劳动密集型商品类型对应初级化的产业结构；资本密集型商品类型对应中级化的产业结构；技术密集型商品类型对应高级化的产业结构。孙伟、王艳（2006）分析了在开放经济系统中，工业现代化成功的国家其产业结构从低向高的演化路径。技术创新式商品类型的形成机制：技术创新产生的新产业经过发展，形成新的主导产业或主导产业群，这些主导产业（群）促使贸易出口结构发生变化。技术跟进式商品类型的形成机制：依靠企业技术转化能力，后进国家对进口的新技术或新产品进行模仿改进，在国内形成新兴主导产业，致使出口商品结构变化。产业转移式商品类型的形成机制：发展中国家通过 FDI 或经济合作使本国要素的潜在优势转化为现实优势，由此带来的生产要素比例的调整会改变一国的产业结构状态。技术引进和技术扩散也可提升原有产业的规模和质量，使之进入主导产业系列，形成新的出口商品类型④。

---

① 张伟，李勇．对外贸易与产业绩效［J］．石家庄经济学院学报，2004（6）：689-691.

② 余剑．对外贸易、经济增长与结构调整：基于比较优势战略实践的考察［J］．国际经贸探索，2005（3）：31-35.

③ 余剑，谷克鉴．开放条件下的要素供给优势转化与产业贸易结构变革：基于比较优势战略的中国改革开放实践的考察［J］．国际贸易问题，2005（11）：5-11.

④ 孙伟，王艳．出口商品类型与产业结构变动关联机制探析［J］．北方论丛，2006（1）：138-140.

刘秉镰、刘勇（2006）认为，在经济全球化背景下，国际贸易与产业结构是相互促进的。国际贸易对产业结构升级的促进作用可以通过国际利益比较机制和产品循环实现。他们结合产品生命周期理论和赤松要的“雁行模式”，研究得出以国内生产、出口和进口为节点进行循环的国际产业转移模式。他们认为，无论是发展中国家还是发达国家，通过这种产品循环、产业结构升级可以推动贸易结构优化，进而带动产业结构进一步提升①。王桤伦（2006）采用产业间贸易指数、产业内贸易指数和产品内贸易指数考察了中国1992—2004年的对外贸易结构和产业结构。研究发现：改革开放以来我国对外贸易结构和贸易竞争力的变化总体上是符合比较优势的；从要素密集度的角度来看，劳动密集型产业相比较资本技术密集型产业更具国际竞争力；产业结构升级是我国产业内贸易扩大的原因②。

黄庆波、冯林（2006）指出，进出口贸易可以为一国产业结构调整提供方向和信息，可以较好地解决产品结构性短缺和结构性过剩的问题，扩大商品销售和原料来源市场。同时，他们实证研究了大连市对外贸易和产业结构变化的关系。研究指出，大连对外贸易与第一产业呈现较强的负相关，与第二产业呈现较强的正相关，与第三产业呈现中度负相关。并针对大连实际情况，提出发展对外贸易和促进产业升级的相关措施③。张燕、陈漓高（2007）用投入产出法研究了对外贸易影响中国产业结构升级的路径。他们提出：进口对中国产业结构变化的影响是进口商品作为中间产品投入行业生产过程中，其对行业部门的贡献在于进口商品投入量所引起的产值增加；出口对产业结构发展的主要影响在于最终使用，对产业增加值的贡献在于拉动需求。从数据分析可知：劳动密集型产业部门、一部分资本密集型产业部门，特别是一些主要工业部门表现出对国外市场的较大依赖；我国一些后起发展行业

---

① 刘秉镰，刘勇．我国区域产业结构升级能力研究［J］．开发导报，2006（12）：82-85.

② 王桤伦．对外贸易与中国产业结构高度化进程实证研究［J］．技术经济，2006（2）：24-27.

③ 黄庆波，冯林．大连对外贸易发展与产业结构升级的实证研究［J］．大连大学学报，2006（10）：90-94.

对进口的依赖大于对出口的依赖①。

在世界经济一体化背景下，一个国家产业结构的变化会受国外诸多因素的影响。张丝思（2008）从纯理论的角度，论述了对外贸易和产业结构升级的相互影响。一国可以通过进口弥补本国生产要素供给的不足，特别是对于发展中国家来说，通过进口产生的技术外溢，可以促使其与本国比较优势相结合。出口的乘数效应可以弥补国内需求的相对不足，为国内过剩的生产力寻求更广阔的国际市场，进而推动本国产业结构的升级。一国的产业结构以其生产结构为基础，生产结构的高级转换会带来本国产业结构的升级，进而推动出口产品结构比例的提高。一般来讲，一国产业竞争力在国际市场上越强，该产业产品在出口结构中的比例就会越高②。

裴沛（2008）研究得出：由产品直接进口所引致的技术外溢使技术落后国家得以模仿先进国家，扩大产品生产领域，促使模仿国产业结构的升级；技术出口国在接受进口国市场反馈和同类产品竞争的同时，会改进自己的技术水平，进而优化本国的产业结构。该学者构建了扩展的出口内生经济增长模型，对江苏省 1985—2005 年的数据进行实证分析，得出结论：江苏省初级产品出口部门通过自身相对要素生产率的提高促进了第二产业的增长，对第一和第三产业的拉动作用不显著。初级产品进口部门没有通过自身相对要素生产率的提高促使三次产业的增长；工业制成品出口部门对三次产业增长的作用不显著。工业制成品的进口不直接对经济产生正向促进作用，但是可通过先进设备和技术的进口来间接影响经济发展，提高全要素生产率，进而提高产业增长率。在实证分析中，江苏省的总进口比总出口能更加有效地促进产业结构演进。资本要素在第二和第三产业中起着非常重要的作用，对第一产业的作用不大。劳动力要素对第二产业的作用显著，是江苏省工业化发展

① 张燕，陈漓高．从对外贸易角度看中国产业升级的路径：基于投入产出法的实证分析［J］．世界经济研究，2007（12）：42-48.

② 张丝思．对外贸易与产业结构升级的理论关系［J］．时代经贸，2008（2）：101-102.

中最主要的要素①。

赵丹（2008）认为，产业结构是出口商品结构的基础，出口商品结构会反作用于产业结构，通过国际市场需求的反馈作用影响产业结构的升级，产业结构对出口商品结构的变化反应灵敏。该学者认为，如果一国的出口商品向资本和技术密集型产品倾斜时，会有效带动产业结构的升级②。王菲（2009）认为，产业结构和外贸结构相互影响、相互促进。外贸结构实质上是由产业结构决定的，但是贸易结构反过来又会通过要素积累和技术进步对产业结构产生影响。对不同种类的贸易商品，实施的贸易政策要有所区别，以促进产业演进，同时也要改善中国工业整体处于价值链低端的现状，对贸易结构升级做出贡献③。

在我国，无论是在对外贸易结构还是产业结构中，制造业所占份额都是最大的。姜茜、李荣林（2010）从制造业的对外贸易结构和产业结构的相关性入手，分析了劳动密集型行业和资本密集型行业的对外贸易结构与产业结构的长期、短期关系，并在此基础上就制造业各部门对外贸易结构和产业结构的相关性做了进一步分析，从总体和个体两个层面分析了对外贸易结构与产业结构的关系。同时，运用历史数据对中国28个行业部门的相关性进行了系统分析，发现中国劳动密集型行业和资本密集型行业与中国产业结构都具有比较强的相关性，但是资源密集型部门的对外贸易商品结构和产业结构的相关性不高④。李荣林、姜茜（2010）在另一篇文章中提出，如果想要通过贸易结构的变化引导产业结构的调整，重点应放在对出口贸易结构的调整上。提高资本密集型行业的进口比重有利于我国产业结构优化⑤，这说明贸易结构

① 裴沛．对外贸易结构对江苏省产业结构的影响研究［J］．农机市场，2008（2）：59-62.

② 赵丹．出口商品结构与产业升级互动关系研究［J］．商业时代，2008（28）：87.

③ 王菲．实现中国对外贸易结构与产业结构协调发展的对策研究［J］．中国商贸，2010（10）：197-198.

④ 姜茜，李荣林．我国对外贸易结构与产业结构的相关性分析［J］．经济问题，2010（5）：19-23.

⑤ 李荣林，姜茜．我国对外贸易结构对产业结构的先导效应检验：基于制造业数据分析［J］．国际贸易问题，2010（8）：3-12.

的优化会带动产业结构的升级。

孙晓华、王昀（2013）认为，对外贸易与产业结构关系密切，对外贸易可以通过影响国内的供给和需求来优化资源配置，提升产业结构。对外贸易结构对产业结构具有一定的带动作用，从两大类贸易产品对三次产业的影响来看，适当增加工业制成品的进出口比重能够起到减少第一产业比重、增加第二产业比重的效果。从结构效应的角度来看，进出口贸易结构对产业结构升级的效果是显著正向的，只是作用的发挥存在一定的时滞性①。陈晋玲（2014）研究发现，中国进口贸易结构和出口贸易结构的变化对产业结构升级均具有带动作用，相比较出口贸易结构，进口贸易结构的影响程度更大②。郭天琪（2014）提出，在经济发展的长时期内，一国（地区）贸易结构与产业结构的发展方向是一致的，产业结构是贸易结构的基础，贸易结构是产业结构的反映。随着产业结构的进一步发展，贸易结构会随之优化，贸易结构的优化也会反过来引导产业结构的升级③。刘斌斌、丁俊峰（2015）通过对中国 24 个省区样本数据的实证研究发现，中国工业制成品比例的提高会使第一产业比较劳动生产率更加偏离均衡状态，但其有利于第二和第三产业比较劳动生产率趋于均衡水平，这有利于我国产业结构的合理化发展。他们认为，初级产品的出口比例上升虽然可以促使我国第二产业比较劳动生产率达到更高水平，但是会导致我国产业结构不合理程度更为严重④。从研究结论可以看出，中国出口商品结构的优化和产业结构升级是趋同发展的。

蔡捷芳（2016）认为，出口贸易结构和进口贸易结构对产业结构的影响是通过国外和国内消费需求来实现的。需求的变化会推动本国国内产业的发展和转型升级。该学者同时认为，国内产业的竞争力决定了对外贸易商品结

① 孙晓华，王昀．对外贸易结构带动了产业结构升级吗？——基于半对数模型和结构效应的实证检验［J］．世界经济研究，2013（1）：15-21.

② 陈晋玲．我国对外贸易结构优化对产业结构升级影响研究［J］．商业时代，2014（10）：27.

③ 郭天琪．基于结构视角的贸易政策与产业政策协调研究［D］．哈尔滨：哈尔滨工业大学，2014：17.

④ 刘斌斌，丁俊峰．出口贸易结构的产业结构调整效应分析［J］．国际经贸探索，2015（7）：42-51.

构，两者发展变化的趋势是一致的①。赵翔（2016）研究发现，在开放条件下，2001—2013年宁夏出口商品结构和产业结构之间存在正向促进作用，优化进出口商品结构可以带动产业结构的升级②。陈能军（2017）研究发现，发达国家和发展中国家出口商品结构的改善有利于产业结构的优化③。吴春娜（2017）研究发现，西安市对外贸易结构和产业结构实现了双优双促进④。成艳萍、陈海英（2018）研究得出，中国产业结构和出口国内附加值结构互为因果，且长期存在稳定关系⑤。张欣蕾、赵娜和李飞（2018）用VAR模型研究了中国出口结构、进口结构与产业结构的相互关系，发现出口商品结构对产业结构升级的促进作用得益于不断优化的出口商品结构；进口商品结构的改善也会正向促进产业结构的升级⑥。刘婷（2018）认为，对外贸易商品结构影响着产业结构的升级，同时，对外贸易商品结构的不断转变是由我国产业结构的不断优化所决定的⑦。

卜伟、杨玉霞和池商城（2019）分别构建了货物贸易结构指标和服务贸易结构指标，以及产业合理化指标和产业高度化指标。通过实证研究两类贸易指标与产业合理化指标、产业高度化指标的相互关系，发现在长期内，货物贸易结构对产业结构合理化和产业结构高度化均产生正向促进作用，对产业结构合理化的推动作用更大，但是短期促进作用的效果是不显著的⑧。

---

① 蔡捷芳．改革开放以来对外贸易与产业结构升级关系研究：以福建省为例［J］．金融经济，2016（24）：29-31.

② 赵翊．“一带一路”背景下宁夏产业结构升级与贸易结构优化的相关性分析［J］．对外经贸，2016（12）：6.

③ 陈能军．出口商品结构如何影响产业结构调整：基于1995—2015年30个样本国家的经验数据［J］．江汉论坛，2017（3）：91-96.

④ 吴春娜．西安“一带一路”战略的贸易基础［J］．经贸实践，2017（7）：61.

⑤ 成艳萍，陈海英．中国产业结构与外贸结构的关系研究：基于出口国内附加值视角的实证检验［J］．山东财经大学学报，2018（5）：17-26.

⑥ 张欣蕾，赵娜，李飞．基于VAR模型的中国对外贸易结构与产业结构的关系研究［J］．平顶山学院学报，2018，33（2）：103.

⑦ 刘婷．中国对外贸易结构与产业结构的互动关系研究［J］．当代经济，2018（14）：18-19.

⑧ 卜伟，杨玉霞，池商城．中国对外贸易商品结构对产业结构升级的影响研究［J］．宏观经济研究，2019（8）：55-70.

张学鹏、路凤敏和孙玉娇（2019）从供给和需求两个角度研究了一国产业结构与贸易结构之间的关系。从供给方面来看，一国某行业出口的持续增长会提高该行业在国民经济中所占的比重；从需求方面来看，对稀缺原材料的进口有利于本国原材料加工业的形成和发展。消费品进口带来的竞争效应会抑制本国同类消费品工业的生产，对相关行业发展造成阻碍。投资品的进口能够带来技术进步，如果一国（地区）实施的是进口替代战略，那么投资品的进口会加速提升本国相关行业的发展水平①。王莹（2019）根据山西省投入产出表将42个部门划分为能源产业等15个部门，通过计算得出15个部门的影响力系数和推动力系数，确定了山西省的主导产业和瓶颈产业。在此基础上，对主导产业出口商品结构与产业结构间的关系、瓶颈产业进口商品结构与产业结构间的关系进行实证检验，发现山西省主导产业出口商品结构变化与产业结构变化互为因果关系，相对于进口，出口与产业结构的关联更大②。

1.2.2 对外贸易商品结构与产业结构相偏离

一国（地区）对外贸易商品结构的发展是该国（地区）产业结构优化的结果。经济发展时期越长，对外贸易商品结构与产业结构的相关性应该越高，至少在变化方向上应保持一定的趋同性③。然而在短期内，贸易结构可能会超前错位或者滞后于产业结构的发展，这时两者将会出现一定程度的偏离。假设对外贸易商品结构的层次以主导出口商品的层次来衡量，如果一国（地区）出口商品的层次水平高于该国（地区）的主导产业发展水平，那么对外贸易商品结构是超前错位于产业结构发展的；如果该国（地区）出口商品的

① 张学鹏，路凤敏，孙玉娇．中亚对中国贸易结构与其产业结构变化关系实证分析［J］．上海经济，2019（3）：36.

② 王莹，成艳萍．山西省对外贸易结构与产业结构关系的实证分析［J］．经济问题，2018（6）：128.

③ 金哲松．中国贸易结构与生产结构偏离的原因分析［J］．中央财经大学学报，2003（3）：38.

层次水平低于该国（地区）的主导产业发展水平，则称对外贸易商品结构落后错位于产业结构发展①。

出口商品来自生产，出口商品结构应当大致反映一国的生产结构。肖云（1994）认为，一国的出口商品结构是建立在生产结构的比较优势基础上，出口商品结构通过比较优势来影响一国的产业结构。他认为，如果一国在国际贸易中的比较优势是在违反比较利益原则下获得的，那么出口商品结构可能会造成国内产业结构的畸形发展②。尹翔硕（1997）在研究中表明，改革开放使我国出口的劳动密集型产品越来越多，资本密集型产品的出口量却在下降。同时，我国制造业总产出的要素密集度不是朝着劳动密集化方向，而是朝着资本密集化方向发展。该学者认为，改革开放之前，我国出口资本密集型产品比重较高并不能说明在那个时期我们具有此类产品的比较优势，它只是集权的计划体制下价格扭曲的一种反映③。这是制度因素所导致的出口商品结构与产业结构的偏离。尹翔硕（2003）进一步分析了贸易结构和产业结构相偏离的原因，认为加工贸易的发展导致了我国出口商品结构与国内产业结构的不一致④。黄晓玲（2002）对肖云的观点做了进一步的解释，她认为即使一国的比较优势是在遵循比较利益原则下获得的，但是在贸易结构落后于产业结构的情况下，贸易结构对产业结构可能会产生负面效应⑤。

金哲松（2003）通过定性分析得出：1980—1995 年，在制造业的生产结构上，资本密集型产品的比重大约是劳动密集型产品的 2 倍；但在制成品出口上，劳动密集型产品比重却逐年上升，占据了我国制造业产品出口的绝大部分。该学者从两个方面分析了当时我国生产结构和贸易结构偏离的原因：一方面，产业结构受国内政策影响先于贸易结构发生变化。就发展中国家而

---

① 陈虹．中国对外贸易结构与产业结构的关系研究［D］．长春：吉林大学，2011：44.

② 肖云．我国产业结构的演进及对外经济的战略选择［J］．贵州社会科学，1994（5）：15-18.

③ 尹翔硕．中国出口制成品结构与制造业生产结构差异的分析［J］．国际贸易问题，1997（4）：6-12.

④ 尹翔硕．中国外贸结构调整的实证分析［M］．太原：山西经济出版社，2003.

⑤ 黄晓玲．外贸、外资与工业化理论分析与中国实践研究［M］．北京：对外经济贸易大学出版社，2002.

言，资本、技术密集型产业实现从“进口替代”到“出口导向”需要较长时间，因此在某一特定发展时期，生产结构和贸易结构出现偏离不可避免。另一方面，贸易政策和产业政策不配套。我国实行的“奖出限入”贸易政策和较低价格的劳动力资源使我国企业主要投资于加工贸易企业，劳动密集型产品出口繁荣发展①。武海峰、刘光彦（2004）利用现实数据分析得出 1980—1995 年我国制造业出口结构和制造业生产结构不一致的结论。研究结果显示，中国制造业的产业结构是资本技术密集型行业占主导，而中国制造业产品的出口更多的是劳动密集型产品。他们认为，导致制造业产业结构和出口结构相背离的原因主要在于 FDI 的增长和加工贸易的高速发展，以及国家贸易政策和产业政策的背离②。

张伟、李勇（2004）研究了对外贸易和产业绩效之间的关系。在开放型经济中，经济区域可利用国际和国内两方面的资源来实现产业结构升级。第一种方式是以自身拥有的低位资源换取国外的高位资源，类似于发展中国家和发达国家之间的贸易。第二种方式是由新兴产业的发展带动原产业的改进和升级③。由第一种升级方式带来的产业结构发展可能会与该国或地区的对外贸易商品结构不一致，从而造成产业结构发展优先于贸易结构发展的情况。

蒋昭侠（2005）分析了发达国家和发展中国家之间比较优势的差异，发展中国家的比较优势主要来自本国的资源和劳动力，科学技术层面比较优势相对落后。该学者认为，在国际分工明显化的情况下，发展中国家相对落后的比较优势会固化发展中国家专业化生产传统产业和附加值不高的产业，不利于其国内产业结构的升级发展④。李玲、郭大维（2007）指出，我国高技术产品的贸易方式主要是进料加工和来料加工，以一般贸易出口的高技术产

---

① 金哲松．中国贸易结构与生产结构偏离的原因分析［J］．中央财经大学学报，2003（3）：38-41.

② 武海峰，刘光彦．对外贸易、产业结构与技术进步的互动关系研究［J］．山东社会科学，2004（7）：35-38.

③ 张伟，李勇．对外贸易与产业绩效［J］．石家庄经济学院学报，2004（6）：689-691.

④ 蒋昭侠．产业组织问题研究［M］．北京：中国经济出版社，2005.

品只占整个高技术产品出口的10%左右。这说明绝大部分我国出口的高技术产品实际上是贴了“中国制造”的外国商品，我国处于世界高技术产品增值链的低端，所赚取的仅仅是廉价的加工费①。以资本技术密集型产品出口为主的对外贸易商品结构实际上是不真实的，其落后错位于我国产业结构的发展。陈元（2007）从国内产业政策对进出口贸易的影响角度，研究了中国2002年的出口商品结构和产业结构，指出：如果一个国家的产业政策对进出口扭曲较轻，那么进出口商品结构应与产业结构发展较为相似；扭曲越大，进出口商品结构与产业结构的偏离程度将会越大②。

胡秋阳（2008）在文章中提出，一个国家（地区）想要以对外贸易商品结构的优化带动产业结构的升级，其自身必须具有较高的生产水平，这样才能带动生产水平较低的部门发展，实现进口替代。但遗憾的是，大部分发展中国家主要出口产品为劳动密集型产业生产的产品，此现状难以改变。以出口商品结构的优化带动产业结构升级的目的无疑很难实现③。袁欣（2010）认为，一国对外贸易结构与产业结构同源，且高度正相关。产业结构与对外贸易结构之间是“原像”与“镜像”的关系，产业结构是“原像”，是一国资源禀赋及其利用模式的整体反映，决定着进出口商品结构；进出口商品结构同时又是一国产业结构在空间上的扩展，出口是一种“正镜像”，进口是一种“反镜像”。对外贸易的开展有利于国内企业形成规模经济、积累先进技术，在整体层面上带动产业结构的优化。该学者认为，如果这两者之间的“耦合”关系被打破，原因主要在两个方面：第一，限制进口和鼓励出口政策会使贸易结构扭曲映射国内产业结构；第二，即使不存在贸易干预，由于空间或文化等方面的市场分割严格限制出口，也会造成贸易结构对产业结构反

① 李玲，郭大维．浅析我国对外贸易商品结构与产业结构的非一致性［J］．商业文化，2007（5）：53.

② 陈元．我国外贸发展对国内外经济的影响与对策研究［M］．北京：中国财政经济出版社，2007.

③ 胡秋阳．中国的经济发展和产业结构：投入产出分析的视角［M］．北京：经济科学出版社，2008：121-169.

应不足①。

陈虹（2011）根据 SITC 标准对产品进行分类，对比分析了中国 1990—2007 年工业制成品贸易结构与产业结构变化。研究发现：从短期来看，中国的进出口贸易变动与产业结构变动之间的相关性比较微弱；从长期来看，产业结构变化是出口结构变化的格兰杰原因，进口结构变化是产业结构变化的格兰杰原因②。该学者从供给和需求、贸易政策和产业政策以及 FDI 方面论述了中国贸易结构滞后发展于产业结构的原因。黄凯、唐根年（2012）认为，我国产业结构和贸易结构发展不协调的原因在于两者之间的偏差。他们运用贸易竞争性指数、产业比重、结构指数和技术指数对结构偏差进行定量测定，发现中国贸易商品结构层次不高、国内第二产业比重过高、第三产业发展落后。虽然我国资源密集型、劳动密集型产业比重不断下降，技术密集型、资本密集型产业比重不断升高，对外贸易结构中进出口结构都以工业制成品为主，但这只是贸易结构优化和产业结构升级的表象，因为我国出口的工业制成品的附加值并不高③。张曙霄、张磊（2013）研究发现，中国的贸易结构是由国际分工地位决定的，国内外需求结构失衡，外商投资的知识、技术外溢效果不强，导致中国贸易结构与产业结构之间并没有形成良好的互动关系，贸易结构严重滞后于产业结构的发展。他们认为，中国贸易结构与产业结构相背离主要反映在以下三个方面：第一，贸易结构是由国外需求决定的，不是由产业结构决定的；第二，中国的贸易结构与产业结构在比重和结构指数上存在一定程度的偏离；第三，贸易结构的升级没有有效改善贸易条件，某种程度上的“贫困化增长”反而使贸易条件恶化，对产业结构起不到良好的提升作用④。

---

① 袁欣．中国对外贸易结构与产业结构：“镜像”与“原像”的背离［J］．经济学家，2010（6）：67-73.

② 陈虹．中国对外贸易结构与产业结构的关系研究［D］．长春：吉林大学，2011：112.

③ 黄凯，唐根年．我国贸易结构与产业结构的偏差［J］．经营与管理，2012（11）：62-66.

④ 张曙霄，张磊．中国贸易结构与产业结构发展的悖论［J］．经济学动态，2013（11）：40-44.

王念、庞程（2017）在出口商品结构和产业结构指标中引入“技术密集度”概念，通过数据分析得出，2000—2014 年广西技术密集型产品出口额占比和技术密集型产业产值占生产总值的比重均持续增长，但技术密集型产品的出口额占比变化落后于产业结构的变化，广西产业结构的升级并未有效带动出口商品结构的升级①。周静言（2018）研究发现，由于俄罗斯的产业结构畸形、贸易结构单一，导致对外贸易结构和产业结构两者的错位发展。1994—2002 年，俄罗斯的贸易结构超前错位于产业结构是不真实的；2003—2014 年，俄罗斯的贸易结构一直落后错位于产业结构发展②。

1.2.3 对外贸易商品结构和产业结构的影响因素

1.2.3.1 产业结构升级的影响因素

理论界对贸易结构影响产业结构的作用机制及其具体影响效果进行了深入研究，但迄今尚未取得一致性结论③。

Mazumda（1996）用索洛模型结合资本积累理论分析了对外贸易的效应，研究得出一国进口资本品、出口消费品会导致经济增长，贸易结构对产业结构具有拉动效应④。Michaely（1997）认为，出口可以优化资源配置，通过技术转移来提高国内的全要素生产率，这对国内产业结构的升级具有促进作用⑤。夏刊、王国顺（2000）认为，一国对外贸易会产生“资源转换”和“资源升级”效应，即使是劳动密集型制成品的出口都能换取技术和设备等先

① 王念，庞程．基于技术水平视角的广西出口结构和产业结构变化研究［J］．大众科技，2017，19（10）：122.

② 周静言．俄罗斯贸易结构与产业结构错位发展的实证分析［J］．辽东学院学报（社会科学版），2018，20（1）：54.

③ 刘斌斌，丁俊峰．出口贸易结构的产业结构调整效应分析［J］．国际经贸探索，2015（7）：42-51.

④ MAZUMDAR J. Do static gains from trade lead to medium-run growth［J］. Journal of political economy，1996（6）：1328-1337.

⑤ MICHAELY M. Exports and economic growth：an empirical investigation［J］. Journal of development economics，1977（4）：49-53.

进生产要素，对产业结构升级产生积极影响①。

张蕴如（2001）认为，封闭式产业结构升级是产业结构的适应性调整，相对静态和滞后；开放式产业结构升级是产业结构的战略性调整，在国际贸易和国际投资活动中，技术转移会随着与跨国公司的经济活动出现。该学者认为，技术转移与加工贸易关联性较大，通过增强加工贸易和产业结构升级的互动作业，可以推动我国产业结构升级由封闭走向开放②。孙晓华、王昀（2003）对出口结构效应指数、进口结构效应指数和产业结构效应指数的关系进行实证分析，研究得出，适当提升工业制成品的进出口比重能够促使我国产业结构由第一产业向第二产业转变。他们认为，贸易结构可以通过改善一国要素资源禀赋、产业间强化合作、技术进步等途径对产业结构升级产生影响，反过来，产业结构通过其自身的国际比较优势，促进一国对外贸易结构的优化③。吴进红（2006）认为，开放经济带来了商品和技术的流通，引起不同产业投入产出量的变化。国际贸易通过技术进步和生产效率的提高改善产业结构；国际贸易可以促进专业化生产，形成规模经济；国际贸易还能带来适当竞争和制度、观念、管理的更新，促进产业结构优化，使结构弹性更大④。

进出口贸易带来的技术外溢效果会促进本国生产水平的提高，对提升产业结构升级产生重要的影响（徐磊、黄凌云，2009；许培源，2010）⑤⑥。姜丽（2012）将产业结构升级的影响因素分为供给、需求和贸易因素。对外贸

① 夏刊，王国顺．湖南对外贸易与产业结构升级［J］．湖南经济，2000（8）：18-19.

② 张蕴如．我国的产业结构升级应由封闭式向开放式转型［J］．经济纵横，2001（6）：32-35.

③ 孙晓华，王昀．对外贸易结构带动了产业结构升级吗？——基于半对数模型和结构效应的实证检验［J］．世界经济研究，2013（1）：21.

④ 吴进红，王丽萍．开放条件下产业结构升级的动力机制分析［J］．生产力研究，2006（2）：237.

⑤ 徐磊，黄凌云．FDI技术溢出及其区域创新能力门槛效应研究［J］．科研管理，2009（2）：16-25.

⑥ 许培源．贸易品的技术密度、技术吸收能力与技术溢出效应［J］．国际贸易问题，2010（3）：92-98.

易带来的技术进步、全球资源的重新配置能够提升一国的产业国际竞争力，对产业结构优化具有积极作用①。杨邦慧（2013）详细论述了对外贸易对产业结构升级的直接和间接影响。直接影响在于对外贸易能够带来制度创新、传递信息、积累资本、改变外贸结构，从而促进产业结构升级；间接影响主要在于对外贸易能够带来技术进步，进而改变国内的供给和需求结构、提高劳动生产率，从而提升产业结构水平②。

刘斌斌、丁俊峰（2015）认为，市场需求结构的变化会带来一国（地区）出口贸易结构的调整，部分生产要素如人口、资本和技术等会产生合理化流动，进而促使一国（地区）产业结构的优化调整③。徐承红、张泽义和赵尉然（2017）重点研究了进口贸易对产业结构升级的作用机制。他们认为，进口贸易主要通过三个机制影响产业结构的调整：物质资本积累、人力资本积累和技术进步④。马骥（2017）研究了“一带一路”背景下对外贸易对产业结构升级的作用机制。该学者认为，进出口贸易可以通过产业关联、技术进步、要素流动、政策改革等途径优化产业结构⑤。

李韵（2019）研究了我国农业贸易结构和产业结构之间的关系，发现农业贸易对农业产业结构调整的推动反映在政策和资本投入、科技支持和人力资本调整上，通过这些调整可以扩大符合国际市场需求的农产品规模。该学者认为，政府应该优化农产品出口贸易政策，加大农产品出口竞争优势，提升农产品贸易竞争力，从而促进中国农产品产业结构的升级⑥。杨海丽、梁伦

① 姜丽．国际贸易对中国产业结构优化的影响分析［J］．辽宁师范大学学报（社会科学版），2012（4）：465.

② 杨邦慧．中国对外贸易技术进步效应与产业结构升级关系的研究［J］．现代商业，2013（26）：94-95.

③ 刘斌斌，丁俊峰．出口贸易结构的产业结构调整效应分析［J］．国际经贸探索，2015（7）：46.

④ 徐承红，张泽义，赵尉然．我国进口贸易的产业结构升级效应及其机制研究：基于“一带一路”沿线国家的实证检验［J］．吉林大学社会科学学报，2017，57（4）：65-66.

⑤ 马骥．“一带一路”背景下对外贸易促进产业升级机制与对策分析［J］．邵阳学院学报（社会科学版），2017，16（5）：64.

⑥ 李韵．我国农业贸易结构与产业结构的互动关系研究［J］．农业经济，2019（8）：119.

西、曾庆均和钟成林（2019）研究了对外贸易对产业结构升级的影响机制。他们认为，在开放条件下，一国可以通过国际市场交换改变要素禀赋、技术进步、参与国际分工、发展新兴产业和基础设施建设等方面推动产业结构升级①。周静婷（2019）认为，一国对外贸易结构是产业结构的外在表现。对外贸易结构可以通过要素禀赋、技术升级、国际产业关联和培育新产业等方面影响产业结构的升级②。

1.2.3.2 促进对外贸易商品结构优化的因素

王庆皓（2007）认为，汇率对一国贸易产品的竞争力具有重要影响，技术进步、工资水平、国民经济增长对我国外贸出口结构的影响也不容忽视。该学者通过实证分析得出，人民币适当升值、科技创新可以改善我国的出口贸易结构③。潘家栋（2017）从供给和需求弹性入手，研究了人民币汇率变动对我国出口贸易结构的影响④。赵红、周艳书（2009）提出，中国的出口贸易规模虽然呈扩大趋势，但是出口条件恶化，出口贸易结构并没有得到很好的改善。他们认为，影响中国出口贸易结构升级的因素有产业结构、FDI、要素禀赋、技术和贸易开放度，在对这些因素进行实证分析的基础上，进一步研究发现产业结构是带动出口商品结构升级的最主要因素⑤。刘艳光（2011）认为，依靠劳动密集型产品的大量出口对我国出口贸易结构的优化不能起到促进作用。在一国产业发展的过程中，只有通过技术创新、外资引进等措施把产业比较优势转化为竞争优势，才能带动出口商品结构的优化⑥。赵楚（2013）认为，产业结构升级是贸易结构优化的前提条件，也决定了贸易

① 杨海丽，梁伦西，曾庆均，钟成林．对外贸易、FDI 和产业结构优化升级：基于重庆数据的实证研究［J］．贵州商学院学报，2019，32（2）：36.

② 周婧婷．对外贸易结构对产业结构变迁影响的研究［D］．上海：上海外国语大学，2019：13.

③ 王庆皓．我国外贸出口结构的影响因素研究［J］．经济师，2007（3）：47.

④ 潘家栋．人民币汇率变动对我国出口贸易的影响研究［D］．杭州：浙江大学，2017：34.

⑤ 赵红，周艳书．影响中国出口贸易结构升级因素的实证分析［J］．重庆大学学报（社会科学），2009，15（3）：39.

⑥ 刘艳光．出口商品结构升级与贸易强国之路［J］．时代金融，2011（21）：110.

结构优化的程度。技术的进步可以提高社会生产力、提升产业结构。在新的产业结构状态下积累自身动态比较优势，可以带来贸易结构的优化①。王笑笑（2017）认为，信息通信技术对生产率和价值链地位的提升影响重大，重点探讨了信息通信技术对出口贸易结构优化的影响效应②。

1.2.4 研究述评

从经济长期发展来看，一国对外贸易与产业演进具有较强的关联性。无论是建立在静态比较优势、动态比较优势还是要素禀赋基础上的生产结构安排，都会决定一国（地区）产业结构的形成。而一国（地区）的对外贸易商品结构会受制于产业结构所提供产品的制约，一国（地区）某一产业竞争力在国际市场上越强，该产业生产出来的产品在出口结构中的比例就会越高。对外贸易商品结构，特别是进口贸易结构，又会反过来影响本国或地区的产业结构调整，促使产业结构向着市场需求的方向发展。短期内，对外贸易商品结构和产业结构的发展方向可能会不协调，但从长期发展来看，对外贸易商品结构的优化会与产业结构的升级协同发展。

对外贸易商品结构，特别是出口商品结构与产业结构的偏离具有阶段性特征，这主要表现为资本密集型产品的生产与出口不协调，劳动密集型产品的出口比例过大，资本技术密集型产品出口比例过小，产业贡献却主要依赖于第二产业，这表明对外贸易商品结构特别是出口贸易结构是落后错位于产业结构发展的。在现实生活中，加工贸易导致的资本技术密集型产品的大量出口，往往会带给人们一种假象：我国的贸易结构已经优化。但事实上，我国在加工贸易生产环节仍然处于全球生产链的低端，核心技术的研发及高端设备的制造环节较少涉及。同时，由于产业政策引导的产业结构硬性调整，使产业结构超前错位于贸易结构。当然，FDI 的投入方向、贸易和产业政

① 赵楚．珠三角地区产业结构升级与贸易结构优化的关系研究［D］．武汉：武汉大学，2013：65.

② 王笑笑．中国出口贸易转型升级的影响效应研究［D］．杭州：浙江大学，2017：42.

策的扭曲也是导致对外贸易商品结构与产业结构相偏离的原因。

产业结构升级的影响因素包括供给、需求、对外贸易、技术进步、要素流动、政策改革等。促进对外贸易商品结构优化的因素包括科技创新、FDI、要素禀赋、技术创新、贸易开放度等。

1.3 研究内容和方法

1.3.1 研究内容

本书以广西对外贸易商品结构和产业结构的相互关系作为研究对象，遵循规范的研究范式。在理论分析部分，归纳总结了对外贸易商品结构和产业结构发展的理论基础，并提炼出对外贸易商品结构优化理论和产业结构升级要素理论。为了清晰界定对外贸易商品结构与产业结构的相互关系，本书对对外贸易商品结构和产业结构一致性发展和错位发展的内涵进行了阐述，并在此基础上分析对外贸易商品结构与产业结构相互作用的机制和途径。在实证分析部分，首先，详细梳理了广西对外贸易商品结构和产业结构的发展历程；其次，针对广西对外贸易商品结构与产业结构的发展状态进行了直观数据分析，并对两者错位发展的原因进行了剖析。本书运用协整理论对广西对外贸易商品结构和产业结构发展的相关性进行研究，具体分析了广西三次产业对进出口商品结构变化的影响和广西分类商品进出口对产业结构变化的影响。本书的政策建议部分是根据实证分析的结果，立足广西自身发展特点，提出具有针对性的对外贸易调整策略和产业发展建议。

本书的内容框架安排如下：

第一部分是研究基础，包括第 1 章和第 2 章。第 1 章介绍了研究背景和意义，以及国内外关于对外贸易商品结构和产业结构相互关系的文献综述，主要从对外贸易商品结构与产业结构相适应、相背离，以及对两者发展的影响要素三个方面进行综述。第2章首先梳理了对外贸易商品结构理论，按照贸易理论的基本划分方法，分三大层次总结了对外贸易商品结构的理论基础及其衡量标准；其次，归纳了产业结构理论以及影响产业结构升级的要素条件；再次，总结了对外贸易商品结构与产业结构的相互关系理论，得出对外贸易商品结构与产业结构的发展存在两种状态，即一致性发展和错位发展，错位发展包括超前错位和落后错位；最后，就对外贸易商品结构影响产业结构的传导机制和产业结构影响对外贸易商品结构的途径进行了阐述。

第二部分是理论分析部分，即本书第3章。首先，对广西对外贸易商品结构与产业结构的发展历史进行了梳理，详细分析了1999—2017年广西对外贸易总体发展情况和2004—2017年广西进出口结构的变迁；其次，对广西主要贸易商品中初级产品、主要工业制成品、机电产品和高新技术产品的进出口情况及广西进出口商品的TSC指数进行了详细分析；最后，对三次产业在广西产业结构的演进历程进行了梳理，总结了广西三次产业内部结构的变化。

第三部分是实证分析部分，包括第4章和第5章。第4章第1节将广西资本技术密集型产品占当年出口、进口总额的比重作为广西出口和进口商品结构变化的指标，研究得出，资本技术密集型产品进出口额占比越高，进出口商品结构水平越高；用广西工业增加值占全区生产总值的比重作为产业结构变化的指标，研究得出，进出口商品结构整体落后错位于产业结构发展，具体原因在该章中做了阐述。第4章第2节对广西产业结构变化与进出口商品结构变化的相关性进行了实证检验，研究发现两者关联性并不强。对外贸易商品结构尤其是进口商品结构的变化对产业结构的拉动作用十分有限。第5章通过建立回归方程，进一步研究了广西三次产业对进出口商品结构变化的影响和广西分类商品的进出口对产业结构变化的影响。根据回归结果，具体分析了各自变量对因变量的影响程度和原因。

第四部分是政策建议，即本书第6章。第1节总结了本书的主要研究结论。第2节针对研究结论提出相应的政策建议，包括基于广西产业结构特色的外贸调整政策和与对外贸易商品结构优化相协调的广西产业结构发展政策。在外贸政策调整部分，分大类提出各种产品贸易的调整方向；在产业结构政策建议部分，根据广西三次产业自身的特色和优势，提出三次产业内部结构的发展建议。

本书技术路线如图 1-1 所示。

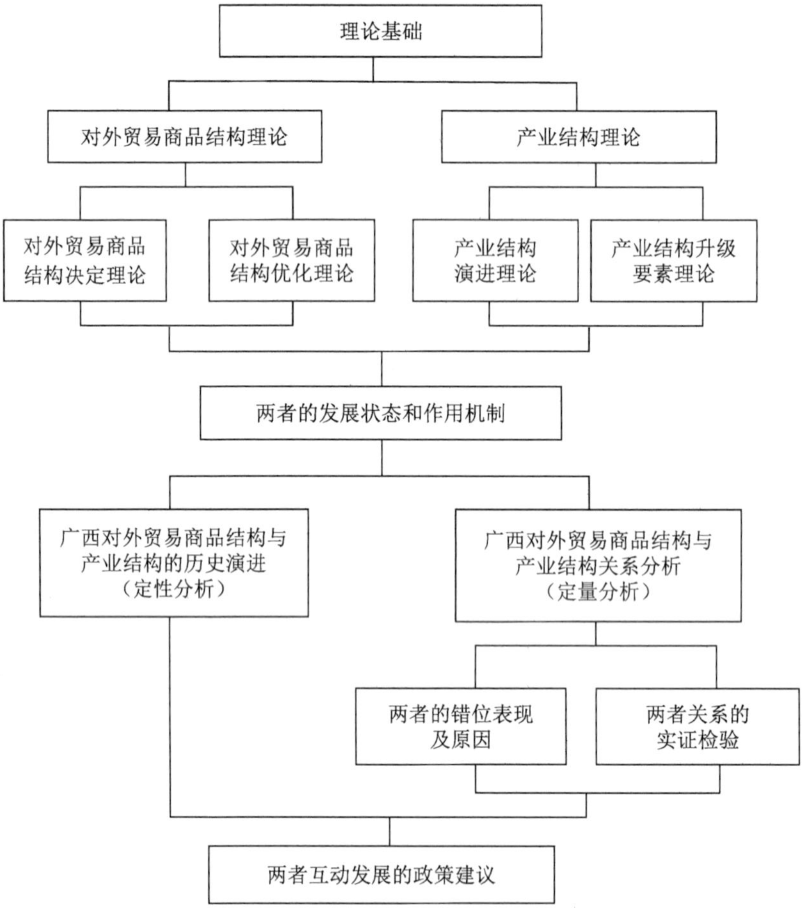

图 1-1　技术路线

1.3.2 研究方法

本书研究方法如下：

第一，调查研究与文献研究相结合。本书立足广西实际，研究广西对外贸易商品结构与产业结构的相互关系。在理论研究之前，笔者查找了大量纸质资料并从南宁海关、广西壮族自治区统计局和广西壮族自治区商务厅搜集相关资料数据，同时对广西具有代表性的外贸企业进行调研，力求使本书的研究更加严谨。在调研实践的基础上，通过文献研究法、对比分析法，研究适合广西对外贸易商品结构和产业结构良性发展的路径。

第二，定性分析和定量分析相结合。本书在梳理广西对外贸易商品结构和产业结构的发展历程时，采用定性分析方法；在研究广西对外贸易商品结构和产业结构相互关系时，运用定性和定量分析相结合的方法；通过数据和 Eviews 软件，建立 VAR 模型对两者之间相互关系进行定量分析；在研究影响产业结构和进出口商品结构的相关因素的贡献度时，采用定量和定性分析相结合的方法。

2　对外贸易商品结构与产业结构关系的理论基础

2.1　概念界定

2.1.1　对外贸易结构

对外贸易有广义和狭义两种内涵。狭义的对外贸易一般是指货物贸易，即有形商品贸易，通常表示一国（地区）对别国（或地区）的实物交换活动。广义的对外贸易不仅包括有形商品贸易，还包括无形商品（服务和技术）贸易，即一国（地区）对别国（或地区）的货物、服务和技术的交换活动。

对外贸易结构是指构成对外贸易活动要素之间的相互联系和比例关系，包括对外贸易活动主体之间、客体之间以及主体与客体之间的比例关系。对外贸易结构通常从广义和狭义两个方面理解。狭义的对外贸易结构主要理解为对外贸易商品结构，即进出口商品结构。对外贸易商品结构是指一个国家（或地区）在某个时段内的出口和进口贸易中的商品构成，即某一大类或某特种商品的进出口贸易额与该国家或地区的进出口贸易总额之比，用百分比表示。一国或一个区域的对外贸易商品结构可以反映出该国或该区域的经济技术发展水平、产业结构状况及资源情况等。因为研究的需要，通常又将对外贸易商品结构细分为出口商品结构和进口商品结构。广义的对外贸易结构不仅包括对外贸易商品结构，还包括对外贸易方式结构、对外贸易模式结构和对外贸易区域结构。

对外贸易方式通常是指对外贸易中有形商品的贸易方式，即一国（地区）同他国（或地区）进行有形商品（货物）贸易时采取的具体做法。对外贸易按照方式可以划分为一般贸易、加工贸易、易货贸易、补偿贸易、边境贸易等。通常来说，一般贸易是对外贸易的主要方式。在发展中国家，加工贸易也是比较常见的贸易方式。边境贸易在边境地区对经济也有较明显的贡献。本书理论部分主要分析一般商品贸易。

对外贸易模式主要有两种：产业间贸易和产业内贸易。产业间贸易是以对外垂直分工为基础，基于比较优势或要素禀赋差异进行的产业之间的贸易。产业内贸易是以对外水平分工为基础，基于产品差别和规模经济形成的贸易。国际分工决定了国际贸易，分工模式决定了贸易模式。在一国（地区）产业分工模式上，往往存在两种不同的选择。对外贸易模式结构可以理解为产业间贸易和产业内贸易在对外贸易模式中的联系及所占的比重。

对外贸易区域结构也称为对外贸易市场结构或地区分布。表明一国（地区）出口商品的去向，反映一国（地区）同世界他国（或地区）之间贸易联系的程度，此指标可以分析一国（地区）的主要贸易伙伴。本书在理论分析部分主要考察一国（地区）对外贸易结构，即在一定时期内贸易伙伴在一国（地区）对外贸易中所占的地位。

鉴于统计数据的可获得性，本书主要研究广西进出口商品结构与产业结构之间的关系。

2.1.2 对外贸易结构优化

针对广义的对外贸易结构，其优化可以从四个方面进行阐述：第一，对外贸易商品结构的优化。可理解为一国（地区）的主要进出口商品由低附加值向高附加值转变，具体表现为出口和进口的主要商品由资源、劳动密集型向资本技术密集型转变。第二，对外贸易方式结构的优化。对外贸易方式主要包括一般贸易、加工贸易、对销贸易等。贸易方式结构的优化可理解为贸易方式的多样化发展，而不仅仅以一般贸易为主。第三，对外贸易模式结构的优化。对外贸易模式结构是指产业间贸易、产业内贸易在一国（地区）的对外贸易模式中所占的比重。对外贸易模式主要分为产业间贸易和产业内贸易。产业间贸易建立在静态比较优势和要素禀赋的基础上，产业内贸易则建立在规模经济的基础上。随着世界经济一体化的深入及跨国公司的发展，国家（或地区）之间的产业内贸易所占比重会呈现增加态势。第四，对外贸易区域结构的优化。对外贸易区域结构包括外部区域结构和内部区域结构。外部区域结构主要是指一国（地区）的对外贸易地理方向，内部区域结构主要是指一国内部各地区在该国对外贸易中所起作用的大小。因此，对外贸易区域结构的优化可以理解为该国（或地区）内外区域结构的多样化发展，这是由集中走向分散的过程。本书研究的对外贸易结构优化仅仅是指对外贸易商品结构的优化，包括出口和进口两个方面。

2.1.3 产业结构

产业的分类方法有很多，在经济管理研究中，常用的分类方法有三次产业分类法、两大领域两大部类分类法、资源密集度分类法和国际标准产业分类法。

三次产业分类法是指按照社会生产活动历史发展的顺序划分产业结构。产品直接产自自然界的部门称为第一产业，对初级产品进行再加工的部门称为第二产业，为生产和消费提供各种服务的部门是第三产业。第一产业是指农业，包括农林渔牧和相关的服务业；第二产业包括工业（包括采掘业，制造业，电力、煤气、水的生产和供应业）和建筑业；第三产业门类较多，包括交通运输、金融、教育等行业。

两大领域两大部类分类法是按照生产活动的性质及产品的属性对产业进

行分类。按照生产活动性质，产业部门可分为物质资料生产部门和非物质资料生产部门。前者指从事物质资料生产并创造物质产品的部门，包括农业、工业、建筑业、运输邮电业、商业等；后者指不从事物质资料生产而只提供非物质性服务的部门，包括科学、文化、教育、卫生、金融、保险等部门。

资源密集度分类法是按照各产业投入、占主要地位资源的不同为标准划分的。根据劳动力、资本和技术三种生产要素在各产业中的相对密集程度，可将产业划分为劳动密集型、资本密集型和技术密集型产业。劳动密集型产业是指生产主要依靠大量劳动力，对技术和设备依赖程度相对较低的产业。随着技术进步和新工艺设备的应用，发达国家劳动密集型产业的技术、资本密集度也会提高，并逐步从劳动密集型产业中分化出去。资本密集型产业是指在单位产品成本中，资本成本相比较劳动成本占比较大的产业。技术密集型产业是指在生产过程中，对技术和智力要素依赖较大的产业。通常技术密集型产业的发展水平决定一国的竞争力和经济发展的前景。

国际标准产业分类法主要是指联合国颁布的《全部经济活动的国际标准产业分类》，这种分类方法便于不同国家统计数据的可比性。1988 年第三次修订本中将产业划分为 A—Q17 个部门，包括 99 个行业类别。

起初，学术界对产业结构概念的解释是不统一的，有的学者将其理解为产业内部的企业关系，还有的学者将其解释为各产业之间的关系结构。美国经济学家贝恩（Joes. Bain）在《产业结构的比较化》一书中，将产业结构定义为产业内部企业之间的关系。在 20 世纪 50 年代的日本，很多学者将其定义为产业之间的关系结构①。陈虹（2011）认为，产业结构的比例关系可以从三个层次来考察：国民经济中第一、二、三次产业的构成；三次产业各自的内部构成；三次产业内部的行业构成。袁航（2019）认为，产业结构可以从两个方面进行阐述：第一，产业结构包括产业之间和产业内部的比例关系，是量的问题，涉及产业结构均衡的问题；第二，产业结构包括和各产业

① 王光净．区域产业结构优化与发展模式探索：基于可持续发展的视角［M］．北京：经济管理出版社，2016.

之间以及产业内部行业之间的关联方式，涉及结构效益的问题①。基于本书的研究内容和方向，对产业结构的分析主要在于各个产业之间的比例关系和联系方式。在理论研究中，一般会综合考察产业结构的量和质；在实证研究中，鉴于广西现实数据的可获得性和连续性。本书对产业的分类采用三次产业分类法和资源密集度分类法。

2.1.4 产业结构升级

产业结构调整的目的是消除结构性短缺或结构性过剩，增强高效率部门中的生产要素流入效应，提高资源配置效率，升级产业结构。周振华(1992)②、苏东水（2000)③ 认为，产业结构高度化和合理化是其优化的方向。李红梅（2000）认为，产业结构的升级、产品技术和资本密集度的提高是产业结构优化的表现④。张立厚（2000）提出，利用现有资源条件、科学技术水平去实现各项生产要素的合理配置，即可达到产业间协调发展、经济社会不断增长的目标，产业结构优化的核心是产业结构合理化与产业素质高度化的有机结合⑤。

在开放经济条件下，随着一国（地区）经济的快速增长，科技创新、技术外溢和资本引进会促使生产力低下的产业升级改造，新技术的创新与突破会催生出新的产业发展，从高度化与合理化两个维度提升产业素质与竞争力。

产业结构高度化是一个动态演进的过程，主要强调产业结构发展水平的提升，包括如何选择主导产业、培育战略产业以及引导衰退产业平稳退出。在此过程中，不断升级的产业结构将加速国民经济重心由第一产业向第二产

---

① 袁航．创新驱动对中国产业结构转型升级的影响研究［D]．北京：北京邮电大学，2019：16.

② 周振华．产业结构优化论［M]．上海：上海人民出版社，1992.

③ 苏东水．产业经济学［M]．北京：高等教育出版社，2000.

④ 李红梅．世纪中国产业结构调整的战略选择［J]．首都师范大学学报（社会科学版），2006(6)：56-60.

⑤ 张立厚，陈鸣中，张玲．石龙镇产业结构优化的系统仿真分析［J]．工业工程，2000（3)：51-54.

业、第三产业转变；也会逐步提升一国（地区）的资本技术密集型产业占制造业产值的比重。王光净（2016）认为，产业结构高度化包括四个方面的内容：第一，在技术进步的作用下，产业结构系统由低级形态向高级形态动态演化；第二，产业结构高度化不仅是指产业向高附加值、高技术、高加工度方面发展，还意味着产业的高集约化；第三，产业结构高度化主要包括产值结构、资产结构、技术结构和劳动力结构高度化；第四，产业结构高度化的过程表现为产业结构重化工业化、高加工度化、高信息化。

黄寰（2006）认为，产业结构合理化在于产业间协调能力和关联水平的强化，表现为产业素质协调、产业间相对地位协调、产业间联系方式协调以及最终达到结构效益最大化，可以保证各产业在国际分工的基础上，实现本国优势资源在产业之间的合理配置和高效使用①。宋鸿明（2004）认为，产业结构合理化包括三层内涵：首先，三次产业之间及产业内部的比例要相互适应；其次，各产业间的增长速度要相互协调，产业结构合理化要反映部门之间投入产出关系的变动；最后，各产业部门之间联系、变动和发展要与一国（地区）的发展相适应②。

鉴于广西经济数据的可获得性，本书在广西产业结构升级的实证研究部分，主要立足于经济发展重心在第一产业、第二产业、第三产业之间的转变。在理论研究部分，不仅涉及产业结构量的变化的分析，还涉及质的变化的研究。

2.2 对外贸易商品结构理论

对外贸易理论表面上探讨的是一国与他国如何开展对外贸易以及在对外贸易中双方的利得问题。对外贸易的基础来源于一国的产业构成，产业基础

① 黄寰．论自主创新与区域产业结构优化升级［D］．成都：四川大学，2006：20.

② 宋鸿明．中国产业结构高级化分析［M］．北京：中国社会科学出版社，2004.

决定了一国进出口贸易的结构和方向，而对外贸易活动反映了双方的进出口贸易结构。从本质上看，对外贸易理论是对外贸易商品结构理论的源泉。

2.2.1 基于传统贸易理论的对外贸易商品结构理论

2.2.1.1 绝对成本理论

英国经济学家亚当·斯密（Adam Smith）首次提出国际贸易分工的概念，他在《国富论》（1776）这一经典著作中提出两国开展自由贸易的理论基础——绝对成本理论。

绝对成本理论建立在斯密国际分工学说的基础之上。国际分工理论的核心是，分工可以提高劳动效率、改进生产技术、增加产品的产量。但是斯密的理论建立在边际成本递增、规模报酬不变的假设前提下。国际贸易在两个国家之间自由产生，劳动是唯一的生产要素。生产要素被假定为可以在国内各部门之间自由流动，但不能在国际间流动。各国在生产同种商品时的劳动生产率（单位时间内生产某种产品的产量）不同，如果一国在生产某种商品时劳动生产率绝对高，则生产成本会绝对低，那么这个国家就拥有生产这种商品的绝对优势。

斯密认为，一国拥有生产某种商品的绝对优势可以是“自然”形成的，也可以是“后天”获得的。一个国家的优势产业和优势产品，一方面是由该国的地理资源、环境、气候等自然条件造成的，属于自然禀赋优势；另一方面是由于历史积累，使该国劳动者拥有生产某种产品的特殊工艺和技巧，这是经过后天训练和培养获得的优势。一国无论拥有哪一种绝对优势，只要能使自身生产某种产品的劳动生产率绝对高，就能够凭借其绝对低的生产成本在与他国的贸易活动中占据出口优势。

在国际贸易活动中，一国决定出口什么产品，需要将该种产品的生产成本与他国此种产品的生产成本进行比较，如果生产成本相对较低，则可以出口该种产品；反之，进口该种产品，获得利益最大化。若一国生产某种产品的生产成本绝对低于他国，那么与该国这种产品生产相关联的产业就是绝对竞争优势产业，反之就是绝对劣势产业。每个国家的生产活动应该建立在本国优势产业的基础上。产业基础决定进出口商品结构，因此，一国出口的必定是该国具有绝对优势的产品，与他国所具有的绝对优势产品相交换。例如，A 国生产小麦具有绝对优势，B 国生产棉布有优势，如果贸易只存在 A 国和 B 国之间，那么按照斯密的观点，A 国出口小麦，进口棉布；B 国出口棉布，进口小麦。这样，两个国家的对外贸易商品结构在一定时期内保持稳定。

通过国际分工和自由贸易，每个国家在专业化生产本国具有绝对优势产品的过程中，世界资源可以得到最有效的配置，劳动生产率会提高，两国生产和消费的总量也会增加，生产可能性曲线向外扩张，并且会自动实现国际收支均衡。直至自然条件的改变和生产工艺的进一步改进，该国的出口商品结构才会得以调整。一国进口商品结构之所以会随着他国优势产业的变化而变化，其背后的原因也是他国优势产品劳动生产率的改变。

2.2.1.2 比较优势理论

罗伯特·托伦斯（Robert Torrens）在 1815 年发表的《关于玉米对外贸易》的论文中首次提出“比较优势”的概念。英国古典经济学家大卫·李嘉图（David Ricardo）继承和发展了斯密的理论，在 1817 年出版的《政治经济学及赋税原理》（On the Principles of Political Economy and Taxation）中用数字分析确立了比较优势理论（The Theory of Comparative Advantage），这种比较优势是静态的。同时，李嘉图还提出与斯密不同的观点。他认为，如果按照斯密的观点，两个国家中的某一个国家相比较另一个国家，没有生产任何产品的绝对优势，那么先进国家和落后国家之间的对外贸易是不可能进行的。但事实是，即便如此，两国之间仍然存在着对外经济交往。所以，是比较优势而不是绝对优势决定着对外贸易的基础，这种比较优势即一国的比较利益。李嘉图提出“两优取其重，两劣取其轻”的原则，在两国都能生产两种产品的条件下，如果一国在两种产品的生产上都处于绝对优势地位，而另一国都处于绝对劣势地位，只要两国存在比较成本差异，即处于绝对优势地位的国家专门生产其优势相对较大的产品，处于绝对劣势地位的国家专门生产其劣势相对较小的产品，仍然可以参与到国际分工和进出口贸易当中①，且贸易双方均可获得贸易利益，世界资源也可以得到最佳配置。

在李嘉图比较优势的理论框架下，两国的生产要素仍然是劳动。劳动效率的高低和生产技术上的相对差别决定了两国比较成本的差异。比较优势理论的基础在于比较成本优势，主要反映在以下三个方面：一是相对劳动生产率，是指生产两种产品的绝对劳动生产率之比。相对劳动生产率高，产品具有比较优势，反之具有比较劣势。二是相对生产成本，是指两种产品的绝对生产成本之比。相对生产成本高，产品具有比较劣势，反之具有比较优势。三是机会成本，既可以指每增加一个单位的产品生产所放弃的另一种产品生产的数量，也可以指每增加一个单位产品的消费所放弃的另一种产品消费的数量。机会成本低，意味着产品具有相对比较优势。

比较优势理论指出，通过国际分工和自由贸易，每个国家专业化生产并出口本国具有比较优势的产品，进口具有比较劣势的产品，即可以获得产品生产和消费两方面资源的有效配置。从生产的角度来说，本国劳动力资源可以集中用于具有比较优势的产品生产，从而提高劳动生产率。从消费的角度来说，本国具有比较劣势的产品通过自由贸易获得了更高的国际市场价格，可以增强其进口能力，从而使本国消费者能够消费超出其生产能力的产品。如果把交换所得理解为间接生产，贸易各国按照比较优势进行国际分工和自由贸易，将使生产可能性曲线向外扩张，各国的社会福利水平就会相应提高。

基于比较成本差异建立起来的两国不同的生产结构，使贸易双方的对外贸易商品结构有所差别。如果 A 国在小麦和棉布的生产上都具有绝对优

① 张炳达，唐辉亮，李成军．国际贸易理论与实务［M］．上海：上海财经大学出版社，2008.

势，但是生产小麦的绝对优势最大，而 B 国在小麦和棉布的生产上都具有绝对劣势，但生产棉布的绝对劣势较小，那么按照李嘉图的观点，贸易同样可以存在于 A 国和 B 国之间，A 国出口小麦，进口棉布，而 B 国出口棉布，进口小麦。在此情况下，两国对外贸易商品结构只有随着比较优势的变化才会发生改变。李嘉图对比较成本理论的分析是静态的、短期的，没有考虑技术进步、制度创新和规模经济对生产和进出口贸易的影响。在这个理论框架下，国际分工有固化的倾向，一国的出口商品结构相对固定，优化的可能性较小。这势必会导致发展中国家总是处于国际分工链条的中低端，逐渐陷入单一产品结构的畸形产业结构①，并且会使发展中国家贸易条件不断恶化，陷入廉价劳动力、自然资源等低位资源要素产品出口的“比较优势陷阱”。发展中国家生产要素的相对优势也会随着要素边际收益的递减而逐渐消失。

对发展中国家来说，需要借由动态比较优势，通过专业化生产提高劳动生产率，借由出口贸易的乘数效应带动一国出口产业的发展，进而带动相关产业的进步。在李嘉图之后，很多学者对比较优势理论作出补充和完善，不再将劳动生产率差异视为比较优势的唯一起因。经济学家哈伯勒（G. Haberler）1936 年就将机会成本概念引入比较优势理论的国际差异分析中，比较优势理论的动态演进为发展中国家产业结构调整和对外贸易商品结构调整带来了契机。

2.2.1.3 相互需求理论

约翰·斯图亚特·穆勒（John Stuart Mill）基于李嘉图的比较优势理论，从需求的角度出发，探讨了国际交换比（贸易条件）的现实问题，在此基础上创立了相互需求理论（The Theory of Reciprocal Demand）。在比较优势理论中，李嘉图只说明了各国的进出口模式，而对于交换比没有明确阐述。穆勒认为，参加国际贸易的两个国家商品交换比例（贸易条件）是由两国对各自需求商品的需求强度决定的，两国消费者的偏好、环境和讨价还价能力

① 李惊雷．比较优势理论的发展与我国外贸结构调整［J］．商业现代化，2007（6）：12.

都是贸易条件的影响因素。穆勒还研究了商品交换比例的变动范围、国际需求方程式和贸易利益的分配问题。他认为，在开放经济条件下，两个国家国际交换比的变动范围只有存在于两国国内交换比之间，贸易才可能在两国间发生。这个变动范围越大，两国比较成本差异越大，互补性越强，进行互惠贸易的空间也就越大。在现实经济生活中，实际贸易条件会根据双方消费者的需求偏好和强度在两国国内交换比例范围内进行调整。当一国需求发生变化时，原先的贸易条件被打破，市场力量会自动调整国际交换比，直到贸易双方总出口价值和总进口价值相等，实现新的贸易均衡。

穆勒在《政治经济学原理》（1848）一书中运用英国和德国之间毛呢和亚麻布的国际交换实例，阐述了两国这两种物品交换的实际比例，主要取决于两国对对方产品的需求状况。穆勒对贸易双方的利益分配进行定量分析发现：本国对他国商品的需求越弱，国际交换比就越接近对方国家的国内交换比，贸易条件对本国越有利，本国从贸易中获利就越多；反之，本国对他国商品的需求越强，国际交换比就越接近本国的国内交换比，贸易条件对他国越有利，他国从贸易中获利就越多。

穆勒还认为，商品的国际价值受国际需求均衡规律支配，而国内贸易的商品价值取决于该商品的生产费用。阿尔弗雷德·马歇尔（Alfred Marshall）在穆勒的研究基础上进一步发展了相互需求理论，将需求和供给结合起来，运用提供曲线分析了供需变化对贸易条件和贸易数量的影响。提供曲线表示一国在各种不同的相对价格下愿意出口和进口的商品数量组合，提供曲线上每个点与坐标原点连线的斜率都表示一个贸易条件。曲线上的任一点可能都只是有利于一国，而不利于另一国。只有当两国发生实际贸易的条件位于两国提供曲线的交点位置，即一国的供给等于另一国的需求时，国际贸易才产生。穆勒和马歇尔的相互需求理论主要探讨的是大国贸易条件的决定问题，参与贸易的小国因为缺乏对国际市场足够的影响力而被忽视了。供给和需求的变化会带来贸易条件的改变，随之变化的是贸易两国生产结构和进出口商品结构的适应性调整。

2.2.1.4 要素禀赋理论

伊利·菲利普·赫克歇尔（Eli Filip Heckscher）和贝蒂尔·戈特哈德·俄林（Beltil Gottard Ohlin）两位经济学家先后分析了生产要素禀赋对国际贸易的影响，建立了要素禀赋理论（The Theory of Factor Endowment），也称赫克歇尔—俄林定理（H-O 定理）。H-O 定理假设，在完全竞争和自由贸易的条件下，两国收入、消费需求和生产技术对商品价格的变动没有影响，两国生产的贸易商品的价格是由生产要素的需求量大小决定的。H-O 定理指出，各国生产要素禀赋比率的差异和商品生产的要素密集度是产生比较成本差异的原因。要素禀赋是指一个国家或地区拥有的能够利用的经济资源总量，不仅包括土地、矿产、森林、气候等自然资源，还包括技术、资本、劳动力等社会资源。从要素禀赋理论可以看出，生产要素禀赋比例的差异可导致生产要素价格比率的差异。一个国家生产要素相对充裕，该要素的价格就会便宜。生产要素价格比率的差异可导致商品生产成本比率的差异，这是导致商品价格差异的原因，也是两国产生国际贸易的基础①。如果两个国家基于本国生产要素禀赋，专业化本国要素禀赋多、价格相对便宜的商品进行贸易，就会从贸易中获利，即一国应当出口密集使用该国相对充裕生产要素生产的产品，同时进口密集使用该国相对稀缺生产要素生产的产品。

一国要素禀赋比率最终决定了该国在特定时期所处的国际分工地位以及该国的对外贸易商品结构。例如，在技术水平不变的情况下，如果 A 国劳动力资源丰富，B 国资本资源雄厚，则 A、B 两国在开展国际贸易时，A 国应出口劳动密集型产品，从 B 国进口资本密集型产品；同时，B 国应该利用其资本优势，生产并出口资本密集型产品，从 A 国进口劳动密集型产品。这种产业间贸易结构模式一般是在发达国家和发展中国家之间发生的。虽然在短期内，双方均能从国际分工和贸易中获利，但是如果长期维持这种格局，发展中国家将逐步处于贸易依附地位，那么，发展中国家想要优化对外贸易商品

① 张二震，马野青．国际贸易学［M］．南京：南京大学出版社，2004.

结构也将愈来愈困难。根据要素禀赋确定的对外贸易商品结构对于发展中国家来说较为不利，因为发展中国家出口的贸易产品多是资源密集型和劳动密集型产品，而资源并不是源源不断供给的，劳动力成本在长期经济发展中也会逐渐上升，从而导致发展中国家的对外贸易优势会逐渐减退，相应的对外贸易商品结构优化的空间也会减小。

广义的要素禀赋理论包括 H-O 定理、要素价格均等化定理、斯托尔帕—萨缪尔森定理、罗伯津斯基定理等。要素均等化定理和斯托尔帕—萨缪尔森定理的理论指出，要素价格会在长期的自由贸易活动中趋于均等。这说明国际贸易不仅可以让资源得到合理配置、经济结构得以调整，还可以使各国的收入分配得以改善，逐步缩小各国的经济发展差距。斯托尔帕—萨缪尔森定理同时指出，自由贸易会引致贸易国之间的利益分配不均匀。当贸易国国内具有较高边际消费倾向的集团获得较多出口收入好处时，他们对国内商品的需求会提高；反之，如果获得好处的是对进口商品具有较高边际消费倾向的集团，则进口商品的需求会随之提高。在利益双方需求博弈的过程中，贸易国出口商品结构和进口商品结构会发生改变。相比较发展中国家，发达国家资本存量的增加速度快于劳动力的增长速度，技术、资本等生产资源取代劳动力，自然资源的空间日益扩大，初级产品和劳动密集型产品的生产会逐步收缩，资本技术密集型产品生产和出口则会相应增加，贸易结构也会相应改善①。但是，基于要素禀赋开展国际贸易并不总是对一国经济结构调整有利，因为国际间要素价格均等化趋势会使一国原先的要素资源优势弱化。罗伯津斯基定理解释了国际贸易中的“贫困化增长”问题。如果一国出口部门密集使用的要素增加，那么该要素密集型产品产量增加、出口增加。如果该国是此类产品的出口贸易大国，那么将会导致该国贸易条件恶化，甚至出现“贫困化增长”。如果一国进口部门密集使用的要素增加，那么该要素密集型产品的产量增加，进而导致进口替代产品的产量增加，进口产品数量减

① 金泽虎．国际贸易学［M］．2 版．北京：中国人民大学出版社，2017.

少，进口贸易大国的贸易条件改善。

2.2.2 基于现代贸易理论的对外贸易商品结构理论

关于贸易结构优化的现代贸易理论包括新生产要素理论、动态贸易理论、产业内贸易理论、国家竞争优势理论等。

2.2.2.1 需求相似论

绝对优势理论、比较优势理论和要素禀赋理论对解释产业间贸易，特别是初级产品贸易做出了重要贡献。第二次世界大战以后，制成品在工业化国家之间的交易流动频繁，传统古典贸易理论已经无法很好地解释此类现象。瑞典经济学家林德（S. B. Linder）认为，需求能够解释第二次世界大战以后工业化国家产业内制成品贸易发生的原因。他在《贸易和转移支付》（1961）一书中提出了需求相似理论。林德认为，随着一国经济发展和人均收入水平的提高，该国的代表性需求会偏向于价格昂贵的商品。为了满足市场需求，生产者不断改进技术、扩大生产，当产量增长速度超过需求增长速度时，该国具备了向他国出口的能力，随之而来的是产业结构升级和出口商品结构优化。林德认为，一种工业品能否出口是由国内需求决定的，需求还决定了一些新产品的出口市场。制成品贸易的扩大，主要是由于目的国与出口国具有相似的消费结构和消费偏好，以及相近的人均收入水平。

在市场经济条件下，一件商品的价格是由供给和需求决定的。在同样的生产条件下，商品的相对价格会因需求的变化而不同。需求的差异性主要受以下三个因素影响：第一，地理环境、气候等实际需求；第二，消费者的偏好，由历史、宗教和风俗习惯引起；第三，各国人民的收入水平，一般来说，收入越高，对消费产品的需求层次越高。恩格尔法则对此也做出解释：随着人均收入的增长，人们在食品上的消费支出会越来越少。但现实是，恩格尔法则可以扩展运用到非食品领域。因为当人们收入普遍提高的时候，除了对食品的基本需求会减少，对整个农副产品的需求会逐渐转移到工业制成品上。这是一个国家在需求的影响下生产结构变化的过程，对于他国的出口商品结构和本国的进口商品结构同样会产生影响，由初级产品贸易为主向工业制成品贸易为主转变。

2.2.2.2 产业内贸易理论

20世纪60年代以后，产业内贸易理论（Intra-Industry Trade Theory）开始发展起来，其发展经历了经验性研究和理论性研究两个阶段。20世纪70年代中期以前，经济学家佛丹恩（Verdoorn）、林德（Linder）、迈凯利（Michaely）、巴拉萨（Balassa）、小岛清（Kojima）对产业内贸易做了大量的经验性研究，早期研究多数源于实际观测与传统理论之间的矛盾。20世纪70年代中期以后，在经验性研究的基础上，经济学家劳埃德（Loyld）、格鲁贝尔（Grubel）、戴维斯（Devies）、弗农（Vernon）、克鲁格曼（Krugman）、兰卡斯特（Lancaster）对产业内贸易进行了理论性研究。

传统的国际贸易理论认为：基于绝对优势、比较优势或者基于要素禀赋、生产技术差异是两国产业间贸易发生的基础。但是在现实经济活动中，广泛存在着一国既出口同时又进口某种或某些同类产品的产业内贸易。产业内贸易是指一国同时存在出口和进口同类产品的贸易活动，例如，美国和日本两国相互进口对方的汽车。相比较产业间贸易，产业内贸易建立在产品的异质性和规模经济的基础上。在国家之间经济发展水平相近、要素禀赋和技术水平相近的情况下，发生产业内贸易的可能性比产业间贸易要大得多。如果产业间贸易反映的是自然形成的比较优势，则产业内贸易反映的是后天获得的可能性比较优势。在之前的要素禀赋理论分析当中，建立在要素禀赋基础上的产业间贸易会导致一国丰裕要素报酬的提高和稀缺要素报酬的下降。在产业内贸易模式下，所有的生产要素都可在规模经济生产活动中获益。

产品的异质性（包括水平差异、技术差异和垂直差异）、消费者偏好、两国需求的重叠程度、追求规模效益的动机以及经济发展的水平都是产业内贸易的成因。产品的异质性满足了不同消费者的特殊偏好，并成为产业内贸易存在与发展的必要条件。产业内产品的差异程度越大，由差异性所刺激的消费需求越旺盛，需求的价格弹性和交叉弹性越低，产业内贸易比重就越高。另外，技术工艺水平越高，差异越大，生产异质产品的能力就越强①。

与产业间贸易相比，产业内贸易对一国进出口商品结构的影响范围更广。产业间贸易的产生在于先天条件下的比较优势，贸易双方的产业结构和进出口贸易结构相对固定。而产业内贸易是建立在消费者偏好和规模经济效益的基础上，贸易双方对本国产业结构和贸易结构的调整相对灵活。进行产业内贸易的国家之间的贸易产品多属于同类产品，其生产结构、产业结构和对外贸易商品结构较为相似。随着技术进步和经济发展，产业内贸易国家的生产结构都会发生改变，两国的产业结构和对外贸易商品结构会共同向着提升的方向发展。

2.2.2.3 技术差距理论

技术差距理论（Technological Cap Theory）由美国经济学家波斯纳首创，并于1961年在《国际贸易与技术变化》一文中提出。在H-O模型中，如果贸易两国具有相同的要素禀赋和需求偏好，那么两国在贸易前就具有相同的要素价格比，这会导致对外贸易无法展开。对此，波斯纳提出：两国之间存在技术差距可以引起国际贸易的产生。技术领先国首先生产出具有出口优势的产品，当产品被技术落后国进口，技术外溢后，技术创新国的技术优势逐渐消弱直至完全消失，这时，技术落后国家掌握了生产技术，生产规模超过技术领先国家，贸易方向发生逆转②。由于原来先进技术优势的消失，促使创新国不断研发新的技术并开发出新型产品，继而新的技术差距又产生了。

从技术差距的产生，到由技术差距引起的进口中止之间的时间段称为模仿时滞，模仿时滞分为反应时滞和掌握时滞两个阶段，且反应时滞的初期为

---

① 张相文，曹亮．国际贸易学［M］．武汉：武汉大学出版社，2004.

② 陈宪，张鸿．国际贸易：理论、政策、案例［M］．上海：上海财经大学出版社，2004.

需求时滞。需求时滞是指从技术创新国生产出新技术产品到技术模仿国开始进口该产品的时间差。需求时滞的长短取决于技术创新国和技术模仿国收入水平及市场容量的差距，差距越小，需求时滞越短。反应时滞是指技术模仿国从进口该产品到该国调整原来的生产方法、投入新产品模仿生产的时间差。如果技术创新国在扩大新产品生产中获得的规模利益、进口国市场容量比较大，产品运输成本和进口国关税水平比较低，那么出口国能够保持较长时期的出口优势，反应时滞越长。当需求时滞越短、反应时滞越长的时候，技术创新国便能够获得较大的贸易利得。在反应时滞期，创新国的出口商品结构可能是技术密集型产品占主导，而落后国可能会以出口资源或劳动密集型产品换取技术密集型产品的进口。在此阶段，技术创新国的出口商品结构提升，模仿国的进口商品结构优化。掌握时滞是指模仿国从开始生产新产品到停止从技术领先国进口的时间差。掌握时滞的长短主要取决于技术模仿国自身的技术基础和吸收消化新技术的能力，技术水平高、吸收能力强的国家，掌握时滞比较短。技术模仿国在掌握时滞期，经历着产业结构调整，为后期出口商品结构的优化做铺垫。

技术差距理论从技术的角度解释了技术先进国与落后国之间技术密集型产品的贸易模式。技术差距理论给了我们启示：技术变革在一个国家发展中所起的作用很大，可以改变其在国际分工中所处的位置。因此，无论是发达国家还是发展中国家，都应该足够重视技术研发和技术革新。但是，对于发展中国家来说，技术研发是长期而艰巨的任务，既需要消耗大量的资金，也需要人力资源的持续培养和支持。所以在现实生活中，发展中国家往往需要面对进出口商品结构长期处于低级化的境地，直至培育出自身的优质主导产业。

2.2.2.4 产品生命周期理论

产品生命周期理论（The Theory of Product Life Cycle）是技术差距理论的扩展，经济学家雷蒙德·弗农（Raymond Vernon）在《产品生命周期中的国际投资和国际贸易》（1966）一书中首次解释了在技术创新背景下，知识密集型产品创造于发达国家，但随着产品标准化程度的提高，该产品生产和出口却转向其他国家的原因。弗农从产品生产的技术变化出发，动态分析了产品生命周期阶段的循环及对贸易格局的影响。他认为，产品的生命周期会经历五个不同的发展阶段，生命周期的起点是技术创新，接下来是产品成长期、产品成熟期和销售下降期，生命周期终止于产品衰落期，之后新一轮的循环开始。当产品处于不同生命周期阶段时，贸易国家的进出口格局也各不相同。

在技术创新期，创新国的企业发明出一种在世界上没有销售过的新产品，投入大量的资金、技术以及人力进行生产，之后在本国市场销售。发达国家良好的教育条件、雄厚的科技力量为企业创新提供了支撑，创新国的税收政策为新产品的研发提供了宽松的外部环境。由于投入的生产要素较多且昂贵，该产品销售首先面对的是创新国国内高收入人群。在这一阶段，产品的生产技术逐渐成熟，但是产量仍然较低。由于投入了大量的资本、技术和人力，该产品的生产成本难以下降，属于高档产品，从而导致产品没能在国内的大众消费群体当中售卖。由于生产企业掌握着核心技术，该产品的生产企业在新产品的世界市场上拥有实际的技术垄断优势，新产品生产要素中科研人员和熟练工人占据很大比例。创新国的产业结构升级，由于既不存在出口，也不存在进口，因此创新国的贸易结构尚未改变。

在产品成长期，创新国的生产技术趋于成熟，新产品的生产成本下降。随着国内消费者对新产品的普遍接受，该产品的生产规模扩大，形成规模经济，剩余产品开始往国外（主要是其他发达国家）出口，创新国出口商品主要是技术密集型产品，出口商品结构得到优化。在此阶段，产品的核心技术仍然掌握在创新国企业的手中，随着国外消费者对该产品需求的不断上升，拥有核心技术的创新国的技术比较优势可以维持一段时间。模仿国由于技术差距尚不具备生产该产品的能力，对该产品的消费需求的满足完全依赖从创新国进口，进口商品结构得到优化。随着产品的大量出口，资本和管理要素投入增加，产品依靠新机器和高级熟练劳动进行规模化生产，创新国的出口产品由技术密集型转向资本密集型，出口商品结构进一步优化。

在产品成熟期，生产技术已扩散到创新国外，产品实现了标准化生产，生产技术变得普遍、简单，大规模生产成为可能，创新国生产量幅度提高并达到最大。产品的使用也逐渐普及，国内外需求持续增加，创新国的出口量也逐步增加并达到最高点。模仿国（其他发达国家）开始引进新产品技术，生产新产品，从而满足国内需求，替代进口产品，对该产品的进口量逐渐减少直至为零。

在销售下降期，产品已经可以标准化生产，技术创新国渐渐失去了核心技术优势。在此阶段，对国外的销售量也迅速下降，此时创新国不再拥有该产品生产的价格优势，但仍然拥有该产品的品牌优势。这一阶段，模仿国（其他发达国家）由于工资水平低于创新国，也拥有一定量的资本，不仅可以为本国消费者生产，而且可以参与到新产品的出口市场竞争中，成为该产品的主要出口国，除创新国以外的发达国家出口商品结构优化。

在产品衰落期，技术日益陈旧，技术转让费也越来越低，技术得以在发展中国家进行扩散。在产品衰落期阶段，生产并出口该产品的要素优势不再是技术和资本，而是转变为低成本的劳动力资源。技术模仿国（发展中国家）凭借其低廉的劳动成本，不断扩大生产并进行出口，发展成为世界主要的生产国和出口国。模仿国开始大量出口劳动密集型产品，其出口商品结构相比较之前有所优化。产品的出口国也随之转移，具有一定工业水平的发展中国家成为该产品新的出口国。原来的技术创新国转变了角色，成为该产品的净进口国家，该产品的生命周期在此结束。当然，技术创新国（先进发达国家）利用其高水平的技术研发能力和丰富的资本储备再次进行更新产品的创造，更新产品的生命周期又开始展开，技术创新国又将会迎来新一轮的产业结构优化和出口商品结构升级。

产品生命周期理论的每一个阶段都会导致技术创新国和技术模仿国的比较优势不断变化，必然会带来两国生产结构的改变，同时也伴随着两国进出口商品结构的不断调整[①]。

2.2.2.5　规模报酬递增理论

在古典经济理论和新古典经济理论中，分析国家贸易产生的前提条件都是完全市场竞争，但是完全竞争的假设已经不能适应第二次世界大战以后的经济和对外贸易现实。著名经济学家吉恩·M. 格罗斯曼（Gene M. Grossman）和埃尔赫南·赫尔普曼（Elhanan Helpman）在《市场结构与对外贸易》（1985）一书中提出，规模报酬递增是国际贸易的基础，当某产品的生产发生规模报酬递增时，伴随着生产规模的扩大，由单位产品的成本递减而获得的比较优势，会导致贸易国专业化生产此种产品并用于出口。

规模报酬递增（规模经济）是指随着企业生产规模的扩大，产量增加，每件产品的平均成本下降，企业由于生产规模的扩大可以获得额外的报酬。规模报酬递增可通过内部规模经济和外部规模经济来实现，而能实现规模报酬递增的企业一般具有一定的垄断优势。规模报酬递增理论很好地解释了在不完全竞争条件下，经济水平相近、技术相同、资源禀赋相似甚至需求偏好无异的两个国家之间开展贸易的可能性，也为传统贸易理论与产业内贸易理论的衔接提供了纽带。根据规模报酬递增理论，两个国家优势产业的形成得益于规模经济效应，贸易基础可以跳出自然资源禀赋的束缚，专业生产并出口规模经济带来的相对低成本的商品，使贸易双方的社会福利水平普遍上升。但是，因为一国能形成规模经济的产业具有一定程度的垄断性质，所以会导致该国产业格局和出口贸易结构的变化在长时期内都十分缓慢。

2.2.2.6　国家竞争优势理论

20世纪八九十年代，美国哈佛大学商学院教授迈克尔·波特（Michael E. Porter）在其系列著作《竞争战略》（1980）、《竞争优势》（1985）和《国家竞争优势》（1990）中，分别从微观、中观、宏观的角度论述了“国际竞争

---

① 张曙霄．中国对外贸易结构问题研究［D］．长春：东北师范大学，2002：9.

力”的问题，在产业国际化背景下提出国际竞争优势理论。波特认为，一个国家的产业或企业具有竞争力，离不开母国的支撑，国家竞争优势是产业和企业竞争优势持续发展的前提。部分发展中国家依赖低成本、贸易顺差积累了一定的财富，甚至有的国家通过本币贬值扩大出口，这都不能说明该国企业具有竞争优势，只有生产力水平的比较优势才能保证企业或产业的可持续发展。

波特从宏观视角提出一国某一产业或企业取得全球性竞争成功的四个关键要素：生产要素，需求条件，相关产业和支持产业，企业的战略、结构和竞争对手。这四个要素互相影响，单一或系统的要素都会影响到企业的产生与竞争模式。拥有四个要素中的每一项优势，并不等于拥有了国际竞争优势，企业只有将这些要素交错运用，形成自身不断强化的优势，才能在国际竞争中立于不败之地。除此以外，机会的产生和政府的作用也不容小觑，政府和机会的产生对于国内产业结构调整具有决定性作用。

根据波特的理论，基于六个影响要素培育出来的国家的竞争优势只能体现在某部分产业，不可能在所有产业中都显示出竞争优势。在很大程度上，这种国际竞争优势是由技术创新带来的。这部分产业会发展成为一个国家的主导产业，拥有在国际市场竞争的优势。在国家竞争优势理论下，一个国家的产业结构确立及调整相比较自然禀赋，受政府和政策的影响较大。波特在《集群与新竞争经济学》（1998）一文中还阐释了产业集群的理论。在现代企业国际化程度不断加深的经济背景下，发生在特定地理区域的产业集群，引发了产业结构的变革，也实质性地改变了相邻国家的对外贸易模式。

在国家竞争优势理论下，要实现一国对外贸易商品结构的优化，必须借由影响生产力的六要素，培养出更具国际竞争力的行业优势，通过技术创新和产业集聚提高该国在国际分工中的地位，努力将低成本的要素禀赋转换成高质量的要素禀赋。改善对外贸易现状，不再是简单考虑出口商品的数量，更多的是需要考虑贸易产品质量的要求，用什么样的技术和方法生产并出口高质量的产品。随着一国竞争优势的变化，该国的主导产业和对外贸易商品结构也会发生相应改变。

2.2.2.7 动态比较优势理论

动态比较优势理论是指比较优势可以通过专业化学习、投资创新及经验积累等后天因素人为地创造出来，强调的是规模报酬递增、不完全竞争、技术创新和经验积累的理论。

杨小凯（1991）运用边际分析法，创立了动态比较优势理论，他从专业化和分工的角度，解释了国际贸易内生的原因。该理论认为，一国参与国际贸易的程度可用交易效率和国际分工水平来解释。杨小凯整合了外生比较优势和内生比较优势，确立了新兴古典贸易的理论框架。他认为，国际分工和对外贸易可以提高一国对外贸易商品结构的多样化程度，促进贸易产品种类的增加。

新生产要素理论突破了传统贸易理论中生产要素的局限性，将生产要素从土地、劳动、资本拓宽至人力资本、技术、信息管理等新型生产要素，从新要素的角度阐述了对外贸易商品结构。格鲁伯（W. Gruber）、维农（R. Vernon）在生产要素中引入研究与开发，认为一个国家出口商品结构与出口生产部门中研究、开发的投入强度具有较高的关联性。出口生产部门中研究与开发要素的投入分配，可以改变一国在国际分工中的比较优势。

人力资本说（The Theory of Human Capital）由美国经济学家舒尔茨（T. W. Schultz）创立，基辛（D. B. Keesing）、凯南（P. B. Kenen）等学者对其也做了阐述。该学说用人力资本的差异解释了国际贸易产生的原因和一国对外贸易模式。舒尔茨认为，劳动是不同质的，表现在劳动效率的差异上，而劳动效率的差异主要是由劳动熟练程度决定的，而劳动熟练程度的高低受劳动者受教育、培训等智力投资的影响。一国通过对劳动力进行投资，可以使劳动者素质得到极大改善，大大提高劳动生产率，从而对该国的对外贸易格局产生重要影响。一般来说，发达国家的人力资源特别是高水平人力资源比较丰富，他们在资本技术密集型产品的生产和出口上处于优势地位，而发展中国家的人力资本相对匮乏，他们在资本技术密集型产品的生产和出口上处于劣势。这样看来，发达国家的出口商品结构较高，而发展中国家的进口商品结构较高。

2.2.3 基于贸易保护的对外贸易商品结构理论

传统国际贸易理论和现代国际贸易理论基本是建立在自由贸易的假设前提之下，在现实生活中，完全自由的贸易环境是很难实现的，无论是发达国家还是发展中国家，对于自身的幼稚产业和新兴产业，都存在一定程度、一定时期的政策保护，或者采用关税壁垒，或者采用更为隐蔽、形式多样的非关税壁垒进行保护。幼稚产业保护理论和战略性贸易政策理论就是在这样的背景下产生和发展起来的，它们强调了政府对一国生产和对外贸易的影响作用。贸易保护理论源于16—18世纪在欧洲出现的重商主义。在地理大发现时期，对金银等货币需求的扩大，使欧洲国家崇尚货币积累和扩大出口。要实现重商主义的贸易盈余主张，离不开国家对贸易的管制。幼稚产业保护理论和战略性贸易政策理论，从发展生产力的角度论述了对本国工业和贸易进行适度保护的必要性。

2.2.3.1 幼稚产业保护理论

幼稚产业保护理论最早是由美国第一任财政部长汉密尔顿在《关于制造业的报告》（1791）中提出的。汉密尔顿基于美国当时的经济社会现实，提出美国应实行贸易保护政策。他认为，本国幼稚产业在早期发展中效率不高，缺乏竞争力，需要一定程度的保护。汉密尔顿指出，用进口关税壁垒配合政府对新兴产业的保护政策，培养幼稚产业的国际竞争力。

19世纪德国经济学家德里希·李斯特（Friedrich List）在汉密尔顿的理论基础上建立了以生产力理论为基础、保护关税制度为核心的幼稚工业保护理论（The Theory of Infant-Industry Argument）。该理论在《政治经济学的国民体系》（1841）一书中系统提出。李斯特认为，在德国工业化初期，政府应对本国具有发展前途的幼稚产业予以保护，在一定时期内对同类工业品实行高进口关税，促进社会生产力的发展，最终加入自由贸易的行列当中。同时，他认为，国家可以借助政府的力量对生产和贸易活动进行干预，根据经济实力和经济发展的不同阶段制定相适应的贸易政策。他虽然提倡运用关税措施限制幼稚产业同类产品的进口，但他并不主张全面的贸易保护，对于本国需要且无法自己生产的进口产品不应实施关税保护。

幼稚产业保护论为工业落后国家实行保护贸易政策提供了理论基础。如果国际市场是完全竞争的，那么自由贸易政策必定会冲击到本国的新兴产业。所以在自由贸易条件下，发展中国家的对外贸易商品结构升级是比较困难的。在保护幼稚产业的政策倾斜下，发展中国家可以逐步改善自身的生产结构、产业结构，进而达到出口贸易结构的优化。

2.2.3.2 超保护贸易理论

英国经济学家约翰·M. 凯恩斯（John M. Keyens）在1936年出版的《就业、利息和货币通论》中提出超保护贸易政策，由此衍生出超保护贸易理论，其产生具有较强的现实背景。在经济大危机后，各国开始大肆奉行贸易保护政策。凯恩斯认为，贸易顺差和逆差可以靠国际收支自动调节的理论是不科学的，因为它忽视了对国家收入和就业的影响。凯恩斯主张扩大贸易顺差，提高有效需求，反对自由贸易。他用投资乘数效应论证了投资对一国国民收入和就业的积极影响。

凯恩斯的追随者马克卢普（Machlup）和哈罗德（Harold）等人将投资乘数效应引入对外贸易，论证了一个国家出口或进口的变动会对该国的国民收入产生数倍影响。他们用出口乘数和进口乘数论证了贸易顺差可以提高一国的国民收入水平、扩大生产、增加就业和提高国内有效需求；而贸易逆差会导致收入和消费的减少以及失业率的上升。其后的改善国际收支论、保护就业论、保护公平竞争等理论都论证了限制进口的必要性。但在现实经济中，这些理论存在一定的局限性。如果过度限制进口，必定会遭到贸易伙伴的报复。但从长期来看，一个国家只有通过进口才能维持出口的扩张，增加收入和提高就业才有可能真正实现。

超保护理论相比较幼稚产业保护理论，所倡导的贸易保护范围更为广泛。除了对幼稚产业进行保护以外，对一国的落后、夕阳产业也进行了人为保护。这对一个国家的产业结构升级其实是不利的。对进口的刻意排斥，更加不利于一国进口商品结构的改进。

2. 2. 3. 3　中心—外围理论

发展中国家的理论代表劳尔·普雷维什（Roal Prebisch）在深入考查世界经济不平等现象的基础上，在《拉丁美洲的经济发展及其主要问题》（1950）一文中提出著名的中心—外围论，对指导发展中国家实现工业化起到积极作用。普雷维什认为，国际经济体系分为两部分：由发达工业国家组成的中心，由发展中国家组成的外围。中心国家依托技术和资本优势生产并出口制成品，外围国家只能出口初级产品。在双方贸易的过程中，外围国家的贸易条件会逐步恶化，双方经济差距也会越来越大。这是因为技术进步的利益主要被工业发达国家获得，制成品市场结构具有垄断性，并且发达国家相比较发展中国家具有更强的工资谈判能力。

中心—外围理论给发展中国家指明了合理的工业化道路。普雷维什主张发展中国家在进口替代工业化阶段，通过贸易保护努力发展本国工业。等待工业发展到一定程度时，实施出口替代战略。发展中国家的政府可以通过出口补贴和进口关税保护等措施，增强自身制成品在国际市场上的竞争力。只有实施进口替代和出口替代战略，发展中国家的产业结构和贸易结构才能科学地建立起来。

2. 2. 3. 4　战略性贸易政策理论

战略性贸易政策理论（Strategic Trade Policy Theory）是20世纪70年代以后保罗·克鲁格曼（Paul Krugman）、布兰德（Brander）和斯潘塞（Spencer）等人以不完全市场竞争和规模经济为前提提出的贸易理论。该理论论证了政府干预的合理性，提出政府可通过鼓励出口、限制进口等政策措施来保护和扶持本国的高科技产业。战略性贸易政策的主要观点包括：以补贴促进出口论、以进口保护促进出口论、战略支持产业的外部经济效应论。

依据战略性贸易政策理论，一国（地区）应首先定位具有战略竞争潜力的产业，特别是新兴高技术产业，通过对其出口进行补贴，对进口实行高关税措施，对潜力产业进行一定程度的扶持，扩大该类产品的生产。当该产业的生产进入成熟阶段时，则可以扩大该类产品的出口。相比较幼稚产业保护理论，该理论强调规模经济效益的获取。在战略性贸易政策下，产业结构相对确定，对外贸易商品结构调整受政府因素影响也比较大。

20 世纪 90 年代以后，随着经济全球化的发展，以地区经济主义、国际劳动力价格均等化、环境优先等为核心观点的新贸易保护主义理论不断涌现。新贸易保护理论以保护环境、稳定发达国家工人的生活水平、改善发展中国家在国际贸易结构中的不利地位为名，借由非关税贸易壁垒措施实施贸易保护，对一个国家一定时期内的产业发展有利，但从长远来看，对发达国家和发展中国家都存在不利影响。

以上国际贸易理论在解释国家间不同时期进行对外贸易原因的同时，也对对外贸易商品结构做了一定程度的分析。不同国家进行贸易的基础不同，既可以是静态比较优势，也可以是动态比较优势，还可能是基于政府的政策引导。无论是什么样的贸易基础，一般而言，发达国家的对外贸易商品结构要优于发展中国家，保持较高的对外贸易商品结构或对贸易结构进行转变较为便利。发展中国家虽然可以通过技术进步或改变政策扶持来调整自身的对外贸易商品结构，但是这个优化的过程通常较为漫长。

2.2.4 对外贸易商品结构优化理论

国内学术界对贸易结构优化的权衡主要从两个角度展开：第一，国际贸易理论。包括传统国际贸易理论、现代国际贸易理论和保护贸易理论等。在传统的比较优势理论中，一国（地区）的对外贸易商品种类基于该国（或地区）的相对比较优势而定，这里所指的优势既包括资源优势和劳动力优势，又包括技术优势和资本优势。在一国（地区）贸易发展的初级阶段，以出口资源类产品为主，这时的出口商品结构相对较低。随着经济的发展，劳动力取代资源成为主要的出口商品生产要素，对外贸易结构开始升级。待该国的贸易利得开始扩大，具有相应资本来研发新技术的时候，该国（或地区）的贸易结构进一步优化，进而出现以资本技术密集型产品出口取代资源、劳动密集型产品出口的状况。随着比较优势的变化，对外贸易结构也相应升级。产品生命周期理论与比较优势理论存在相通之处。伴随着研发—出口—进口—再研发的产品生命周期，该国（或地区）的技术水平会不断提升，相应出口的贸易产品技术含量会不断提升，贸易结构也会不断升级。第二，运用各种竞争力指标对贸易结构升级情况进行定量分析，包括贸易专业化指数、显示性比较优势指数、出口增长优势指数等①。

2.2.4.1 贸易专业化指数

一国（地区）各类产品（或产业）的比较优势通常用产品（或产业）的贸易专业化指数（Trade Specialization Coefficient，*TSC*）来表示。贸易专业化指数的计算式为：$TSC_i = (X_i - M_i)/(X_i + M_i)$ 。式中，TSC_i 表示第 i 类产品（或产业）的贸易专业化指数，X_i 表示第 i 类产品（或产业）的出口额，M_i 表示第 i 类产品（或产业）的进口额。TSC_i 的值的变动范围为 $-1 \sim +1$。TSC_i 的值越接近于 $+1$，说明该类产品（或产业）的比较优势越强；TSC_i 的值越接近于 -1，说明该类产品（或产业）的比较优势越弱。张伯泉（1996）将贸易专业化指数运用到一国（地区）的对外贸易商品结构分析中，按照SITC的方法将贸易产品划分为初级产品、劳动密集型产品和资本技术密集型产品，分别计算出各大类产品的 *TSC* 值，对其进行排序比较，以确定该国（或地区）的商品贸易发展到什么阶段，这就是“贸易四阶段论”：将对外贸易发展划分

① 张群，张曙霄，吴石磊．货物贸易结构优化：一个文献综述［J］．价格月刊，2013（9）：28.

为工业发展初期、新兴工业化初期、新兴工业化成熟期和工业化发达期①。

在工业发展初期，一国（地区）的工业基础往往比较薄弱。这个时期，一国或地区不仅需要大量进口资本技术密集型产品，通常还需要进口一定数量的劳动密集型工业制成品；出口主要以初级产品为主。该阶段的对外贸易商品结构基本表现为：资本技术密集型产品 *TSC* 指数（*TSC* 资本技术）、劳动密集型产品 *TSC* 指数（*TSC* 劳动）和初级产品 *TSC* 指数（*TSC* 初级）依次增大，即 *TSC* 资本技术<*TSC* 劳动<*TSC* 初级。

在新兴工业化初期，一国（地区）的进口替代取得一定成效，主要出口产品是劳动密集型产品，主要进口的是资本技术密集型产品。该阶段的对外贸易商品结构基本表现为：资本技术密集型产品 *TSC* 指数、初级产品 *TSC* 指数和劳动密集型产品 *TSC* 指数依次增大，即 *TSC* 资本技术<*TSC* 初级<*TSC* 劳动。

在新兴工业化成熟期，一国（地区）已经积累起自己的生产能力和研发能力，资本技术密集型产品的进口替代战略取得相应成效，能够生产并出口，其产品的 *TSC* 指数迅速上升，但仍小于劳动密集型产品的 *TSC* 指数。在此阶段，初级产品 *TSC* 指数持续下降。该阶段的对外贸易商品结构基本表现为：*TSC* 初级<*TSC* 资本技术<*TSC* 劳动。

在工业化发达期，由于居民收入水平的持续提高，一国（地区）劳动力成本上升较快，致使初级产品 *TSC* 指数的进一步下降。该国主要出口资本技术密集型产品，进口初级产品。在该阶段，对外贸易商品结构的基本特征演变为：*TSC* 初级<*TSC* 劳动<*TSC* 资本技术。

伴随着一国（地区）的商品贸易从最低级阶段发展至最高级阶段，该国的主要出口将由初级产品演变为资本技术密集型产品，进口的主要产品由资本技术密集型产品演变为初级产品和劳动密集型产品。同时，该国对外贸易

---

① 陈伯泉 . 1980 年以来中国对外贸易商品结构演变趋势分析［J］. 当代财经，1996（5）：48-49.

商品结构不断优化。

2.2.4.2 显示性比较优势指数

贝拉·巴拉萨（1965）在分析国际贸易比较优势时用显示性比较优势指数，定量分析一国（地区）某一产业（或产品）的比较优势。该指数首先计算出某一产业（或产品）在一国（地区）出口中所占的比重，再计算出世界上所有国家和地区这一产业（或产品）在世界出口贸易总额中所占的比重，将两个比重相除，得到某一产业（或产品）的显示性比较优势指数。测算公式如下：

$$RCA_{ij} = (X_{ij}/X_i) / (X_{wj}/X_w) \tag{2-1}$$

其中，RCA_{ij}表示 i 国（或地区）j 产品的显示性比较优势指数；X_{ij} 表示 i 国（或地区）对世界市场出口 j 产品的出口额；X_i 表示 i 国（或地区）对世界市场的出口总额；X_{wj} 表示世界 j 产品的出口总额；X_w 表示世界所有产品的出口总额。

RCA 考虑了不同国家和不同产品在国际市场上的份额，侧重一国的出口绩效。*RCA* 数值大于 1 时，则表示 j 产品具有显示性比较优势；*RCA* 等于 1 时，则表示 j 产品没有显示性比较优势；*RCA* 小于 1 时，则表明该国（或地区）的 j 产品具有比较劣势。*RCA* 的值越大，表明比较优势越强。

显示性比较优势指数也可以用来反映一个国家（或地区）的服务贸易在世界服务贸易领域中的竞争地位。如果 $RCA>2.5$，则表明该国（或地区）的服务贸易具有极强的竞争力；如果 $1.25 \leqslant RCA \leqslant 2.5$，则表明该国（或地区）的服务贸易具有较强的国际竞争力；如果 $0.8 \leqslant RCA \leqslant 1.25$，则表明该国（或地区）的服务贸易具有中度程度的国际竞争力；若 $RCA<0.8$，则表明该国（或地区）的服务贸易竞争力较弱。

2.2.4.3 出口增长优势指数

出口增长优势指数（The Index of Export Rise Advantage）是指一国（地区）某种产品的出口增长率与总出口增长率之差。以 g_i 表示 i 产品出口增长率，g_t 表示一国（地区）总出口增长率，出口增长优势指数 Dt 用公式表示为：$Dt = (g_i - g_t) \times 100$。该指数越大，说明 i 产品的出口增长越快。当出口增长优势指数大于 0 时，该产品的国际竞争力上升，反之下降。

对于中国来说，某种产品，例如服装，出口量在报告期内可能较大，但是服装在中国属于劳动密集型产品，出口量的增大并不能完全客观反映其竞争力的增强。用出口增长优势指数可以弥补测量当中仅考虑出口数量而非质量增长的片面性。将该指标用于分析对外贸易结构时，可计算某一类产品的 Dt 指数，指数越大，说明该类产品的国际竞争力越强，当资本技术密集型产品的 Dt 指数大于劳动密集型、资源密集型产品的 Dt 指数时，即说明该国（或地区）的对外贸易结构发生了优化。

此外，有些学者从其他角度来研究对外贸易结构优化。张曙霄（2002）认为，如果出口商品结构的层次超前错位于该国（或地区）的产业结构，那么就意味着对外贸易结构是优化过的。张曙霄所说的产业结构是指基础产业、支柱产业、主导产业和新兴产业在国民经济生产中的比例①。江小娟（2002）②、赖明勇（2003）③ 等研究了 FDI 对中国出口总量及出口结构优化的作用。沈坤荣（2003）等论证了技术进步对要素生产率的改变和对产品出口生产以及出口结构改变的推动作用④。余剑（2005）指出，资本在贸易品中所占比重的加大，说明贸易结构存在着优化的趋势，由此带动资本密集型产业发展增强⑤。余剑、谷克鉴（2005）用 HOV 模型研究了开放条件下资本要素对贸易结构的影响。随着出口比较优势由资源向资本的转变，我国出口贸

---

① 张曙霄．中国对外贸易结构问题研究［D］．长春：东北师范大学，2002：27.

② 江小娟．加入 WTO 对中国吸引外资的影响（上）［J］．上海财税，2002（11）：6-8.

③ 赖明勇，包群．外商直接投资技术外溢效应的实证研究［J］．湖南大学学报（自然科学版），2003（4）：94-98.

④ 沈坤荣，李剑．中国贸易发展与经济增长影响机制的经验研究［J］．经济研究，2003（5）：32-40.

⑤ 余剑．对外贸易、经济增长与结构调整：基于比较优势战略实践的考察［J］．国际经贸探索，2005（3）：31-35.

易结构不断优化①。王梏伦（2006）采用产业间贸易指数、产业内贸易指数和产品内贸易指数考察了中国1992—2004年的对外贸易结构，发现改革开放以来我国对外贸易结构的变化符合比较优势②。姚战琪（2002）③、樊纲（2006）④ 等采用产业内贸易指数以及竞争互补指数等对出口商品结构进行了分析与描述。张丝思（2008）、裴沛（2008）等论证了进口所带来的技术外溢对一国产业结构升级的重要性，进口商品结构的提升会带动出口商品结构的优化。黄锦明（2010）从两个层次评价了中国出口商品结构的优化。第一层次是以不同种类产品的出口额在一国（地区）的出口总额中所占的比重来反映该国（或地区）的出口商品结构变化。如果工业制成品的出口占比超过初级产品，同时资本技术密集型产品占比又超过劳动密集型产品占比，那么可认定为出口商品结构是优化过的。第二层次采用贸易竞争优势指数和显示性比较优势指数衡量⑤。黄锦明（2010）在同年的另一篇文章中将两个层次扩展为三个层次。前两个层次与上述相同，第三个层次把对贸易结构优化的衡量引入到生产出口产品的过程中，主要衡量实际投入和产生主要贡献的要素属性与质量。因此，在评价出口商品结构是否得到优化时，同时考虑贸易主体和贸易方式⑥。王涛生（2013）构建机电类产品质量指数非线性自校正模型，计算了我国机电类产品的非纯净价格指数、纯净价值指数、质量指数，并采用函数链神经网络对机电类产品质量指数进行非线性自校正。研究发现，我国各行业机电类产品的出口值指数分布较均衡，平均质量水平呈持

---

① 余剑，谷克鉴．开放条件下的要素供给优势转化与产业贸易结构变革：基于比较优势战略的中国改革开放实践的考察［J］．国际贸易问题，2005（11）：5-11.

② 王梏伦．对外贸易与中国产业结构高度化进程实证研究［J］．技术经济，2006（2）：24-27.

③ 姚战琪．高新技术产业国际贸易的地位和作用［J］．经济研究参考，2002（39）：32.

④ 樊纲，关志雄，姚枝仲．国际贸易结构分析：贸易品的技术分布［J］．经济研究，2006（8）：70-80.

⑤ 黄锦明，陈卉娟．对我国出口商品结构优化的评价［J］．国际商务，2010（1）：21.

⑥ 黄锦明．我国出口商品结构优化：进展、机理与对策——基于1980—2008年数据分析［J］．工业技术经济，2010（11）：8.

续下降趋势①。蔡捷芳（2016）认为，国内消费需求对出口贸易结构和进口贸易结构的影响很大。需求的变化会推动本国国内产业的发展和转型升级，而国内产业的竞争力决定了对外贸易商品结构的调整②。谢秀珍（2017）运用 *TSC* 和 *RCA* 指数，研究发现，中国出口商品结构存在附加值与技术含量低的问题。该学者认为可以通过"一带一路"等政策优势，拓展国内外需求，加大创新力度，从而提升我国出口贸易结构③。孙林霞（2019）从出口贸易商品结构、出口贸易方式结构、出口贸易主体结构方面分析了陕西省的出口贸易结构问题，认为可以从优化产业结构、创新贸易业态等方面着手，改善该地区的出口贸易结构④。

2.3　产业结构理论

产业结构理论，即产业结构演进理论，其研究始于 17 世纪古典政治经济学家威廉·配第和魁奈，主要研究方法为理论研究。20 世纪三四十年代，经济学家克拉克、库兹涅茨、钱纳里、霍夫曼等人对产业结构的研究方法进行了创新，开始了理论基础上的实证研究，对现代产业结构理论的形成起到了极大的促进作用。

---

① 王涛生，左红艳，陈健美．机电类出口产品质量指数非线性自校正模型及其应用［J］．中南大学学报（自然科学版），2013（1）：133.

② 蔡捷芳．改革开放以来对外贸易与产业结构升级关系研究：以福建省为例［J］．金融经济，2016（24）：29-31.

③ 谢秀珍．优化我国出口贸易结构的思考［J］．福建金融管理干部学院学报，2017（4）：39.

④ 孙林霞，宋立楠．陕西省出口贸易结构存在的问题及优化对策［J］．知识经济，2019（15）：49.

2.3.1 产业结构演进理论

2.3.1.1 威廉·配第的产业结构理论

英国经济学家威廉·配第（William Petty）是最早研究产业结构与经济发展关系的经济学家。配第在《政治算数》（1672）一书中指出，世界各国经济发展水平和国民收入水平之所以存在差异，其主要原因在于世界各国的产业结构不同。配第将产业划分为农业、工业、商业和服务业进行研究，并对一国产业进行了细分，这是产业结构首次在研究中出现。配第对英国、法国和荷兰的经济水平与产业结构进行比较研究，发现服务业附加值最高，其次是商业、工业，农业的附加价值最低。“比起农业来，工业收入多，而商业比起工业来，商业收入多”①。通过配第的研究我们可以发现，伴随着经济的发展，主导产业由较低水平生产率向较高水平生产率转移的过程，是有形商品的生产向无形服务的生产进行转移的过程。这是推动产业结构发展的动力，也是经济水平提高的重要原因。

2.3.1.2 魁奈的产业结构理论

法国经济学家魁奈（Qnesnay）在其代表作《经济表》（1758）和《经济表分析》（1766）中，提出了当时较为新颖的“纯产品”学说。在此学说中，魁奈将社会阶级划分为三个层次：生产阶级、拥有土地权的阶级和不生产阶级。生产阶级主要进行农业生产和“纯产品”创造，这个阶级的代表人物是工人和租地农场主。拥有土地权的阶级，如地主、官吏等，通过租借土地和征税从生产阶级手中取得“纯产品”。不生产阶级包括资本家和工人，他们是不生产“纯产品”的。在魁奈的理论中，只有农业才是一个国家的生产部门，农民在一年内生产出来的产品提供给社会三个阶级来使用，农产品在三个阶级中循环流通。魁奈在经济理论上的突出贡献是他在“纯产品”学说

---

① 威廉·配第．政治算数［M］．陈冬野，译．北京：商务印书馆，1978：18-19.

基础上对社会资本再生产和流通条件的分析。他的思想对资本社会再生产过程的研究具有开创性意义，他提出的农业生产和工业生产也显示出一国产业结构的雏形。

2.3.1.3 科林·克拉克的产业理论

英国经济学家科林·克拉克（Colin Clark）在配第等人研究成果的基础上，于1940年发表了他的代表作《经济进步的条件》。克拉克在费歇尔三次产业分类研究的基础上，将现代社会各经济部门划分为三个产业部门，即第一产业、第二产业和第三产业。《经济进步的条件》将一国经济划分为三个不同的发展阶段：以农业为主的经济阶段，以制造业为主的经济阶段，以商业、服务业为主的经济阶段。克拉克研究了40多个国家和地区在不同经济发展阶段，劳动力在三次产业中投入的差异，同时比较了三次产业的产出差异。他指出，产业结构变化与劳动力在三次产业投入中的比例具有相关性，产业结构水平的提高与人均收入水平的提高也存在关联性①。

克拉克通过计量，比较了劳动力在三次产业中投入的差异，他对威廉·配第的理论进行了验证，形成配第—克拉克定理。该定理阐述了劳动力分布结构变化的动因是在经济发展中产生各产业之间相对收入的差异。具体来说，随着人均国民收入水平的提高，劳动力依次由第一产业向第二、第三产业转移。配第—克拉克定理也揭示了产业结构演变的基本趋势：在农业占主导的经济模式下，农业中的劳动力比重最大，人均国民收入处于较低水平；随着制造业、商业为代表的第二产业逐渐成为经济的主导，第二产业的劳动力规模扩大，人均国民收入水平增加；当经济社会发展为第三产业占主导时，劳动力在第三产业的比重也迅速增大，此阶段人均国民收入水平大幅度提高。因此，在配第—克拉克定理的内涵中，可发现劳动力规模的扩大和人均国民收入水平的提高是伴随产业结构演变和经济发展全过程的。

---

① 科林·克拉克．经济进步的条件［M］．张旭昆，夏晴，等译．北京：中国人民大学出版社，2020：34-56.

2.3.1.4 霍夫曼定理

德国经济学家霍夫曼（Walther C. Hoffmann）将结构型变量引入需求方程，对工业化进程中产业结构的演进做出了重要研究贡献。在《工业化的阶段和类型》（1931）一书中，霍夫曼对产业革命以来50年间（1880—1929年）20多个国家的工业化进程进行了实证分析，并在其1958年出版的《工业经济的成长》一书中，根据工业化实践资料，进一步阐述了工业部门间产业结构变动的一般类型。霍夫曼创造出产业结构分析指标和法则，提出了著名的霍夫曼定理。他认为，在工业化进程中，各工业部门的成长率并不相同，从而形成了工业部门间特定的结构变化，而且具有一般性倾向。他选择了具有代表性的8类产品进行观察分析，提出霍夫曼比例指标可以用来分析工业结构演进。

霍夫曼比例（或系数）= 消费资料工业的净产值/资本资料工业的净产值

霍夫曼定理是在霍夫曼比例数值的基础上总结出来的，工业化被划分为四个阶段：第一阶段，霍夫曼比例为5（±1），此阶段消费品工业在制造业中占主导地位，资本品工业的生产不发达；第二阶段，霍夫曼比例为2.5（±1），资本品工业的发展速度比消费品工业的发展速度快，但还没有达到消费资料工业的规模，消费品工业降到工业总产值的50%左右或以下；第三阶段，霍夫曼比例为1（±0.5），在此阶段资本品生产继续快速增长，基本达到和消费品工业发展相平衡的状态；第四阶段，霍夫曼比例小于1，资本品工业生产超过消费品工业，占据主导地位，实现工业化。从工业化的四阶段论可以看出，在一国（地区）工业化进程中，霍夫曼比例呈下降趋势。霍夫曼定理反映了产业发展的一般规律，特别符合工业化前期的发展趋势。但是，优先发展重工业的必然要求是霍夫曼理论存在的缺陷。针对这个问题，日本学者盐野谷裕一认为，重工业发展到一定程度后发展速度会下降，产业结构会走向一个更高层次，即由制造业向知识资本密集型产业和服务业发展。

2.3.1.5 库兹涅茨法则

美国当代经济学家库兹涅茨（Simon S. Kuznets）在配第和克拉克等人研究的基础上，在其著作《各国的经济增长》一书中统计出不同国家的国民收入和劳动力资源在不同产业之间的分布情况，并从中总结出产业结构的演变规律，即库兹涅茨法则。库兹涅茨将一国国民经济划分为三大部门：农业部门（第一产业）、工业部门（第二产业）和服务部门（第三产业）[①]。该法则的主要内容是：随着时间的推移，农业部门的国民收入在整个国民收入中所占的比重和其劳动力在全国劳动力中的比重均不断下降。工业部门和服务部门各自的国民收入在整个国民收入中的比重变化与劳动力在全部劳动力中的比重变化并非一致，工业部门的国民收入比重大体上升，但是劳动力比重却是大体不变或仅略有上升。服务部门劳动力比重是上升的，但其国民收入比重却是大体不变或略有上升。从库兹涅茨的理论可以看出，一国经济水平的提升会伴随着劳动力的流动和产业结构的改变。

此外，库兹涅茨还进一步分析了工业部门和服务业部门内部各产业之间的比例关系。他认为，与现代生产技术有着密切联系的新兴制造业部门增长最快，其总产值和劳动力比重均不断上升。服务业内部，教育与科研、政府行政部门的劳动力所占比重是上升的。库兹涅茨认为，人们需求结构的变化以及技术的作用促使这种变化趋势的产生[②]。

2.3.1.6 钱纳里工业化阶段理论

美国发展经济学家霍利斯·钱纳里（H. Chenery）、鲁滨逊和赛尔昆合著完成《工业化和经济增长的比较研究》（1986）。该书用投入—产出、一般均衡等分析方法对第二次世界大战以后的准工业国家（地区）的经济发展进行比较研究，阐明了工业化在经济发展中的作用，分析了产业结构转变同经济

① 西蒙·库兹涅茨．现代经济增长［M］．戴睿，易诚，译．北京：北京经济学院出版社，1989：13-15.

② 李兰冰．区域产业结构优化升级研究［M］．北京：经济科学出版社，2015.

增长的一般关系。在此基础上，概括出外向型、中间型和内向型三种不同的工业化标准模式，得出以下结论：第一，产业结构转变同经济增长之间具有密切的相关关系，这不仅表现为不同收入水平上产业结构的状况不同，还表现为产业结构的转变，特别是非均衡条件下的结构转变，对经济增长具有促进作用。第二，在产业结构转变的过程中，同资本积累和比较优势这样的供给因素的变化相比，需求因素的变化所产生的作用同样重要。

钱纳里等人提出结构转变可以划分为初级产品生产阶段、工业化阶段和发达经济阶段。在初级产品生产阶段，初级产品生产占统治地位。劳动力的增长速度较快，资本的增长速度较慢。在工业化阶段，资本积累的贡献度较高，经济重心由初级产品向制造业转移。在发达经济阶段，工业制成品的收入弹性开始下降，制成品在国内总需求中的份额开始下降。钱纳里与其伙伴在后续工作中研究发现，不同国家之间的产业结构转变没有固定模式，国家的资源禀赋、初始产业结构及其经济发展政策是影响产业结构转变的主要因素。

钱纳里还研究发现，一国产业结构的发展与进出口贸易有着较为密切的联系。他们认为，大国进入准工业阶段的标志是进口替代发生得早。资源丰富的初级产品出口国虽然贸易水平高，但是初级产品生产的比较优势会阻碍制成品的出口，并且随着产业结构水平的提升，初级产品的出口量会逐步减少。

钱纳里等人的研究揭示了产业结构演变的普遍规律，其理论成果对指导经济落后国家进行本国产业结构的合理性研究以及产业结构变动是否与经济发展协调发展的研究具有指导性作用①。

2.3.1.7 主导产业理论

美国经济史学家华尔特·罗斯托（Walt Rostow）在其著作《经济增长的阶段》一书中指出，在特定时期，由于国民经济的不同部门的增长率存在差异，一国经济增长从表面上看是经济总量的增长过程，但从本质上看却是主

① 曹文裴．江苏省对外贸易结构与产业结构关系的实证研究［D］．南京：南京航空航天大学，2010：11．

导产业的演变过程。他在著作《主导部门和起飞》一书中，将经济部门划分为主导部门、辅助部门和派生部门。罗斯托认为，主导产业部门具有较高的增长率，不仅能带来新的生产函数，还能通过回顾、前瞻、旁侧联系对经济规模产生扩散等效应。主导产业部门通过扩散效应、回顾效应等将产业优势辐射到关联产业，带动整个产业结构的调整，对促进区域经济增长具有积极作用。主导产业的建立，需要有足够的资本积累和投资，还需要有持续的技术和制度创新。要实现产业结构优化，对主导产业的选择至关重要。

罗斯托根据主导部门的变化将经济发展划分为五个阶段：传统社会阶段、起飞阶段、向成熟挺进阶段、高额大众消费阶段和追求生活质量阶段。在他的研究中，每个阶段都存在主导产业部门：纺织部门是起飞阶段的主导部门；钢铁、机械生产等部门是向成熟挺进阶段的主导部门；汽车制造部门是高额大众消费阶段的主导部门；医疗、教育等部门是追求生活质量阶段的主导部门。经济的增长和产业结构的转变就是不同主导部门无止境地重复起飞的过程[①]，主导部门的新旧更替过程代表着经济发展和产业结构演变的历程。

2.3.1.8　“雁行模式”产业转移理论

20 世纪 30 年代，日本经济学家赤松要在对本国纺织业发展实证研究的基础上，提出“雁行模式”产业转移理论。赤松要研究了日本当时作为后发工业国参与国际分工，进行产业调整的三种模式。第一种模式：按照“进口—国内生产（进口替代）—出口”的模式相继更替发展。第二种模式：从低附加值产品到高附加值产品的演进，以第一模式为演进路径。第三种模式：第一模式的动态演化会在不同国家之间进行传导，后发工业国会沿着先发工业国的发展路径进行产业演化。

从赤松要的理论可以总结出，后发工业国在模仿先发工业国的产业发展过程中，也要注重自身产品的研发，研发出新产品首先在国内市场销售，待

① 罗斯托．从起飞进入持续增长的经济学［M］．贺力平，译．成都：四川人民出版社，1988：63.

到国内市场饱和时可以进行出口，时机成熟时可向国外市场输出先进技术和工具，或者在国外直接生产销售，等该产品在国外形成了一定水平的生产能力，产品从出口转为进口，开始研发新的产品。该理论主张本国产业调整要与国际市场紧密结合，产业发展在不同国家之间存在着动态梯度转移，所以产业结构调整应具有国际化特征。

第二次世界大战以后，赤松要与小岛清等人进一步拓展和深化了该理论的假设，用三个相联系的模型对该理论进行了更加完整的阐述。“二战”后的日本，立足国情，开展了有关产业结构调整的理论和实证研究，逐步发展形成一套独特的产业结构理论。

在开放经济条件下，筱原三代平（1955）发展了李嘉图的静态比较优势学说，提出著名的动态比较成本学说。他认为，产品的比较成本是可以转化的，原先处于劣势的产业，经过发展可以转化为优势产业。对于发展潜力巨大且对国民经济有重要意义的产业，政府要侧重扶持，使之成为强有力的出口企业。

佐利贯雄（1981）从总结日本产业结构迅速实现高度化的秘诀入手，提出战略产业优先增长论。他认为，电力工业、机械工业和电子工业等三组战略产业在生产、销售、出口等方面有效地发挥了产业关联效应和技术关联效应，解决了经济发展的瓶颈环节。因此，确立产业体系中的战略产业，对其实行优先增长策略，可以加速产业结构的高度化。

2.3.2 产业结构升级要素理论

产业结构升级是指产业结构从低级形态向高级形态转变的过程或趋势。产业结构升级的主要原因是技术进步和竞争优势的变化。自然资源丰富、劳动力成本不高、科技水平低的国家，其产业结构必然处于较低层次。学术界对于产业结构升级一般认定为：一国（地区）第一、第二产业占主导向第三产业占主导进行转变；或者是在工业结构中由资源密集型产业占主导向劳动密集型产业甚至是资本技术密集型产业占主导的方向转变。依据该思路，学术界很多学者提出了影响产业结构升级的要素。

张耀辉（2002）[①]、蒋永志（2005）[②]、邢孝君（2017）[③]、潘团（2017）[④]、杨兵（2019）[⑤] 将产业结构升级定位于高附加值产业替代低附加值产业，对技术创新的作用进行了论述，认为技术创新对产业升级具有积极作用。凌丹（2018）等通过实证研究发现，中国 OFDI 技术溢出和 IFDI 技术溢出显著促进了国内技术进步，进而推动了产业结构升级[⑥]。姜泽华（2006）从社会需求、科技进步、制度安排和资源供给方面分析了其对产业结构升级的影响。他认为，社会需求是产业结构升级的立足点和出发点，个人消费需求、出口需求都会改变一国（地区）的生产结构，对产业结构升级产生影响。技术进步是产业结构升级的动力，它不仅可以促进产业结构合理化发展，还会起到杠杆作用。制度安排可以改变资源配置方式，对产业结构演变会产生政策引导作用。自然资源、人力和资金的供给从要素供给方面对产业结构升级产生影响[⑦]。

代谦（2006）利用两国模型和一体化均衡分析方法分析了国家间的专业化分工，基本建立在动态比较优势的基础上。因为具有低价劳动力优势，发展中国家可通过人力资本优势进行多样化生产，逐步向高级产业生产过渡。在这样的研究背景下，人力资本积累效率应成为发展中国家实现产业结构升

① 张耀辉．产业创新：新经济下的产业升级模式［J］．数理与技术经济，2002（1）：14-17.

② 蒋永志．工业化先行地区产业升级路径研究［J］．中国工业经济，2005（5）：74-80.

③ 邢孝君．中国对外直接投资对产业结构升级的影响［D］．杭州：浙江工业大学，2017：78.

④ 潘团．科技创新、产业结构升级对经济增长的影响研究［D］．合肥：安徽财经大学，2017：43.

⑤ 杨兵，戴淑芬，葛泽慧．技术创新与我国高端制造业结构优化升级的动态关系研究［J］．中国管理信息化，2019（17）：150-156.

⑥ 凌丹，赖伟豪，刘慧岭．双向 FDI 技术溢出、技术进步与产业结构升级［J］．武汉理工大学学报（社会科学版），2018，31（6）：62-69.

⑦ 姜泽华，白艳．产业结构升级的内涵与影响因素分析［J］．当代经济研究，2006（10）：53-56.

级的核心要素①。

黄茂兴、李军军（2009）认为，技术进步，特别是技术选择可以促进一国产业结构升级。发展中国家不能一味引进最先进、最高端的技术，要考虑自身的资源要素、技术转化条件、技术消化能力等因素，引进适合自身发展的技术。他们通过建模研究发现，技术选择系数较小的区域，第二产业增加值的比重会显著提高，但是如果技术选择系数较大，则第二产业增加值比重变化不大②。

隆国强（2007）、杨以文（2012）、吴正锋（2012）等学者研究了加工贸易对产业结构升级的影响。通过案例研究，发现以外资为主导的加工贸易模式在经济发展初期迅速推动当地产业结构升级的同时，也会导致当地产业结构失衡，容易形成外资挤压型的二元发展格局。加工贸易促进了我国劳动密集型产业的发展，但是只有实现加工贸易产品生产技术的优化和创新，才能提升加工贸易的深度，增强产品的国际竞争力。

范文祥（2010）指出，国际产业转移会产生区域溢出效应，可为移入国的产业升级提供高质量生产要素，还可以促使移入国的产业结构与国际接轨③。杜传忠、郭树龙（2011）利用中国省市面板数据分析了导致中国产业结构升级的原因，包括基本原因和一般原因。基本原因包括生产资料供给、技术升级和市场需求等；一般原因包括政府职能、对外开放和外部冲击。在这些因素中，供给和需求因素、外商直接投资的影响力较大，技术进步、政府对产业结构升级的作用不显著④。

冯青（2012）研究了银行信贷市场和证券市场对产业结构升级的作用。

---

① 代谦，别朝霞．人力资本、动态比较优势与发展中国家产业结构升级［J］．世界经济，2006（11）：84.

② 黄茂兴，李军军．技术选择、产业结构升级与经济增长［J］．经济研究，2009（7）：145.

③ 范文祥．国际产业转移对我国产业结构升级的阶段性影响分析［J］．经济地理，2010（4）：622.

④ 杜传忠，郭树龙．中国产业结构升级的影响因素分析：兼论后金融危机时代中国产业结构升级的思路［J］．广东社会科学，2011（4）：65.

信用活动通过改变生产要素之间的分配比例、生产贷款与消费贷款之间的比例、产业间资本存量的再分配等影响产业结构变化的趋势，以达到促进产业升级的目的。资本市场可以加强对新兴产业和瓶颈产业的支持以促进产业结构升级，还可通过资本的合理流动调整产业结构①。尹忠明、李东坤（2015）②，以及贾妮莎、韩永辉（2018）③ 等认为，外商直接投资对国内产业结构升级具有积极影响。宛群超（2019）④ 认为，外商直接投资对产业结构升级具有杠杆作用。甘劲燕（2019）⑤、朱华宇（2018）⑥、傅智能（2019）⑦ 分地区、分教育等级研究了人力资本从智能驱动和技术驱动方面对产业结构升级的影响。

2.4　对外贸易商品结构与产业结构相互关系理论

对外贸易商品结构主要是指资源密集型产品、劳动密集型产品和资本技术密集型产品的贸易额在一国（地区）贸易总额中所占的比重，当资本技术密集型产品贸易占比增大时，说明贸易结构发生优化。产业结构主要是指一国（地区）的第一、第二、第三产业占国民生产总值的比重以及三次产业内

① 冯青．金融发展对产业结构升级的影响研究：以江苏为例［D］．南京：南京师范大学，2012：16.

② 尹忠明，李东坤．中国对外直接投资对国内产业升级的作用机理：基于不同投资动机的探讨［J］．北方民族大学学报（哲学社会科学版），2015（1）：37-41.

③ 贾妮莎，韩永辉．外商直接投资、对外直接投资与产业结构升级：基于非参数面板模型的分析［J］．经济问题探索，2018（2）：142-152.

④ 宛群超，袁凌，王瑶．对外直接投资、区域创新与产业结构升级［J］．华东经济管理，2019（5）：34-42.

⑤ 甘劲燕．人力资本对产业结构升级的影响：基于省际面板数据的研究［J］．价值工程，2019（20）：59-61.

⑥ 朱华宇．技术创新、人力资本与产业结构升级［D］．杭州：浙江工商大学，2018：48.

⑦ 傅智能，黎舒圆．人力资本积累与产业升级关系的实证分析：以湖北省为例［J］．当代经济，2019（8）：22-25.

部的构成。当生产重心由第一、第二产业向第三产业转变，主导产业由资源劳动密集型向技术资本密集型转变时，说明产业结构升级了。在现实经济生活中，对外贸易商品结构优化和产业结构升级的趋势可能是一致的，也可能存在贸易结构优化先于或晚于产业结构升级的现象。本节主要探讨对外贸易商品结构和产业结构的一致性发展和错位发展，并在此基础上研究两者的相互作用机理。

2.4.1 对外贸易商品结构与产业结构发展状态

2.4.1.1 对外贸易商品结构与产业结构一致发展

从长期来看，对外贸易商品结构与产业结构的发展趋势应该是一致的。一方面，随着一国（地区）经济的不断发展，产业结构等级（指第三产业或制造业中的资本技术密集型产业占整个产业产出的比例）越高，对外贸易商品结构特别是出口商品结构越趋向高度化方向转移，即主要出口商品由初级部门转移到工业制成品部门，产业结构升级伴随着贸易结构优化。另一方面，由于国际产业转移或者国际国内供给、需求要素引致的对外贸易商品，结构优化又会反过来影响一国（地区）的产业结构向高级化方向发展。如果对外贸易商品结构和产业结构的变化都趋向高级，那说明两者存在一致化发展趋势。

一般来说，不同的产业发展阶段会与不同的贸易结构模式相对应。从生产结构类型上看，第一产业占主导的国家主要生产资源密集型产品（EI）；第二产业为主导的国家主要生产劳动密集型产品（LI）；第三产业占主导的国家主要生产资本和技术密集型产品（CI，TI）①。在不同的主导产业模式下，其对应的贸易结构也存在差异。产业结构、生产结构与贸易结构发展对应情况见表 2-1。

① 吴颖．吉林省贸易结构和产业结构关系的实证分析［D］．长春：东北师范大学，2005：11.

表 2-1 产业结构、生产结构与贸易结构发展对应情况

生产结构	产业结构	贸易结构	
		出口	进口
EI，LI	一、二、三	EI	CI，TI
LI，EI	二、一、三	LI	CI，TI
LI，CI	二、三、一	LI，CI	TI，CI
CI，TI	三、二、一	CI，TI	LI，EI

如果一国（地区）的对外贸易商品结构和产业结构的发展与表 2-1 的内容较为符合，那么可以判断该国（或地区）的对外贸易商品结构与产业结构的发展方向是一致的。

2.4.1.2 对外贸易商品结构与产业结构错位发展

对外贸易商品结构与产业结构的发展是否能够达成一致，除了取决于一国（地区）主导产业与主要进出口商品所对应的产业建立发展的时间是否一致外，还取决于国际市场及国内市场需求。在短时期内，一国（地区）的对外贸易商品结构和产业结构发展可能产生错位，主要表现为对外贸易商品结构超前或滞后发展于产业结构。

1. 对外贸易商品结构超前错位于产业结构

对外贸易商品结构的层次一般以主要出口商品的层次来定位，若主要出口商品的层次高于国内主导产业（比如主要出口商品为资本技术密集型产品，而主导产业为劳动密集型产业），则称贸易结构超前错位于产业结构。出口商品结构超前于产业结构发展有助于国内产业结构的优化升级，该优化升级以贸易结构为标杆。

一般来说，发达国家可以通过引进技术或者技术创新研发出资本技术含量较高的产品，从而建立起具有一定国内和国际竞争优势的新兴产业，出口新兴产业生产的产品，自动优化出口商品结构。由此，通过创新形成贸易结构的超前错位，再以此带动产业结构的进一步升级，两者形成良性循环发展。

2. 对外贸易商品结构落后错位于产业结构

如果一国（地区）的主要出口商品层次低于一国主导产业的层次，那么对外贸易商品结构落后发展于产业结构（比如主要出口商品为资源密集型产品，而主导产业为劳动密集型产业）。在此情况下，应根据产业结构的布局调整该国（或地区）的出口商品结构。本国主导产业缺乏国际竞争力，国际需求与本国产业结构不协调等因素都会产生这种落后错位。

对于一些发展中国家，由于自身资金技术基础或国内需求弹性较低等原因，在国内没办法大面积生产高资本技术含量的产品，就会导致出口商品结构落后错位于产业结构的发展。在此情况下，一国（地区）可以通过加强对主导产业动态比较优势的培养，在原主导产业内部加强技术研发，或者在政策的引导下进行适当的产业结构调整，增强主导产业的国际竞争优势。

2.4.2　对外贸易商品结构与产业结构相互作用机制

对外贸易商品结构与产业结构之间是相互影响、相互制约的关系。产业结构是对外贸易商品结构的基础，产业结构的本质是一国生产结构，它决定了一国进出口商品结构的发展模式和水平；对外贸易商品结构是一国产业结构的外在反映，体现了一国产业结构的国际竞争力。高度化的产业结构可以促进对外贸易商品结构朝着合理化方向不断发展，优化后的对外贸易商品结构又可以反过来促进产业结构不断调整和改进升级，二者的协调发展，最终促使经济水平不断提高。

2.4.2.1　产业结构影响对外贸易商品结构的途径

1. 产业结构通过产业构成比重变化影响对外贸易商品结构

按照绝对优势、比较优势和要素禀赋理论，一国对外贸易结构特别是出口贸易结构以产业构成为基础，一国产业构成比重的变化会带来进出口商品结构的转变。

对于发达国家来说，在工业化初期阶段，第一产业占据主导地位，出口商品结构以农产品或资源类产品为主，此时出口商品结构相对较低。随着工业化进程的推进，发达国家第二产业特别是制造业日益发展成为主导产业，在第二产业的发展过程中，一般是重工业先于轻工业的发展。此时出口商品以制成品为主，特别是以劳动密集型产品为主。随着发达国家资本和技术优势在工业化进程中的日益积累，出口商品由劳动密集型向资本技术密集型转变，出口商品结构得到优化。在产业升级的过程中，对中间投入品需求增加，更高质量和技术含量的中间品需要通过进口投入生产，此时进口商品结构得到优化。

发展中国家工业化发展初期和发达国家较为相似，都是由资源、劳动密集型产业向劳动、资本密集型产业过渡。在其主导产业由第一产业向第二产业转变的过程中，出口商品结构得到优化。世界上大部分发展中国家的第二产业特别是制造业的生产要素投入以劳动力为主，再加之承接发达国家产业转移的条件约束，劳动密集型产品出口在发展中国家的产品出口历程中占据了较长时间，因此，出口商品结构优化的进程比较缓慢。

总体来说，发达国家和发展中国家在第一产业向第三产业发展的过程中，产品的科技和资金含量增加，带动贸易结构发生优化效应。其作用机制是：产业结构升级—技术、资金密集型产品生产增加—贸易结构优化。

2. 产业结构通过先进生产要素影响对外贸易商品结构

一国（地区）的产业结构升级离不开先进生产要素的作用。先进技术、充足的资金可以刺激高附加价值产品的生产，促进出口贸易结构的优化。对于发展中国家来说，劳动密集型产业长期占据主导地位，不利于发展中国家出口贸易结构的优化，此瓶颈可通过技术进步和资本积累突破。先进技术的自我研发或是对外贸易、FDI 带来的技术外溢能提高主导产业的附加价值，高附加值产品的生产，改善了该国的出口贸易结构。其影响机制如下：产业结构升级—技术进步—高附加值产品生产—出口产品竞争优势改变—出口商品结构优化。

在开放经济条件下，主导产业资金的注入既可能来源于外商直接投资，也可能来源于本国优势产品出口带来的外汇收入，充裕的资金对产品技术升级具有积极促进作用，在产业升级的过程中，完成出口产品新一轮比较优势的建立。其影响机制如下：产业结构升级—出口贸易或 FDI 增加—充足的资金来源—高附加值产品生产—出口产品竞争优势改变—出口商品结构优化。

在出口产品竞争优势积累的过程中，对中间投入品的需求相应增加，更高技术水平的产品生产对更高质量中间投入品的需求也越大，因此，产业升级会通过生产要素的改变影响进口商品结构。其影响机制如下：产业结构升级—高附加价值产品生产—高质量中间投入产品需求增加—进口商品结构优化。

3. 产业结构通过国际产业转移影响对外贸易商品结构

在开放经济条件下，一国（地区）的经济开放程度较高，与他国的产业结构调整的关联程度较强。一国（地区）的产业结构现状在很大程度上决定着对外贸易商品结构的表现形态。根据产品生命周期理论，发达国家（创新国）的产品生命周期会经历从大量生产到出口再到进口，最后在此基础上创新研发出新的产品，新兴产业出现；而发展中国家（模仿国）则会经历由进口到规模化模仿生产再到大量出口的产业发展过程。两类国家进出口角色转变和产业发展变化的过程，其实就伴随着发达国家将其相对成熟和竞争力减弱的产业转移到发展中国家的过程①。产品在两类国家之间循环生产、出口的过程，也是两国产业结构升级、对外贸易商品结构优化的过程。对发达国家来说，在从发展中国家进口产品的基础上，注入更高级的生产要素并进行生产改良，会促使其产业结构的升级和新一轮出口商品结构的优化。发达国家通过进口商品结构的优化和产业转移，可以改变原先相对落后的产业结构状态，进而促使更优化的出口商品结构出现。

在国际产业转移视角下，发达国家产业结构对其对外贸易商品结构的作用机制可以表示如下：A 产品的研发和规模化生产—建立具有比较优势的 A

① 赵红，彭馨等．中国对外贸易产品结构调整研究：基于节能目标约束视角［M］．北京：科学出版社，2017.

产业—产业结构升级—出口A产品到发展中国家—出口商品结构优化—国际产业转移—从发展中国家进口A产品—技术和生产要素投入改进—生产更具竞争力的B产品—产业结构升级—出口B产品—出口商品结构进一步优化。

发展中国家在国际产业转移视角下，产业结构对其进出口商品结构的作用机制表现如下：进口发达国家生产的A产品—进口商品结构优化—国际产业转移—模仿和规模化生产A产品—产业结构升级—出口经过改良的A商品—出口商品结构优化。

4. 产业结构通过国际分工影响对外贸易商品结构

在全球产业链上的国际分工地位和一国（地区）产业结构现状存在相互关联。随着经济全球化的发展，国际分工呈现出以价值链为对象的新形式。产品研发、生产、销售、服务环节将国家与国家之间的生产活动紧密结合起来。根据“微笑曲线”原理，产品研发、销售、服务环节一般为发达国家所掌控，发展中国家一般承接的是中间产品生产、零部件装配和产品加工组装等中间环节。中间环节的技术附加价值最低。一国（地区）产业的提升，引致该国（或地区）主导产业向“微笑曲线”两端延伸，其国际分工地位相应提升，进而影响开放经济部门的生产，促进出口贸易结构的优化。主导产业的改变，对其前向和后向关联产业均能产生积极影响，进一步促进该国（或地区）整体产业结构的优化。其影响机制如下：产业结构升级—国际分工地位提升—开放经济部门生产调整—出口贸易结构优化。

2.4.2.2 对外贸易商品结构影响产业结构的传导机制

1. 对外贸易商品结构通过进口竞争提升产业结构

一国对外贸易商品结构的优化，表现为进出口产品类型由资源和劳动密集型向技术和资本密集型转变。特别是进口商品结构的优化，带来高附加值的进口商品，为本国同类产业带来竞争，产生冲击。良性的竞争能够有效促进本国相关产品性能的改进或促使进口替代产业的发展。当进口替代产业发展到一定程度，形成更具国际竞争力的产业时，国内产业结构实现了升级。

其传导机制是：进口结构优化—国内产业竞争增加—进口替代产业产生—形成新的主导产业—产业结构升级。

2. 对外贸易商品结构通过改变产品生产要素供给影响产业结构

生产要素禀赋条件是一国（地区）发展经济、进行产业结构调整的基础①。小岛清的“推进国民生产过程的国际互补理论”指出，一国在经济发展和产业结构不断调整优化的过程中，人力、技术、资本等先进生产要素的供给会存在短缺现象，这势必会限制本国具有竞争优势的产业发挥作用。在开放经济条件下，一国通过进口国内短缺的生产要素，加强可流动生产要素和不可流动生产要素的结合，使受限于国内资源和生产要素禀赋的产业获得更大的要素供给空间。各类生产要素利用效率的提高，必定可以改变主导产业的要素供给弹性，可以满足本国经济增长和产业结构调整的需要。在我国进口商品结构优化的过程中，由于进口带来了技术外溢和资本投入效应，因此有效地改善了我国的产业结构现状。

对外贸易通过改变产业生产要素供给影响产业结构调整的传导机制是：进口商品结构优化—技术、资本、人力等生产要素供给增加—本国国内生产要素利用率提高—主导产业生产要素供给弹性增强—本国产业结构升级。

3. 对外贸易商品结构通过改变产品需求影响国内产业结构的调整

在开放经济条件下，产品需求包括国内和国外消费需求，产品需求的改变包括需求量和需求结构的改变（马骥，2017）。出口商品结构对国外消费需求的影响较大，进口商品结构则更大程度地影响国内消费需求。

进口商品结构优化会导致国内需求结构的改变，进而促使资本、技术密集型产品的生产，促进该国产业结构的调整。影响路径如下：进口商品结构优化—国内需求结构改变—对资本技术密集型产品的消费需求增加—资本技术密集型产品生产扩大—产业结构升级。出口商品结构优化可能会带来国外对资本技术密集型产品需求量的增加，促使国内规模化生产，带动生产出口

① 马骥．“一带一路”背景下对外贸易促进产业升级机制与对策分析［J］．邵阳学院学报（社会科学版），2017，16（5）：65.

产品的相关产业进一步发展，形成主导产业，带动本国产业升级。其影响路径如下：出口商品结构优化—资本技术密集型产品国外需求量增大—扩大国内生产规模—形成主导产业—产业结构升级。

4. 对外贸易商品结构通过技术进步影响产业结构

科学技术作为第一生产力，既是经济增长的源动力，也是产业结构升级的重要影响因素。技术进步不仅可以提高生产活动中资源的利用效率和产品的科技含量水平，还可以刺激新兴产业的出现。技术进步会引导产业结构的高度化和合理化发展。一国（地区）要实现技术进步，主要通过两个途径：一是技术创新，二是技术引进。一国在推动产业结构升级的过程中，自身的技术创新固然重要，但是创新需要投入大量的人力、资金，并且耗时较长，具有较大的风险性，这对于发展中国家来说，并不是最经济的选择。根据产品生命周期理论、技术差距理论等，发展中国家可以通过直接或间接的技术贸易，进口发达国家的先进技术、设备或产品，通过直接投入生产或模仿创新提高本国传统优势产业的科技含量，巩固其比较优势，并进一步加强其国际竞争力。

发展中国家通过直接的技术进口改变产业结构的路径如下：技术进口—发展中国家进口结构优化—本国传统优势产业科技含量提高—产品生产效率提高—产业结构升级。发达国家通过出口其先进的生产技术，将出口得到的外汇投入到本国更具竞争潜力的产业中，从而实现新一轮的产业结构升级。其影响机制如下：发达国家出口结构优化—技术出口—资金投入新技术研发—新技术优势产业出现—产业结构升级。

在现实生活中，发达国家为了维持本国的竞争优势，直接出口技术的情况较少。发展中国家可以进口国外的先进设备或产品，通过技术外溢效应，提升本国的产业竞争力。其路径如下：发展中国家进口先进设备—生产率提高—规模化生产—产业竞争力提升—主导产业形成—产业结构升级。此外，发展中国家还可以通过进口国外的高技术含量产品，吸收产品带来的技术外溢效应，实现模仿创新，提升产业竞争水平：发展中国家进口高技术含量产品—技术外溢—技术改进、模仿创新生产—产业结构升级。

随着世界经济一体化发展的深入，跨国公司在国际经济活动中的作用越来越明显。跨国公司先进的技术人员和管理人员在母公司与子公司之间的流动，使先进技术和管理经验得以传播到发展中国家，对促进发展中国家的产业结构升级起到积极作用。

5. 对外贸易商品结构优化可引发新产业的出现，对产业结构升级产生影响

上文提到，国外需求结构的提升会引发新产品和新产业的出现。国内需求结构的改变也可引发新产业的出现，前提条件是出口部门劳动者收入的增加。出口商品结构的优化带动高品质产品出口，出口部门劳动者的收入增加，产生新的国内消费需求。消费需求的增加及消费层次的提高，会刺激本国高品质消费品和投资品的生产，进而促进国内相关产业的发展。其传导机制是：出口商品结构优化—出口部门劳动者收入增加—国内消费需求增加、消费层次提高—国内相关生产企业产生—高层次新兴产业发展—产业结构升级。

进口商品结构的优化同样会刺激国内消费者偏好的变化，增加对资本和技术密集型产品的消费，这必将吸引国内和国外资本流入这类产品的生产，从而产生新的产业，提升产业结构。其传导机制是：进口商品结构优化—国内消费层次提高、消费需求增加—国内相关生产企业产生—高层次新兴产业发展—产业结构升级。

6. 对外贸易商品结构优化带动关联产业发展，对产业结构升级产生影响

产业关联是指在经济活动中，各个产业之间广泛、复杂和密切的技术经济联系。产业关联效应是指一个产业的生产、产值、技术等方面的变化所引起的前向关联关系和后向关联关系对其他产业部门产生的直接和间接影响。加强产业关联、产业集约，促进产业内部、产业之间的联动发展，形成以主导产业为核心，前后向关联产业协同发展的产业网络，是产业结构升级的途径。主导产业的培育发展决定了一国（地区）贸易结构，特别是出口结构的初始水平，在对外贸易活动中，优势产品和服务的出口，通过产业关联带动

前后向关联产业的发展，出口贸易结构越高，越能够促进前后向关联产业的发展水平。

随着国外市场对贸易产品质量水平需求的提升，对更高质量中间投入产品会产生新的需求，这时出口商品结构的优化会带动前向关联产业的发展，即出口商品结构优化—前向关联产业发展—产业结构升级。

随着一国（地区）高技术、高资本含量产品出口的增加，国外消费者对产品的售后服务的数量和质量需求也会随之增加，这时出口商品结构优化会带动后向关联产业，特别是服务业的发展，即出口商品结构优化—后向关联产业发展—产业结构升级。

由上述理论可知，一方面，一国对外贸易商品结构受比较优势的约束，比较优势取决于一国生产要素禀赋和技术资金水平的高低，建立在比较优势基础上的产业结构决定了进出口商品结构的发展模式和水平。产业结构可以通过改变产业构成比重、先进生产要素的增加、国际产业转移和国际分工对进出口商品结构优化产生影响。另一方面，影响产业结构发展的因素，包括进口带来的竞争，生产要素供给，国内外产品需求结构，技术进步，新兴产业、关联产业的发展，对产业结构调整起到积极作用。现实生活中，只有产业结构和进出口商品结构协调发展，才能形成一种相互促进、相辅相成的互动关系。

2.5 本章小结

本章是理论基础部分，一方面，首先，界定了对外贸易商品结构、产业结构、对外贸易结构优化和产业结构升级的概念。其次，梳理了对外贸易商品结构理论和产业结构演进理论。由于对外贸易商品结构理论建立在对外贸易理论的基础上，因此从传统贸易理论、现代贸易理论和基于政府干预的贸易理论三大层面，提炼出对外贸易商品结构理论，并在此基础上介绍了进出口商品结构优化的衡量方法。再次，本章总结了威廉·配第、克拉克、库兹涅茨、钱纳里、罗斯托等学者的产业结构理论，并在此基础上分析产业结构升级的影响因素。最后，总结出对外贸易商品结构与产业结构的可能发展状态：从经济的长期发展来看，对外贸易商品结构与产业结构的发展趋势是一致的，即随着一国（地区）经济的不断发展，产业结构等级（指第三产业或制造业中的资本技术密集型产业占整个产业产出的比例）越高，对外贸易商品结构特别是出口商品结构也越趋向高度化方向发展，即主要出口商品由初级部门转移到工业制成品部门，产业结构升级伴随着贸易结构优化。另一方面，由于国际产业转移或者国际国内供给、需求要素引致的对外贸易商品结构优化又会反过来影响一国（地区）的产业结构向着高级化方向发展。在短时期内，一国（地区）的对外贸易商品结构和产业结构发展可能产生错位。当主要出口商品的层次高于国内主导产业时，对外贸易商品结构超前错位于产业结构发展；反之，对外贸易商品结构落后错位于产业结构发展。对外贸易商品结构与产业结构的相互影响机制在本章也做了详细分析。对外贸易商品结构可以从改变产品需求和生产要素供给方面影响产业结构，也可以通过技术进口、进口竞争提升产业结构，对外贸易商品结构优化还可能引发新产业的出现，这对产业结构升级也会产生影响。产业结构主要通过产品生产结构、产业竞争力和国际产业转移来影响对外贸易商品结构。

3 广西对外贸易商品结构与产业结构的历史演进

广西壮族自治区地处中国华南、西南结合地带，与东盟国家接壤，拥有面向东盟国家的海陆空通道。2013 年，中国提出“一带一路”国际合作倡议，广西北部湾以其特殊的区位和经济后发优势，成为 21 世纪海上丝绸之路的重要出海口。从陆路环境来看，广西与越南接壤，地处中国与东南亚国家陆上联系的关键位置。广西在“一带一路”建设中，做出了陆海双线互动、沿海沿江沿边三区统筹、落实发展“五通”（政策沟通、设施联通、贸易畅通、资金融通和民心相通）、重点推进商贸物流和产能合作、对接粤港澳大湾区建设等创新性工作，逐步形成“四维支撑、四沿联动”① 对外开放战略的新格局。

2017 年 9 月，西部陆海新通道海铁联运常态化班列在广西钦州港首发，标志着新时代中国西部开放的新格局。西部陆海新通道以重庆、成都、西安为国际门户枢纽，以广西北部湾港口为国际陆海联通的重要交会点，以相关西部省（区、市）的中心城市和交通枢纽为重要节点，沿海沿边口岸为通道门户，向北接丝绸之路经济带，向南连 21 世纪海上丝绸之路，向东衔接长江经济带，构建了中国西部开放的三个重要通道格局。西部陆海贸易新通道的建设给广西对外贸易和物流发展带来新机遇。2018 年，西南四省市云南、

① “四维支撑”，即通过向南、向东、向西、向北和向发达经济体开放，构建面向东盟、衔接欧美、对接港澳台、服务西南中南的全方位开放合作新格局；“四沿联动”，即扩大沿海、沿边、沿江和沿线开放，打造北部湾经济区开放发展升级版，构筑边疆民族地区开放发展新高地，形成珠江—西江经济带开放发展新优势、释放高铁沿线开放发展新活力。

贵州、四川、重庆经广西口岸对接东盟进出口 114 亿元，同比增长 56.8%。西南四省市企业经广西口岸实际进出境的货物价值达 416.9 亿元，同期增长 33.8%。

2010 年，中国—东盟自由贸易区正式建立，连续 16 届中国—东盟博览会、商务与投资峰会在南宁成功举办，广西已成为中国—东盟重要的开放平台。广西和东盟的进出口贸易不断扩大，东盟已经连续 19 年成为广西最大的贸易伙伴。自 2010 年以来，广西与东盟的贸易额年均增长率高达 22%。

2019 年，中国（广西）自由贸易试验区获批，为广西经济发展带来更好的政策支撑，也将进一步推动广西制度创新、产业结构调整、对外贸易结构改革的步伐。

随着对外贸易的迅速发展，对外贸易商品结构和产业结构也会发生相应变化。为深入探讨广西对外贸易商品结构与产业结构的相互关系，本章对广西对外贸易商品结构和产业结构的历史演进进行全面梳理。广西的经济发展离不开世界及中国经济发展的大环境，因此，本章在分析广西贸易结构和产业结构演变之前，先就世界及中国的贸易结构和产业结构发展状况做简略介绍。

3.1 世界贸易结构及产业结构分析

3.1.1 世界经济现状

自 2008 年美国发生次贷危机以来，世界经济发展和经济格局发生了很大变化，由西方发达国家主导的世界经济格局逐渐转变为由发达国家和新兴经济体共同主导。2018 年是国际金融危机全面爆发后的第 10 年，世界金融危机的后遗症并没有完全消除，世界经济发展呈现出非均衡、非同步性特征。世界经济贸易格局在这一年出现了大的变革，科学技术、经济结构和经贸规则领域也出现了大的调整，这些都将长时期深刻地影响世界经济走势和经济全球化进程。2018 年至今，美国试图通过建立新的经贸规则诱使全球资本向美国流动。全球贸易保护主义抬头，国际经贸摩擦不断。贸易保护主义会导致全球价值链加速转移，国际市场交易成本增加，国际市场资源配置也会被扰乱①。新兴经济体和部分发展中国家在世界金融危机后加强区域经济合作，经济增速较为明显。但在当今世界经济形势和经贸规则的冲击下，也必将承受着资本流出和规则边缘化的压力②。从总体上看，当前世界经济发展动能趋缓、下行风险上升、规则调整加快，美国、欧元区国家、日本等国在内的发达国家经济复苏整体较为缓慢，新兴经济体崛起，发展中国家在全球经济中的地位更加重要，部分亚洲和非洲国家可能成为世界经济增长的领跑者。

在经济恢复时期，美国的再工业化进程和多轮量化宽松政策效应显现，使美国经济复苏前景被看好。制造业回流，再工业化融入高新技术，促使了清洁型能源、高端制造业等新兴产业的发展，缔造了美国经济的发展和扩大出口的新平台。近些年，美国经济持续扩张，放缓风险上升。自 2018 年以来，美国经济维持扩张趋势，但增长步伐放缓。美国国内的财政政策矛盾以及发展中国家的对外贸易增长对美国经济复苏产生困扰，对多边贸易谈判和世界经济一体化提出了新的挑战。即便如此，美国仍保持着全球超级大国的地位，其消费需求进一步释放，失业率降低，产能利用率逐步回升。

相比较美国，欧洲经济增长缓慢。欧债危机的强烈打击使欧元区的经济复苏态势疲软，通胀风险仍然存在，失业率难以降低，企业投资缺乏活力③。经济危机后 10 年，随着欧洲国家的经济结构改革，特别是德国和法国的龙头作用，以及家庭消费支出的增长，有效拉动了欧洲经济增长。但是老牌欧盟

---

① 姜跃春，张玉环．上半年世界经济形势及中国面临的外部挑战［J］．世界知识，2019（15）：54.

② 杨长湧．世界经济 2018 年形势和 2019 年展望［J］．大陆桥视野，2018（11）：39.

③ 谷源洋．世界经济有望迈入周期景气的起步阶段［J］．全球化，2014（3）：58.

国家制造业的萎缩和不确定的国际贸易形势，使欧元区国家仍然存在经济下滑的风险。

日本经济增长疲弱，扩张前景不太明朗。虽然公共投资成为拉动日本经济增长的主要动力，但是个人消费需求减弱、出口减少、投资发展疲软、人口老龄化严重等拖累了国家的经济增长。金融危机后，日本政府推行的超宽松货币政策和经济体制改革使日本经济增长提速，日元贬值扩大了出口交易量。但是，安倍经济学的负面效果也逐步显现：股市上涨、公共债务规模扩大、消费需求低迷等。社会矛盾和根深蒂固的经济问题对日本提出迫切改革的需要，经济持续增长的动力受到质疑。安倍提出的经济成长战略，目的在于通过发展物联网、大数据等革新技术创新商业模式，解决劳动力不足等问题，但是落到实处的效果甚微。

新兴经济体及发展中国家虽在金融危机爆发后率先复苏，但其经济增长受外部环境影响较大，世界经济局势的变换和国际投资疲弱都会拉低其经济增长的速度。大部分新兴经济体和发展中国家处于经济结构的转型过程中，国内外资本流动的风险和劳动力、资源成本的上升使经济保持持续性的高增长变得困难。加之产能过剩和外部市场需求不振，以及美国等发达国家支持企业回迁等，对发展中国家的经济发展提出挑战。但是相比较欧美等发达国家，新兴经济体及部分发展中国家在区域经济一体化背景下具有较大的经济发展潜力。

信息技术和数字技术为代表的新一轮技术变革正对世界分工产生着影响。数字经济的兴起加快知识向发展中国家扩散的步伐，推动发展中国家的工业化进程。随着“一带一路”国际合作和中国企业“走出去”步伐的加快，解决了中国部分结构性矛盾和产能过剩问题，我国经济发展态势和经济结构向好发展。2018 年我国 GDP 达到 900309.5 亿元，首次突破 90 万亿元，比上年增长 6.6%，增速连续 16 个季度运行在 6.4%~7.0%，经济运行稳定性和韧性明显增强。这是自 2016 年突破 70 万亿元，2017 年突破 80 万亿元之后，再次攀上新台阶。其中，第一产业增加值 64734.0 亿元，增长 3.5%；第二产业增加值 366000.9 亿元，增长 5.8%；第三产业增加值 469574.6 亿元，增长 7.6%。第一、二、三产业增加值占 GDP 的比重分别为 7.19%、40.65% 和 52.16%。

自 2014 年以来，第三产业比重逐年提高。与此同时，中国创新驱动加快实施，新动能稳步成长。2018 年，新产业新产品快速成长，工业战略性新兴产业增加值比上年增长 8.9%，战略性新兴服务业营业收入比上年增长 14.6%。在对外贸易方面，作为中国最大的贸易对象和产品主要出口地，欧洲债务危机的恶化对中国进出口贸易及进出口商品结构产生着深远影响。虽然中美贸易摩擦频发，但中国对外贸易总体形势是稳中有进，进出口规模创历史新高，有望继续保持全球货物贸易第一大国地位。据海关统计数据显示，2018 年，我国外贸进出口总值 4.62 万亿美元，增长 12.6%。其中，出口 2.48 万亿美元，增长 9.9%；进口 2.14 万亿美元，增长 15.8%；贸易顺差 3517.6 亿美元，收窄 16.2%。特别是我国与“一带一路”沿线国家贸易合作潜力持续释放，成为拉动我国外贸发展的新动力。

3.1.2 世界贸易结构

据 WTO《全球贸易数据与展望》报告中显示，2018 年世界商品出口总额为 19.475 万亿美元，世界商品进口总额约为 19.867 万亿美元，贸易总额约为 39.342 万亿美元。2018 年全球贸易量较 2017 年增加 3.0%，增幅较上年回落 1.6 个百分点，受中美贸易摩擦的直接影响，全球贸易增速放缓。在全球约 200 个国家和地区中，中国、美国、德国和日本是全球前四大贸易国。2018 年，中国以 2.136 万亿美元的进出口额位居全球第一大商品出口国、第二大商品进口国。随着经济全球化和国际分工的进一步发展，世界贸易呈现出新的趋势和特点。主要表现在：国际贸易的形式发生改变，数字产品贸易、服务贸易、产业内贸易占比将明显提高；贸易方式发生改变，在信息技术推动下，跨境电子商务发展迅速；国际分工价值链区域化特征进一步增强，新兴经济体在全球贸易中地位逐步上升；国际贸易规则将会达到更高水平的便利化与自由化。

20世纪80年代，工业制成品贸易占世界贸易总量的70%左右，受全球制造业水平分工和垂直分工的影响，截至2018年年底，占世界贸易总量70%以上的是零部件、原材料等中间产品。这说明国际生产体系的变化改变着货物贸易结构。从广义的世界贸易结构来看，有形商品贸易相比较服务贸易在世界贸易中占据较大比例。随着世界消费水平的提升、生产性服务业的发展和跨国公司的兴起，世界服务贸易加速发展①。发达国家或经济体由于服务业较为发达，服务贸易占对外贸易总额比重比发展中国家要高。具体来看，欧美大部分国家的服务贸易进出口占比均高于世界总体水平。得益于充裕的劳动力和自然资源优势，亚洲国家的有形贸易发展明显快于服务贸易，商品进出口占比远高于世界平均水平，最为显著的就是中国和印度。部分非洲国家旅游业发达，其服务业出口占比相对较高②。

就1998—2018年的世界贸易商品结构而言，除了中间品贸易量上升以外，工业制成品贸易中仍以低技术密集型产品为主导，其次是资源密集型产品。劳动密集型、资源密集型和中技术密集型贸易产品占比下降，低技术密集型产品的进出口情况较为稳定，而高技术密集型产品占比在2008年金融危机爆发前后出现较大的波动。发达经济体凭借其较强的研发水平和科技成果转化能力，在世界商品贸易的链条中处于顶端；发展中国家拥有相对低成本的劳动力和丰富的自然资源，进出口商品结构水平较低。尽管近些年一些新兴经济体和发展中国家积极进行进出口贸易结构调整，但此过程是渐进而漫长的。

新中国成立70年以来，中国对外贸易发展总体上经历了规模从小到大、结构从劣到优、主体从单一到多元、市场从周边到全球等跨越式转变。中国对外贸易既追求“量”的增长，也着力于“质”的提升，以促进对外贸易商

---

① 黄奇帆．新时代国际贸易新格局、新趋势与中国的应对（上）［N］．第一财经日报，2019-10-08（A11）．

② 谷文艳．世界贸易结构综述［J］．国际资料信息，2006（8）：3.

品结构的优化。新中国成立以后，中国出口商品结构发展大致可分为七大阶段：第一阶段，1949—1957 年。中国对外贸易业务恢复，进出口货物贸易总额由 1950 年的 11.35 亿美元增长为 1957 年的 31.03 亿美元，首次扭转贸易逆差的局面，实现进出口贸易的平衡。这一阶段中国出口商品结构以初级产品为主，工业制成品占比不到 40%，且主要是轻纺工业品。进口商品以成套机械设备和工业生产原料等生产资料为主。第二阶段，1958—1977 年。这一阶段受国内外政治因素影响，中国对外贸易在曲折和徘徊中发展，外贸年均增长率仅为 7.3%左右。出口仍以初级产品为主，工业制成品占比有小幅度提高。主要进口商品种类没有改变。第三阶段，1978—1991 年。改革开放给中国对外贸易带来新的机遇，货物贸易规模逐年扩大，进出口商品贸易结构发生根本性改变。出口商品中，工业制成品占比首次超过初级产品，体现了中国劳动力优势。第四阶段，1992—2000 年。货物贸易规模以年均 14%的速度扩张。工业制成品占出口商品比例接近 90%，机电产品增速最快，服务贸易的发展速度也超过了货物贸易。第五阶段，2001—2007 年。中国加入世贸组织，货物贸易增长突飞猛进。贸易结构进一步优化，进出口贸易的制成品商品中除传统机电产品外，高新技术产品开始崛起。第六阶段，2008—2012 年，世界金融危机对中国外贸冲击巨大，中国出口高度依赖数量扩张的缺陷暴露无遗。在此阶段，虽然中国外贸规模增速放缓，但是贸易结构有所优化，进出口商品继续由机电产品和高新技术产品主导。第七阶段，2013 年至今。中国开启了新一轮的高水平对外开放，贸易地位和贸易规模同步上升。以技术、品牌、质量、服务为核心的商品综合竞争新优势不断提升，逐步替代了仅仅依托劳动力资源优势从事国际产业分工的加工装配环节，促进了对外贸易向全球价值链的中高端迈进①。2018 年，我国机电产品出口 9.65 万亿元，增长 7.9%，占我国出口总值的 58.8%，比 2017 年提升 0.4 个百分点，出口商品结构持续优化。其中，汽车出口增长 8.3%，手机出口增长 9.8%。同期服装、

① 盛斌，魏方．新中国对外贸易发展 70 年：回顾与展望［J］．财贸经济，2019（10）：34-39.

玩具等七大类劳动密集型产品合计出口 3.12 万亿元，增长率仅为 1.2%。总体来看，随着中国经济发展进入“新常态”，中国对外贸易发展的重点由数量转向质量，进出口商品结构逐步优化。

3.1.3 世界产业结构

在经济领域，产业结构是经济结构的一种表现形式，同样会影响经济的功能和性质。世界产业结构的发展历程主要经历了三个阶段：农业生产模式阶段、工业生产模式阶段和信息化生产模式阶段。在农业生产模式阶段，社会生产对自然资源的依赖性较强，产品生产供小于求，生产以单个家庭为主体。18 世纪工业革命以来，由蒸汽机引发的技术革命使产品生产机械化，生产效率得以提高，工厂取代家庭成为生产单位。在这一阶段，世界产业结构由农业经济的产业结构向工业经济的产业结构转变①。在计算机的出现、信息产业的发展和美国“新经济”的引领下，世界产业结构向信息化生产模式迈进，世界产业结构不断调整②，产业结构由工业经济的产业结构转向知识经济的产业结构。具体表现为：资本技术密集型产业率先在发达国家发展，劳动资源密集型产业在发展中国家呈现繁荣的产业发展局面。20 世纪 80 年代以后，发达国家进一步向技术化、信息化和服务化方向发展，将部分产业向发展中国家转移。发展中国家利用其劳动力和资源优势承接了发达国家的产业转移。虽然承接的多为低附加值的资本技术密集型产业，但是相比较发展中国家自主培养的资本技术密集型产业，无疑是加快了发展中国家产业结构升级的步伐。随着信息技术的进一步发展，产业特性开始发生变化。部分劳动密集型产业将转变为资本、技术密集型产业，这不仅会改变资本、技术密集型产业在全球的布局，还会加速推动后发经济体转型发展。

现如今，世界产业结构发展的趋势表现在以下四个方面：第一，世界工

① 刘雷，何传启．世界产业结构现代化的历史与分析［J］．理论与现代化，2019（4）：5-13.

② 赵景峰．世界产业结构的演进趋势［J］．经济观察，2008（6）：45.

业化主体由发达国家转变为发展中国家。发达国家致力于发展现代服务业和信息等高技术产业，大部分的传统工业发展由发展中国家承担。第二，制造业全球化发展。得益于工业技术的改进，工业结构由原材料工业为中心的发展阶段向再次加工、组装工业为中心的发展阶段演进。各工业部门采用愈来愈高级和复杂的技术、工艺实现自动化。随着国家分工的深化和跨国公司的发展，制造业网络将世界上处于不同地域的国家紧密联系起来。发达国家处于制造业生产链的顶端，发展中国家根据其各自的比较优势占据着制造业生产链条的某一环节，各国经济发展依赖性加强①。第三，服务业作用加强。无论是发达国家还是发展中国家，都意识到服务业发展的重要性。以信息技术为革新的知识经济逐步取代传统工业经济，成为世界产业发展的主导，同时对服务业发展较为落后的发展中国家提出了严峻挑战。第四，产业集群、生态经济等正成为经济增长的新动力。产业集群和产业融合使生产更为高效，生态经济和循环经济发展是保护世界生态环境提出的新要求。发达国家具有发展优势，对国际分工体系产生主导影响。

新中国成立以来，中国经济发展与产业结构失衡共存。从中国的三次产业发展来看，我国产业结构呈现出第一、第二产业逐渐下降，第三产业逐渐上升的态势。从具体的发展阶段来看，中国产业结构主要经历了以下四个阶段的发展：第一阶段，1949—1977 年。新中国成立，国民经济恢复增长，主要以发展重工业为主，农业和服务业发展滞后。第二阶段，1978—1997 年。随着经济调整目标的实现和改革开放全面展开，三次产业的关系得到很大改善，整个国民经济呈现出各产业特别是第三产业蓬勃发展的势头。从工业内部结构来看，轻重工业结构基本协调。在全部工业总产值结构中，轻重工业比例从 1981 年的 51.5∶48.5 变为 1997 年的 47.3∶52.7。第三阶段，1998—2012 年。在经历了 1997 年亚洲金融危机和 2008 年世界金融危机下的中国经济，为了缓解经济增长速度下滑，在投资和消费的驱动下，我国产业结构重启重工业化态势。

---

① 卢志宏．世界产业结构变动趋势下我国产业结构升级研究［J］．西北大学学报（哲学社会科学版），2010（5）：101.

第四阶段，2013 年至今。在经济新常态下，我国产业结构面临着转型矛盾，主要表现在高端产能不足、低端产能过剩、技术创新匮乏、能源效率低等问题。供给侧结构性改革是此阶段产业结构调整的重点，强调有效利用信息技术的发展，推动制造业网络化、智能化的发展，推动工业结构向中高端转型①。

从数据资料来看，中国三次产业占 GDP 的比重发生着巨大变化。1949 年，中国第一、第二、第三产业占国民收入的比重为 68%、13%、19%，到 2018 年，三次产业增加值占比为 7.19%、40.65%、52.16%。中国产业结构发展从总体上看，是从低级向高级、从不协调向比较协调的发展转变过程。但作为发展中国家，与发达国家相比，中国工业化尚未完成，产业结构升级与区域经济均衡发展的任务仍然艰巨。中国三次产业结构虽然呈逐年升级态势，但是由于存在产业创新能力低、能耗污染严重、生产性服务业落后等问题，在世界产业结构调整的大背景下仍存在挑战。培养主导产业的动态比较优势、大力培养高技术产业、改造传统工业、提高国际分工地位是中国产业发展亟待解决的问题②。

3.2 广西对外贸易商品结构演进分析

3.2.1 广西对外贸易概况

3.2.1.1 进出口贸易规模

广西是全国唯一具有沿海、沿江、沿边优势的少数民族自治区。中国—东盟自由贸易区建立以来，广西在深化与东盟地区开放合作、促进区域协调

① 郭旭红，武力．新中国产业结构演变述论（1949—2016）［J］．中国经济史研究，2018（1）：133-142.

② 卢志宏．世界产业结构变动趋势下我国产业结构升级研究［J］．西北大学学报（哲学社会科学版），2010（5）：103.

发展等方面取得了一定成就。2018 年，广西全区生产总值为 20352.51 亿元，比上年增长 6.8%。在世界经济走势不明朗、贸易摩擦持续升温、生产成本不断攀升等诸多不利因素叠加影响的严峻形势下，广西积极应对中美贸易摩擦，加快外贸转型升级，着力培育外贸竞争新优势，大力支持外贸企业扩大进出口，优化进出口贸易结构，外贸进出口实现了稳步增长。据南宁海关统计，2018 年，广西进出口总值 4106.7 亿元，比上年增长 5%。其中，出口 2176.1 亿元，增长 14.6%，高于全国外贸出口总体增速 7.5 个百分点；进口 1930.6 亿元，下降 4.1%；贸易顺差 245.5 亿元，上年贸易逆差 114.3 亿元。按美元计价，2018 年，广西外贸进出口总值 623.4 亿美元，增长 7.7%。其中，出口 328 亿美元，增长 16.8%；进口 295.4 亿美元，下降 0.8%。同期，我国外贸进出口总值 30.51 万亿元，增长 9.7%。其中，出口 16.42 万亿元，增长 7.1%；进口 14.09 万亿元，增长 12.9%；贸易顺差 2.33 万亿元，收窄 18.3%。

2018 年，广西对东盟国家进出口达 2061.5 亿元，增长 6.3%，大于广西外贸整体增速。广西主动对接和融入粤港澳大湾区发展，港澳地区成为广西对外开放发展的高地。同年，广西与香港、澳门进出口增势显著，分别进出口 409.3 亿元和 2.7 亿元，分别增长 56.6%和 330%。广西进出口贸易能够在复杂多变的国内外环境中稳步增长，主要得益于中国—东盟自由贸易区贸易合作的进一步深化，积极承接消化东部外向型产业转移，广西北部湾经济区的作用进一步增强等因素。广西 1990—2017 年 GDP 和进出口情况见表 3-1。

表 3-1 1990—2017 年广西 GDP 和进出口情况

年份	GDP（亿元）	GDP（亿美元）	进出口总额（亿美元）	出口总额（亿美元）	进口总额（亿美元）	贸易差额（亿美元）	美元兑人民币平均汇率
1990	449.06	93.95	8.98	7.29	1.69	5.61	4.78
1991	518.59	97.37	10.24	8.32	1.91	6.41	5.32
1992	646.60	117.35	16.39	11.08	5.30	5.78	5.51
1993	871.70	151.34	20.78	13.25	7.53	5.72	5.76

续表

年份	GDP（亿元）	GDP（亿美元）	进出口总额（亿美元）	出口总额（亿美元）	进口总额（亿美元）	贸易差额（亿美元）	美元兑人民币平均汇率
1994	1198.29	139.01	24.60	16.02	8.58	7.45	8.62
1995	1497.56	179.35	32.11	22.46	9.65	12.81	8.35
1996	1697.90	204.32	28.31	19.16	9.15	10.01	8.31
1997	1817.25	219.21	30.68	23.83	6.86	16.97	8.29
1998	1911.30	230.83	29.84	24.18	5.66	18.53	8.28
1999	1971.41	238.09	17.53	12.47	5.06	7.41	8.28
2000	2080.04	251.21	20.38	14.93	5.45	9.48	8.28
2001	2279.34	275.28	17.97	12.36	5.62	6.74	8.28
2002	2523.73	304.80	24.30	15.08	9.23	5.85	8.28
2003	2821.11	304.71	31.92	19.70	12.22	7.48	8.28
2004	3433.50	414.67	42.88	23.96	18.93	5.03	8.28
2005	3984.10	486.46	51.83	28.77	23.05	5.72	8.19
2006	4746.16	595.50	66.74	35.99	30.75	5.23	7.97
2007	5835.33	767.81	92.77	51.13	41.64	9.49	7.60
2008	7038.88	1012.79	132.42	73.51	58.91	14.61	6.95
2009	7784.98	1139.82	142.06	83.71	58.35	25.36	6.83
2010	9604.01	1418.61	177.06	96.10	80.96	15.14	6.77
2011	11764.97	1821.20	233.31	124.59	108.72	15.86	6.46
2012	13090.04	2074.49	294.74	154.68	140.05	14.63	6.31
2013	14511.70	2344.38	328.37	186.95	141.42	45.53	6.19
2014	15742.62	2563.94	405.53	243.30	162.23	81.07	6.14
2015	16870.04	2707.87	512.62	280.26	232.36	47.89	6.23
2016	18317.64	2758.68	478.97	230.29	248.68	−18.38	6.64
2017	20396.25	3021.67	572.10	274.56	297.54	−22.99	6.75

资料来源：1. 广西 GDP 和外贸进出口数据采用《广西统计年鉴》数据，外贸进出口数据自 2015 年起（含 2015 年）包含边民互市贸易数据。2. 年度平均汇率来自 Wind 数据库。

广西历经40多年的改革与发展，逐渐形成了全方位、多层次的对外开放格局，对外贸易规模不断扩大，外贸结构明显优化。在中央赋予广西“三大定位”① 的新使命下，广西大力弘扬改革创新精神，积极融入国家“一带一路”建设，在对外贸易领域取得了显著成绩。

广西对外贸易发展大致经历了四个阶段：

第一，1978—1991年是广西外贸发展的起步阶段。党的十一届三中全会后，广西建立健全经营管理制度，大力开拓国际市场，集中力量生产适销对路的出口商品，兴办“三资企业”，对外贸易发展迅速。1984年，广西北海被列为我国14个沿海开放城市之一，为广西提供了利用外资和技术引进的机遇。1990年，广西壮族自治区政府进一步完善了承包责任制、进出口经营权下放，外贸额接近9亿美元。1980—1991年，广西对外贸易规模从3.78亿美元快速上升至10.24亿美元。

第二，1992—2001年是广西外贸曲折前行的阶段。1992年，党中央作出加快改革开放和经济发展的一系列决定。同年，广西发布《深化改革、扩大开放、加速发展对外经济贸易的意见》，为广西外贸发展提供了更为宽松的环境。广西外贸从1992年的16.39亿美元起步，增长到1995年的32.11亿美元，在此期间，出口额和进口额都呈上升趋势。广西进出口数据在1996年有所回落，1997年又有所回升。受1997年亚洲金融危机的影响，1998—2001年，广西进出口额跌宕起伏，出口额下降较快。1999年，广西外贸总值跌至17.53亿美元。2000年，国务院制定了实施西部大开发的若干政策措施，广西结合自身优势发展特色经济，当年外贸总值跃上20亿美元的新台阶。1992—2001年，外贸总值年均增速达到3.3%。

第三，2002—2012年是广西外贸发展跨越提速的阶段。2001年，中国加入WTO，有力地促进了市场经济改革进程，从而带动了广西对外贸易的发展。2002年，我国与东盟签署《全面经济合作框架协议》，启动了中国—东盟自

① 广西“三大定位”是指构建面向东盟的国际大通道，打造西南中南地区开放发展新的战略支点，形成丝绸之路经济带和21世纪海上丝绸之路有机衔接的重要门户。

由贸易区建设，广西成为中国—东盟经贸合作的“桥头堡”。2004 年，中国—东盟博览会永久落户南宁，扩大了广西与东盟合作的影响力。2002—2005 年，亚洲金融危机的消极影响逐渐消退，广西紧抓与东盟合作的战略机遇期，进出口贸易开始快速增长，特别是 2006 年以后，广西的进出口贸易发展突飞猛进。“十一五”时期，广西对外贸易持续增长，进出口总额、出口总额连年创历史最高纪录。2008 年，国际金融危机爆发，广西外贸并没有受到太大负面影响，进出口总额反而首次突破 100 亿美元大关。2002—2008 年，广西外贸连续 7 年保持 20%以上的高增长率。2009 年，尽管受全球金融危机的影响，广西外贸增长速度有所放缓，但全年进出口总额仍比上年增长 7. 3%。2010 年，广西进出口总额达 177. 06 亿美元，比 2005 年增长 2. 42 倍，年均增长 27. 9%。其中，出口总额 96. 1 亿美元，增长 2. 34 倍，平均增长 27. 3%；进口总额 80. 96 亿美元，增长 2. 51 倍，平均增长 28. 6%。同年，广西进出口总额、出口额、进口额分别位居全国第 17 位、第 18 位和第 16 位，比 2005 年提高了 3 位、2 位和 3 位；在西部 12 个省（市、自治区）中居第 2 位、第 3 位、第 2 位，比 2005 年前进了 1 位、1 位、2 位。2011 年，广西进出口总额跨上了 200 亿美元的台阶。2012 年，外贸进出口总额达到 294. 73 亿美元，是 2002 年的 5 倍；其中，出口额 154. 68 亿美元，进口额 140. 05 亿美元，分别是 2002 年的 9 倍和 15 倍。

第四，2013—2017 年是广西外贸量质并举的发展阶段。2013 年以来，广西坚持以供给侧结构性改革为主线，着力培育壮大新动能，加快优化经济结构。2015 年，党中央明确赋予广西“三大定位”的新使命，广西开启了改革开放的新格局。2015 年，广西外贸总值达 500 亿美元，与 2014 年相比增长 26. 4%，为近 5 年来增速最高。受全球产业格局深度调整的影响，2016 年，广西外贸出口下降 17. 8%。2017 年，国务院批复同意建设北部湾城市群，广西在外部需求提高、经济结构不断优化的条件下，扭转了 2016 年外贸低迷的局面，呈现快速增长的态势①。2013—2017 年，广西外贸由328.37 亿美元增长至 572.10 亿美元，年均增速达到 14.9%。

从贸易差额来看，1990—2017 年，广西的对外贸易差额基本保持顺差，但是波动较大。2014 年，广西贸易顺差达到 81.07 亿美元的峰值后开始回落。2016 年首次出现逆差，说明进口的作用开始发挥，广西对外贸易开始由“量”向“质”进行转变。

3.2.1.2 对外贸易依存度

对外贸易依存度反映一国经济对世界市场的依赖程度，一般可细分为进口贸易依存度和出口贸易依存度。一国经济对进出口贸易越依赖，该国的对外贸易依存度越高。在此，通过计算广西对外贸易依存度来衡量进出口对广西经济增长的作用力度，如表 3-2 所示。

表 3-2 1990—2017 年广西对外贸易依存度（%）

年份	外贸依存度	出口依存度	进口依存度
1990	9.56	7.76	1.79
1991	10.51	8.55	1.96
1992	13.96	9.44	4.52
1993	13.73	8.75	4.97
1994	17.69	11.53	6.17
1995	17.90	12.52	5.38
1996	13.86	9.38	4.48
1997	14.00	10.87	3.13
1998	12.93	10.48	2.45
1999	7.36	5.24	2.13
2000	8.11	5.94	2.17
2001	6.53	4.49	2.04
2002	7.97	4.95	3.03

① 谢娱，周磊．风生水起北部湾 扬帆远航正当时：改革开放 40 年广西外贸发展回顾及主要特征［J］．当代广西，2019（1）：27.

续表

年份	外贸依存度	出口依存度	进口依存度
2003	10.47	6.47	4.01
2004	10.34	5.78	4.56
2005	10.65	5.92	4.74
2006	11.21	6.04	5.16
2007	12.08	6.66	5.42
2008	13.07	7.26	5.82
2009	12.46	7.34	5.12
2010	12.48	6.77	5.71
2011	12.81	6.84	5.97
2012	14.21	7.46	6.75
2013	14.01	7.97	6.03
2014	15.82	9.49	6.33
2015	18.93	10.35	8.58
2016	17.36	8.35	9.01
2017	18.93	9.09	9.85

资料来源：笔者根据《广西统计年鉴》数据计算得出。

对外贸易迅速发展，对国民经济发展的作用也日益增强，广西外贸依存度（进出口总额相当于 GDP 的比重）由 1958 年的 1.19%提高到 1978 年的 6.04%，2017 年达到 18.93%。其间，广西对外贸易依存度波动较大。1990—1995 年，是广西对外贸易依存度持续上升的阶段，出口依存度由 1990 年的 7.76%上升到 1995 年的 12.52%，进口依存度由 1990 年 1.79%上升到 1995 年 5.38%。1996—1998 年，外贸依存度数值仍然较高，但是进口对广西经济的贡献减弱。1999—2002 年，受亚洲金融危机的影响，外贸依存度下降。2001 年底的出口贸易依存度仅为 4.49%。2003 年以后，外贸依存度回升，且保持着两位数的比重。即使是 2008 年金融危机给全球经济带来负面效应，广西对外贸易依存度仍达到 13.07%的较高水平。进口贸易依存度相比较出口贸易依存度，上升幅度更大。但是纵观整个观测时段，广西的对外贸易依存度一直处于20%以下，且存在波动，说明广西相比于其他发达省份，对外贸易对经济发展的作用还有待加强，广西沿海、沿边的区位、政策优势并没有完全发挥出来。因此，有必要在经济新常态的背景下，促进广西产业结构和贸易结构的优化。

3.2.1.3 进出口贸易方式

从广西壮族自治区成立到19世纪80年代初期，广西对外贸易方式较为单一，一般贸易方式进出口占据绝大比重。改革开放以后，为了适应国际经贸形势的新发展，广西贸易方式开始走向多元化，近些年，广西加工贸易、边境小额贸易、边民互市贸易发展迅速。

1978年以来，广西累计实现一般贸易进出口总额1375.96亿美元，占全区进出口总额的34.6%。在“稳边贸，优正贸，提加贸”政策引导下，广西对外贸易方式日趋多元化，对边境贸易依赖性逐渐降低。2017年，广西一般贸易进出口总额1423.6亿元，同比增长70.4%，占同期广西外贸总值的36.8%，较上年增长10.3%。

得益于北部湾的建设以及与越南接壤的地理优势，广西边境小额贸易发展迅猛。近年来，为了发展边境贸易，广西与越南边境地区制定了多项宽松政策，对广西与越南边境小额贸易的发展起到很好的促进作用。自治区政府为了改变落后面貌，充分利用国家边贸优惠扶持政策，深化改革，推出促进边境贸易的各项便民举措，形成边贸互助组，有效地促进了广西边民互市贸易的发展。越南为了提高边贸竞争力，建立了谅山市经济区，批准了新清、同登、友谊口岸开发区政策和资金上的支持。现如今，广西已成为越南最大的水果出口市场，其各个边境口岸的水果进口也异常活跃。2017年，广西边境小额贸易进出口总额为123.9亿美元。表3-3列举了主要年份广西外贸进出口总额。

表 3-3　主要年份广西外贸进出口总额（按贸易方式分）　单位：万美元

贸易方式	2000 年	2005 年	2010 年	2013 年	2014 年	2015 年	2016 年	2017 年
一般贸易	149839	358142	1068883	1491083	1466222	1426519	1247635	2109029
边境小额贸易	15013	70140	424094	1150876	1472781	1700124	1184947	1238969
来料加工装配贸易	16317	31841	23579	123424	325780	327683	284508	261635
进料加工贸易	21221	44497	151060	389449	512598	729633	698922	929853

资料来源：《广西统计年鉴》。

加工贸易是广西进出口贸易的主要方式。近年来，广西积极引导加工贸易向海关特殊监管区和加工贸易发展重点园区集聚，优化升级南宁、北海、钦州、梧州 4 个国家级加工贸易重点承接地的基础设施和产业配套建设，加工贸易产业聚集水平持续提高。2013 年，广西加工贸易进出口额为 51. 3 亿美元，占广西外贸进出口额比重的 15. 6%。2014 年，广西第一轮加工贸易倍增计划出台，力争用三年时间实现全区加工贸易进出口额突破 100 亿美元。2015 年，广西加工贸易进出口额突破 100 亿美元，提前一年实现加工贸易倍增计划目标，创造了在加工贸易薄弱省区发展加工贸易新模式。2017 年，在东部沿海地区加工贸易产业转移的机遇中，广西实施了第二轮加工贸易倍增计划，创新性地打造了广西外贸竞争新优势，从而使广西加工贸易快速增长，进出口 119. 16 亿美元，占同期广西外贸总值的 20. 8%。2018 年，广西加工贸易进出口 138. 3 亿美元，占同期广西外贸进出口总值的 22. 2%，较上年增长 16. 4%，超广西外贸进出口增幅 17. 3 个百分点。

3. 2. 1. 4　对外贸易主体

对外贸易主体多元化，国有、集体、外商投资经济比重下滑，其他经济成为出口的主角。自治区成立以来很长一段时期，广西对外贸易基本上由国家直属的少数几家外贸专业总公司来支撑。改革开放以后，随着对外贸易体制改革的不断推进，逐步打破从事进出口业务的行政垄断性经营格局，形成了国企、私企和股份制企业共同发展的外贸经营主体多元化格局。国有企业在激烈的竞争中市场份额不断萎缩，2017年，全区国有企业出口额1851亿美元，所占比重为67%，较1978年有所下降；集体企业、外商投资企业在经营中继续发展，但所占比重分别低至0.3%和85%；以民营经济为主的其他经济在对外贸易中迅速崛起，出口额由2000年的0.21亿美元猛增至193.41亿美元，年均增长49.4%，占全区出口总额的比重由0.1%提高到70.4%，已经成为广西对外贸易的主体。

3.2.1.5 贸易伙伴

在对外经贸交往中，广西立足东盟，在稳定中国香港地区以及日本、欧盟和美国等传统市场的同时，积极推行多元化战略，与广西有贸易往来的国家和地区由2000年的144个增加到2017年的209个，其中，贸易总额超过亿美元的贸易伙伴达39个，比2000年增加33个。在“一带一路”倡议的推动下，广西与“一带一路”沿线国家逐步建立起密切的贸易联系。2017年，广西对东盟、美国、中国香港等主要市场增势良好。广西对东盟进出口1893.9亿元，同比增长3.7%，占同期广西外贸总值的49%，其中，对最主要贸易伙伴越南进出口1626.3亿元，同比增长2.1%，东盟已连续18年保持广西最大贸易伙伴地位。同年，广西对美国、巴西、欧盟和中国香港分别进出口285.9亿元、200.3亿元、143.6亿元和261.3亿元，同比分别增长54.5%、70.7%、49%和43.1%。广西对“一带一路”沿线国家进出口2100.2亿元，同比增长5.2%，占同期广西外贸总值的54.3%。

3.2.1.6 进出口贸易商品种类

改革开放40年来，广西出口的大宗商品大幅度增加。2017年，出口额超1000万美元的商品达到134种，比2000年增加97种。其中，服装及衣着附件、纺织纱线、织物及制品、自动数据处理设备及其部件、鞋类、成品油、陶瓷产品、蔬菜、灯具、照明装置及零件等59种商品出口量超过1亿美元。随着对外贸易总量的增加，广西出口商品结构出现较大变化。自治区成立后相当长时期，广西出口以初级产品为主，到1978年，广西出口初级产品占全部出口的比重仍达47.3%，工业制成品的比重仅为52.7%。随着广西经济的快速发展，出口商品结构不断优化，高附加值商品出口比重提高。2017年，全区工业制成品出口所占比重已上升至59.8%，比1978年提高7.1个百分点。机电产品出口793.93亿元，增长31.8%；高新技术产品出口315.33亿元，增长40.6%；农产品出口135.46亿元，增长4.3%。

随着广西北部湾经济区内港口码头等基础设施的不断完善及石油化工、林浆纸、冶金等产业的日趋成熟，带动了广西进口的快速增长。2017年，农产品、机电产品、资源性产品是广西的主要进口商品。广西农产品进口389.9亿元，增长55%；机电产品进口353.6亿元，增长10%；铜矿砂、铁矿砂分别进口183.8亿元和103.9亿元，分别增长63.6%和64%。

3.2.2 广西进出口商品结构变迁

广西统计局对1999—2017年主要进出口商品数量和金额进行了统计。这些主要商品的进出口额在广西进出口总额中所占比重较大，在分析中具有一定的代表性，可以在一定程度上反映出广西进出口商品结构变化情况。同时，考虑到数据分析的连续性需求，本章基于《广西统计年鉴》1999—2017年的统计数据，分析了广西进出口商品结构的变化，用主要进出口商品结构代替广西进出口商品结构。2016年以后，广西的贸易数据全部采用人民币计价，为方便对比，本章按照表3-1中各年份美元兑人民币平均汇率将人民币金额换算成美元金额。

对比2004年和2017年，在广西主要出口商品中，鲜蛋、植物榨油后的剩余物、轮胎、生铁及镜铁、硅铁、钢坯、未锻轧的锌及锌合金、未锻轧的铝及铝合金、未锻轧的锑、餐桌/厨房及其他家用搪瓷器、录音机、放像机、集装箱、床垫/寝具及类似品、玩具、伞、柳编结品、人造花、热水瓶的出口量呈下降趋势。粮食、肥料、未锻轧的铜及铜材、未锻造的锰、电扇、自动数据处理设备及其部件、蓄电池、扬声器、汽车（包括整套散件）、圣诞用品、草编结品、摩托车、船舶、手表等产品的出口量呈上升趋势。2004—2017年，在广西主要进口商品中，饲料用鱼粉、氧化铝、己内酰胺、肥料、纸及纸板、棉机织物、蒸汽及过热水锅炉的辅助设备、冷冻机和制冷设备、电视显像管、集成电路及微电子组件、医疗仪器及器械、计量检测分析自控仪器及器具等产品的进口逐年下降。大豆、原木、锯材、煤、棉纱线、制造纸及纸制品用机械及零件等产品进口逐年上升。

随着广西加快推进产业结构调整和贸易结构优化升级，出口商品结构进一步优化。工业制成品尤其是深加工、高附加值、高技术含量产品的出口比重逐步增加。2008年世界金融危机爆发，广西机电产品出口19.2亿美元，高新技术产品（与机电产品分类有交叉）出口3亿美元，农产品出口7.8亿美元。2017年，广西机电产品出口793.9亿元（117.61亿美元），高新技术产品（与机电产品有重合）出口315.3亿元（46.71亿美元），传统劳动密集型产品出口504.3亿元（74.71亿美元），农产品出口135.5亿元（20.07亿美元）[①]。

进口方面，广西着力壮大优势产业，重点培育集群产业、强优企业，力促粮油加工、钢铁、有色金属等支柱产业发展。行业龙头企业产能不断扩大，对进口原材料的需求旺盛。2017年，广西大豆、铜矿砂及铁矿砂三者的进口额占当年广西外贸进出口总额的31.3%。除资源类产品进口外，我国国民经济的稳定快速发展，国内市场对机电产品、高新技术产品及原材料的需求也促进了广西相关产品的进口。2008年，广西机电产品进口额8.8亿美元，高新技术产品（与机电产品有重合）进口3.1亿美元。2017年，广西机电产品进口额为353.6亿元（52.4亿美元），高新技术产品（与机电产品有重合）进口额为224.6亿元（33.3亿美元），广西对资本技术密集型产品的进口增长迅速。

下文对广西进出口商品结构的分析基于联合国制定的国际贸易标准分类第四版（Standard International Trade Classification，SITC Revision 4）二级分类

① 数据资料来自南宁海关。

法，将 1999—2017 年广西主要进出口产品分为三大类：第一类，初级产品，即资源密集型产品（SITC 0~4 类）；第二类，劳动密集型产品（SITC 第 6 类和第 8 类）；第三类，资本技术密集型产品（SITC 第 5 类和第 7 类）。结合广西实际，将 SITC 部分商品归类进行了调整，67、68、69、87 和 88 类产品归为资本技术密集型产品。

3.2.2.1 出口商品结构变迁

改革开放初期，广西对外贸易以出口初级产品为主，农产品、土特产、矿产品以及传统劳动密集型产品在广西外贸出口中占据了重要的地位，植物编结品、松香、烟花、水泥曾经位居广西出口产品前列。随着广西加快推进劳动密集型产业升级，加大压缩、淘汰落后产能力度，增强技术创新能力，进一步提升了产品质量及市场竞争力。2017 年，广西出口初级产品占 11.7%、工业制成品占 88.3%，与 1985 年初级产品占 50.8%、工业制成品占 49.2%的结构相比有了明显优化。

2004—2017 年，广西对外贸易发展速度加快，工业制成品出口的竞争能力不断增强，工业制成品的出口处于主导地位。从主要出口产品比例来看，初级产品出口比重呈现波动中下降的趋势，2004 年，初级产品出口比重达到 20.1% 的峰值，之后下降，在 2007 年降到 6.6% 的最低值，2008—2011 年又恢复上升趋势。从总体来看，广西出口产品出口占比在 14% 上下波动。对初级产品出口贡献较大的是水海产品、蔬菜、鲜/干水果及坚果。广西劳动密集型产品出口占比较为稳定，在主要商品出口中占比最大。由于 2004—2017 年纺织纱线、服装、鞋类和纸的出口增长较快，广西劳动密集型产品出口平均维持在 50%以上的水平。在广西的主要出口产品中，资本技术密集型产品出口占比低于劳动密集型产品出口占比，高于初级产品出口占比，平均占比为 26%。广西 2007 年劳动密集型产品金额下降幅度较大。受益于汽车出口对资本技术密集型产品出口的贡献，2007 年广西资本技术密集型产品出口占比达到 69.7%的高水平。供给侧结构性改革能够有效推动产业结构升级，广西重点加大对高新技术企业的培育力度，推动形成电子信息产业集群，新的外贸发展优势凸显。2000年以来，机电产品一直位居广西出口商品的首位。2017年，广西机电产品和高新技术产品出口分别增长29.1%和37.7%，均高于同期广西外贸出口整体增速。从总体来看，广西出口商品结构呈现优化趋势，初级产品占比下降。2004—2017年广西主要分类产品出口占比情况见表3-4。

表3-4 2004—2017年广西主要分类产品出口占比情况

年份	初级产品（%）	劳动密集型产品（%）	资本技术密集型产品（%）
2004	20.1	48.8	31.1
2005	19.7	45.6	34.7
2006	17.1	39.8	43.1
2007	6.6	23.7	69.7
2008	14.7	40.9	44.4
2009	15.1	65.5	19.4
2010	17.6	52.1	30.3
2011	18.0	50.2	31.8
2012	16.0	62.4	21.6
2013	14.0	67.4	18.6
2014	14.8	58.7	26.5
2015	10.3	67.7	22.0
2016	13.7	61.1	25.2
2017	11.7	61.4	26.9

资料来源：数据来自广西壮族自治区统计局，经笔者计算得出。

从全区主要产品的出口额情况来看，2017年，广西初级产品出口160586万美元，在出口额中占比11.7%。其中，水海产品出口27572万美元，蔬菜出口69772万美元，鲜/干水果及坚果出口36643万美元，中药材及中式成药出口10620万美元。工业制成品出口120.9亿美元，医药品出口11849万美元，汽车出口31364万美元，自动数据处理设备及部件出口13.2亿美元，服装及衣着附件出口27.4亿美元。

2017年，广西机电产品和高新技术产品出口快速增长，传统大宗商品出口好转，出口结构持续优化。从具体的出口商品来看，出口超亿美元的有：

水海产品、蔬菜、鲜/干水果及坚果、纺织纱线、织物及制品、家用陶瓷器皿、钢材、未锻造的铝及铝材、液化石油气及其他烃类气、磷酸及多磷酸、手用或机用工具、自动数据处理设备及其部件、电线和电缆、汽车、家具及其零件、服装及衣着附件、塑料制品。出口金额排名第一的产品是服装及衣着附件，其次是纺织纱线、织物及制品、自动数据处理设备及其部件。机电产品全年出口 117.6 亿美元，是 2004 年的 26 倍；高新技术产品全年出口 46.7 亿美元，是 2004 年的 96 倍。

1. 主要初级产品出口

从出口金额上看，广西主要出口的初级产品为农产品和资源类产品。表 3-5 列出了 1999—2017 年广西出口额较大的初级产品。从总体上看，广西主要初级产品的出口总额自 1999 年以后呈上升趋势，2008 年以后出口额上升较快，2012 年后突破 10 亿美元大关，2017 年超过 15 亿美元。

广西出口的初级产品中，以农产品居多，最主要的是蔬菜、水海产品、鲜/干水果及坚果、中药材及中式成药。改革开放以后，广西农产品市场逐步扩大。20 世纪 80 年代中期，广西出口到香港和澳门的优质大米，占全国对港澳出口大米量的 30%左右。90 年代之后，广西立足于我国港澳地区，以及北美、欧共体、日本等传统市场，继续开拓东盟以及周边国家的贸易市场。2004 年 1 月 1 日，中国—东盟自由贸易区早期收获计划实施，下调农产品的关税，2006 年约 600 项农产品的关税降为零。广西作为中国—东盟自由贸易区的“桥头堡”，直接受惠于该项贸易协定，向东南亚出口的农产品数量逐渐增加。特别是对与广西毗邻的越南，农产品出口增加迅猛。2006 年，广西向东盟国家出口农产品 1.61 亿美元，占全区农产品出口总额的 45.74%。其中，对越南的出口额达 1.39 亿美元，占出口东盟农产品总额的 86.5%，占广西农产品出口总额的 39.56%①。2017 年，广西对东盟农产品出口 135.04 亿元。越南成为广西农产品出口的第一大市场，美国、中国香港位列第二和第三。

① 樊端成．从农产品市场结构变迁看贸易结构优化：建国 60 年广西农业结构演变与展望［J］．市场论坛，2011（2）：11.

表 3-5 1999—2017 年广西主要初级产品出口情况

单位：万美元

商品	1999年	2000年	2001年	2002年	2003年	2004年	2005年	2006年	2007年	2008年	2009年	2010年	2011年	2012年	2013年	2014年	2015年	2016年	2017年
滑石	1906	2252	2089	2266	2310	2210	2038	3261	3129	4129	2666	4160	5600	7605	6267	6448	5959	8309	4762
活猪	1426	1299	1162	1201	1229	1082	1116	1170	973	1164	1080	1381	1223	1731	1350	1313	1265	812	673
食用油籽	94	138	369	691	701	199	189	1170	918	1224	1937	895	910	370	262	228	119	91	1657
蔬菜	1566	1585	1358	2287	3123	2883	3569	4112	5691	9129	9224	16592	24032	22159	27338	48010	48988	54795	69772
水海产品	309	256	341	659	1233	2243	3033	2728	950	1155	15162	24155	30526	39225	49744	58334	40696	37963	27572
鲜/干水果及坚果	2198	1588	694	2795	4249	5536	6815	5396	3977	15440	21420	19256	20820	28630	26531	30042	33890	36928	36643
中药材及中式成药	646	933	608	2124	2577	2824	3536	2737	4736	6708	8811	8634	9285	9762	11306	10657	7601	3441	10620
重晶石	1773	3117	2929	1381	2415	3484	5204	6846	7048	10581	5281	7605	10716	14999	10534	9524	5589	2488	2412

资料来源：《广西统计年鉴》，经笔者整理得出。

1990—2017年，广西活猪、大豆等农产品的出口量较稳定；水海产品、蔬菜、鲜/干水果及坚果、中药材的出口量除个别年份有所下降外均保持良好出口趋势；重晶石、滑石等矿产品的出口也基本上呈逐年上升趋势。水海产品、蔬菜、鲜/干水果及坚果、中药材及中式成药是广西最主要出口的初级产品，因为这些农产品具有质量竞争优势。目前，广西拥有八桂香米、荔浦芋、罗汉果、沙田柚、香蕉、荔枝、龙眼等数以百计名特优产品，在全国农业博览会中有不下40个产品获得金、银等奖牌。广西农产品的市场占有率不断提高，商品结构不断变化。除了靠质量取胜外，主要出口的农产品还依托资源禀赋的优势。鲜/干水果及坚果每年的进口量也较大，与东南亚国家的产业内贸易频繁。

广西水海产品中主要出口的是罗非鱼、冻沙丁鱼和冻虾仁等，以一般贸易方式出口为主，私营企业占主导，主要出口地是美国、中国香港、俄罗斯。广西水海产品出口量比较大的原因有三点：首先，2008年11月以后，国家提高了水海产品的出口退税率；其次，广西政府出台了罗非鱼养殖的优惠政策，已形成从生产到销售的完整产业体系；最后，广西水海产品出口市场有所拓展，不再集中于欧美市场，开拓了俄罗斯、韩国、日本等新兴市场。

重晶石和滑石的出口占比也较大。重晶石是广西的优势矿产之一，探明储量居全国前三位，仅仅象州县的重晶石储量就占广西总储量的一半以上。虽然国家2004年下调了重晶石的出口退税率，但是近年来，随着国际石油及其相关产业的持续旺热，作为石油加重剂的重晶石需求也随之增加，广西重晶石持续大量出口，常年稳居全国第一。防城港口岸是广西重晶石出口的主要口岸，主要出口至美国。

从总体来看，初级产品的出口符合H-O模型，基于资源禀赋优势的出口模式的确可以在一定时期内给广西带来贸易利益，但是这种出口模式是不稳定的。第一，因为资源是有限的，特别是矿产品资源是不可再生的。第二，对于不可再生资源的出口，国家通常会出台相应政策进行控制，我国自2008年12月1日起，新增重晶石出口关税。第三，在初级产品的出口中，产品附加值很低，这有碍于广西对外贸易商品结构的改善。

2. 主要工业制成品出口

从出口金额上看，即使机电产品和高技术产品出口额呈上升趋势，但广西主要出口的工业产品为劳动密集型产品。表 3-6 列出了 1999—2017 年出口金额较大的部分工业制成产品。从表中可以看出，广西主要工业制成品的出口总额在 1999—2002 年有所波动，2003 年以后逐年上升，从 1999 年的 4.59 亿美元上升到 2017 年的 94 亿美元，上升幅度很大。

1990—2017 年，广西烟花爆竹、松香及树脂酸、家用或装饰用木制品、纸及纸板（未切成形的）、水泥、原电池、藤编结品、草编结品等产品的出口量较稳定；纺织纱线、织物及制品、家用陶瓷器皿、钢材、电线电缆、汽车零件、家具、箱包、服装的出口量，除个别年份外均保持良好出口趋势；鞋类、塑料制品、未锻造的铝及铝材、灯具、手用或机用工具等产品的出口也基本上呈逐年上升趋势。

服装、纺织纱线、织物及制品是广西最主要出口的工业制成产品，在每年的出口额中占有较大比重。但是，广西的服装出口仍处于低档次状态，主要出口至越南等东南亚国家，少部分转口至欧美。2017 年，发达国家与新兴市场国家经济复苏，我国经济稳中向好，纺织品服装出口总体表现有所好转。随着《纺织工业调整和振兴规划》和《关于推进纺织产业转移的指导意见》等重大政策的出台，广西利用良好的区位优势和丰富的原料，为引进技术、资金、人才和扩大出口，实施多元化市场以及承接经济发达地区产业转移创造了良好条件，广西纺织服装与皮革工业发展迎来新的发展空间和机遇。

电线电缆、汽车零件、钢材出口占比也较大。广西的铝土矿资源较为丰富，从 20 世纪 90 年代开始，广西已逐步成为全国主要的铝工业生产基地，铝工业的发展处于优先发展的地位。广西保有资源储量的铝土矿产地 27 处，主要分布于百色市，一水型铝土矿保有资源储量占全区的 98.56%。平果铝业公司作为广西优质企业，对铝矿出口的贡献较大。

表 3-6　1999—2017 年广西主要工业制成品出口情况

单位:万美元

商品	1999年	2000年	2001年	2002年	2003年	2004年	2005年	2006年	2007年	2008年	2009年	2010年	2011年	2012年	2013年	2014年	2015年	2016年	2017年
氧化锌及过氧化锌	2674	5879	4072	4012	4749	4299	4403	6776	5624	1728	340	355	150	51	42	52	77	33	47
医药品	865	541	562	605	1086	1492	2040	2520	3273	2828	2831	3485	4233	7479	6620	9016	11633	10446	11849
烟花、爆竹	6057	3788	3789	4064	4890	4872	5915	6134	6209	5875	6560	6013	5856	5733	5999	5712	6263	4873	4589
松香及树脂酸	4120	3737	3344	4538	4819	6028	7802	8108	66775	5602	3862	6515	8171	3245	3147	2007	1186	703	409
家用或装饰用木制品	472	876	563	637	921	969	1354	1622	1721	1209	1201	1087	1169	1090	1378	2027	1118	1079	1469
纸及纸板（未切成形的）	363	574	326	530	645	758	1255	1476	1198	1108	1953	1636	1128	3800	9719	10064	10000	12482	24061
纺织纱线、织物及制品	5956	6947	3311	3981	5347	4786	8204	11943	16920	27793	32865	33349	45668	64150	88402	208992	331018	287523	250047
水泥	1661	1425	1014	1012	1086	523	762	2457	2232	2137	1594	1269	743	1100	420	101	29	19	294
家用陶瓷器皿	2670	4209	4000	4889	8686	9549	10823	11405	11157	11171	8312	12458	12961	13154	9728	15277	59508	50745	52888
钢材	584	1561	619	1090	905	4072	5522	16204	39413	69683	13115	26692	28643	16537	11919	21132	20494	22531	18685
未锻造的铝及铝材	367	183	193	257	630	1358	3372	7877	10635	10666	6217	8087	10319	10823	5851	8299	3671	3122	5889

续表

商品	1999年	2000年	2001年	2002年	2003年	2004年	2005年	2006年	2007年	2008年	2009年	2010年	2011年	2012年	2013年	2014年	2015年	2016年	2017年
手用或机用工具	286	210	233	358	458	430	647	645	13204	1567	3149	5596	12909	15648	14134	38438	16293	16715	17637
金属加工机床	64	106	117	216	458	246	176	437	986	1270	1007	1098	760	1803	4963	9705	5936	6270	6479
轴承	134	95	63	146	105	132	93	102	114	168	1148	1995	4429	6907	13727	4094	3112	2516	2856
原电池	1488	1207	1456	1803	2399	2368	2517	2796	2819	3821	3980	3460	4008	1005	4258	3501	19201	4623	1014
电线和电缆	764	985	732	761	1295	2821	5915	8977	9360	13059	11250	18567	20006	20083	20207	16310	14378	17034	26585
家具及其零件	491	587	428	637	1172	2339	2743	2304	2837	5322	22391	28355	20651	13150	12260	10737	11359	9650	14324
灯具、照明装置及类似品	425	96	171	277	705	847	1169	1208	950	2226	22391	5111	4345	4682	11925	22443	53911	34314	56561
箱包及类似容器	354	859	381	350	336	1041	1240	696	790	1472	26686	14168	6445	6086	9388	7645	7126	13250	38124
服装及衣着附件	11562	10654	5947	10342	18583	19814	19576	20745	47944	74151	141044	130227	177570	363443	481982	333202	419057	183493	274048
鞋类	2212	1729	1332	815	1236	2030	2852	1826	2351	2236	15738	8434	12213	15421	26787	50955	75444	65222	90730
塑料制品	1421	4260	5291	1041	1861	2239	2716	2130	2040	1974	13389	10441	9734	12568	11510	17062	23588	27288	41228
藤编结品	837	1232	1072	1430	2022	2031	2028	2440	2482	2674	1838	2168	2069	1748	1435	1262	1174	1052	944
草编结品	94	284	732	1128	1425	2145	2397	2434	2789	3072	2098	1848	1644	1482	1325	1015	1160	990	912

资料来源:《广西统计年鉴》,经笔者整理得出。

从2002年开始，广西出口汽车量增多，2002年，汽车（包括整套散件）出口额为413万美元，2017年达到3.1亿美元。汽车零件的出口持续上升，从1999年的72万美元上升到2015年的2.0亿美元。中国加入WTO对广西汽车产品的推动作用较大，出口汽车产品档次提高较快。广西汽车及配件的对外出口虽然活跃，但是出口市场多为发展中国家。广西汽车产品在国际市场的代表主要是五菱、东风柳汽、玉柴等少数自主品牌。虽然近些年来出口量在增加，但是核心零部件的配套能力较为落后，高技术含量、高附加值的零部件仍主要依赖进口。

广西出口的主要工业制成品多属于资源密集型和劳动密集型产品，科技含量不高，汽车和汽车底盘等技术密集型产品虽然占有一定比重，但是欠缺自主研发能力，国际竞争优势并不明显。

3. 机电产品和高新技术产品的出口

一般认为，机电产品和高新技术产品属于资本、技术含量相对较高的商品，其出口结构可以反映一国或地区的对外贸易商品结构层次。近年来，广西机电产品出口稳步增长，1999年为16692万美元，2017年达到117.6亿美元，是1999年的26倍。高新技术产品在2001年以前的出口量很少，从2002年开始逐步上升，2017年高新技术产品出口额46.7亿美元，是2004年的96倍。机电产品和高新技术产品出口量的增加说明广西技术和生产水平的提高，这也反映了广西外贸出口结构得到一定程度的改善。表3-7为2004—2017年广西机电产品和高技术产品出口情况。

供给侧结构性改革对产业结构升级能够起到推动作用，近年来，广西逐步加大对高新技术企业的培育力度，推动形成电子信息产业集群，新的外贸发展优势逐步显现。自2000年以来，广西机电产品出口形势向好。2017年，广西机电产品和高新技术产品出口的增长速度（29.1%和37.7%）均高于同期广西外贸出口整体增速。

表 3-7　2004—2017 年广西机电产品和高技术产品出口情况

单位：万美元

年份	机电产品	高技术产品
2004	45192	4855
2005	64897	6662
2006	80966	10607
2007	127781	24848
2008	192628	30442
2009	270380	43495
2010	357829	77418
2011	492305	111982
2012	582274	159448
2013	740773	194225
2014	1073956	287822
2015	1102456	369827
2016	922711	357598
2017	1176188	467154

资料来源：《广西统计年鉴》，经笔者整理得出。

但是由于广西机电产品和高新技术产品的自主创新水平不高，品牌效应不强，广西机电产品的出口比重远低于全国平均水平，而且出口的机电产品技术水平和附加值较低，国际市场竞争力不强。在出口的机电产品中，大多是金属制品、日用小五金和工农具等低技术、低附加值的产品，机械设备和电子产品出口较少。例如，广西出口的农机产品主要是单缸柴油机、柴油机零件、液体泵、液体泵零件及其他发动机零件，这些产品的技术含量不高，产品附加值也比较低。而像拖拉机、收割机、农用运输车、粮食加工机械等技术含量和产品附加值较高的农机产品出口量较少。这一状况受制于广西目前的投资结构、产业结构和贸易方式。

3.2.2.2　进口商品结构变迁

2004—2017 年，从主要进口商品的比例来看，初级产品出口先上升后下降。2004 年，初级产品出口占比 80. 5%，2011 年达到 95. 7%，2017 年占比达到 87. 1%。劳动密集型产品占比呈现波动中下降的趋势，从 2004 年的 3. 1%下降到 2011 年的 0. 5%，后又回升至 2017 年的 1. 1%。资本技术密集型产品占比波动较大，但总体呈上升趋势，2016 年达到 28. 8%的最高值，2011 年为最低值 3. 8%。从总体来看，主要进口商品结构呈现劳动密集型产品占比下降、资本技术密集型产品占比上升的趋势。初级产品的进口规模较大，重点是保证了重要原料进口，维持生产所需；工业制成品的进口下降，说明广西在 2004—2017 年工业产品的生产能力持续提升，已逐步培养出自身的技术优势。

从全区进口总额情况来看，2017 年，农产品、机电产品、资源型产品为广西主要进口商品。2018 年，广西初级产品进口 146. 3 亿美元，较 1985 年增长 826. 9 倍。全区初级产品和工业制成品占比与主要进口商品结构情况基本一致。

广西进口商品主要以国内紧缺的生产原材料、生产设备及技术为主，其他日用消费品为辅。初级产品进口占较大比重，多数资源型产品和原材料物资进口量增价跌。2017 年，进口额上亿美元以上的大宗商品有：大豆、鲜/干水果及坚果、原油、铁矿砂及其精矿、煤、自动数据处理设备及其部件、电线电缆、通断及保护电路装置及零件等。进口金额排名第一的产品是大豆，其次是锰矿砂及其精矿、煤。2017 年，全区进口机电产品数额为 52. 4 亿美元，比 2004 年的进口额增加了 48. 4 亿美元。高技术产品数额为 33. 3 亿美元，比 2004 年增加了 32 亿美元。表 3-8 为 2004—2017 年广西主要产品进口比重情况。

表 3-8　2004—2017 年广西主要产品进口比重情况

年份	初级产品（%）	劳动密集型产品（%）	资本技术密集型产品（%）
2004	80. 5	3. 1	16. 4
2005	84. 3	2. 6	13. 1
2006	83. 6	2. 0	14. 4

续表

年份	初级产品（%）	劳动密集型产品（%）	资本技术密集型产品（%）
2007	87.1	2.2	10.7
2008	89.6	1.7	8.7
2009	90.9	1.3	7.8
2010	90.1	1.5	8.4
2011	95.7	0.5	3.8
2012	88.7	1.4	9.9
2013	87.3	1.8	10.9
2014	83.3	2.4	14.3
2015	69.4	1.9	28.7
2016	69.7	1.5	28.8
2017	87.1	1.1	11.8

资料来源：《广西统计年鉴》，经笔者计算得出。

1. 主要初级产品进口

1999—2017 年广西进口的初级产品在总进口中所占比重波动逐渐增大，进口产品主要为原材料，用以维持基本生产所需。1999—2017 年广西主要初级产品进口情况见表 3-9。

随着北部湾开放开发步伐加快，北部湾各港口大宗资源类商品进口量大幅增长。广西的进口初级产品以农产品、矿产品等大宗初级产品为主。因为鲜/干水果及坚果、大豆、煤、成品油的进口统计资料不全，根据表 3-9 显示，除鲜/干水果及坚果、大豆、煤、成品油之外，广西主要初级产品的进口总额在 1999 年以后逐年上升且速度很快。1999 年主要初级产品进口额为 6071 万美元，2008 年增长到 1999 年的 28 倍，达到 17.2 亿美元。2009 年之后，广西主要初级产品进口额增长加快，2017 年超过 24 亿美元。

表 3-9　1999—2017 年广西主要初级产品进口情况

单位：万美元

商品	1999年	2000年	2001年	2002年	2003年	2004年	2005年	2006年	2007年	2008年	2009年	2010年	2011年	2012年	2013年	2014年	2015年	2016年	2017年
食用植物油	1240	502	244	1960	3550	6283	2402	2585	6455	8363	7577	9941	8497	9315	1042	1050	5869	1440	16481
天然橡胶（包括胶乳）	661	1996	1721	1198	2024	406	1142	5555	2334	2689	1182	1824	2292	6586	2727	2358	1931	1167	1741
合成橡胶（包括胶乳）	131	101	62	146	120	572	227	112	138	140	131	126	173	295	187	195	178	1893	739
纸浆	392	196	303	294	550	647	1052	1379	1410	997	1410	1533	1935	6024	9556	11677	12465	19513	25944
纺织用合成纤维	271	855	428	351	127	215	278	254	406	234	201	173	198	331	170	235	157	150	87
铁矿砂及其精矿	937	1744	300	4025	5263	24128	32828	38302	48403	87822	92750	170751	1547413	170091	135417	128619	98898	94541	153940
锰矿砂及其精矿	1932	2126	3089	3847	5002	11948	12601	9723	18560	67763	39149	51831	53032	45167	49641	37921	15887	26376	40737
成品油	507	637	1047	109	9	—	764	581	3492	4331	6118	16812	1849	8597	51370	8306	3677	2078	2980

注：由于大豆、煤炭 1999—2013 年没有数据资料，故表中没有列出。

资料来源：《广西统计年鉴》，经笔者整理得出。

在防城港大豆加工业等产业的带动下，广西大豆自2004年后的进口量增长较快，2004年的进口额为42018万美元，2017年广西大豆进口达到407899万美元，经营主体为外商投资企业，以一般贸易方式进口，主要进口地为美国、巴西、阿根廷。广西大豆进口持续增长的主要原因是国内居民消费水平的不断提高，带动了畜禽产品以及食用油消费需求的增加，为大豆进口数量的增加提供了需求基础。同时，养殖饲料行业对豆粕需求总量的稳步提高以及国内库存的补充，也促使了广西大豆进口的增加。

广西北部湾是我国的一个进口矿石集散地，钦州港石化工业的发展，使广西铁矿砂及其精矿、锰矿砂及其精矿的进口量在初级产品进口中占比较大。受国际矿石价格剧烈波动、国内钢铁产能过剩使下游市场不断走弱，以及世界金融危机的影响，2006年，广西锰矿石进口量有所下降，为9723万美元。但是2009年之后，特别是随着广西防城港钢铁基地的建设，广西锰矿石的进口逐年增大，2016年达到约2.6亿美元的进口额。

2004年，广西煤炭进口额为6884万美元。广西煤炭主要从越南、印度尼西亚和澳大利亚进口，主要进口口岸为广西防城港、钦州、北海和东兴四大口岸。2009年之后，广西沿海港口特别是防城港软硬环境日趋完善，为煤炭进口提供了便利。2011年，广西口岸累计进口煤炭2726.9万吨，成为全国煤炭进口口岸之最。受国际市场萎缩的影响，2012年广西煤炭进口相比较2011年有所下降。国内对煤炭的需求增大也在一定程度上刺激了广西口岸煤炭进口量的增加。2016年经由广西防城港进境的煤炭接近70%。2017年，广西煤炭进口金额超过12亿美元。

橡胶是广西较为稳定的进口产品。2008年，广西与越南企业合作建立的东兴市江平橡胶国际工业园开始使用，从越南进口的橡胶更是年年递增。2016年，广西天然橡胶进口额为1167万美元，合成橡胶进口额为1893万美元。广西东兴是越南橡胶出口到中国的最大陆路口岸，越南每年有近40万吨橡胶通过东兴口岸出口到中国。

2. 主要工业制成品进口

1999—2017年，广西主要工业制成品进口总额在2005—2008年波动上升，2009年以后，进口总额的上升速度较快，2016年达到峰值。

从表3-10可见，近些年，广西的牛皮革及马皮革、塑料、自动数据处理设备及其部件、通断及保护电路装置及零件、未锻造的铜及铜材、钢材等进口额较大。2003—2007年，广西对钢铁的需求量相对较少。近年来，广西北部湾经济区加大了对基础设施的投资，轨道交通、城市建设齐头并进，2008年以后，对钢材、铜材的进口需求增大。随着防城港钢铁基地项目的推进，能够生产的钢材种类越来越丰富，未来广西钢材进口趋势可能会发生变化。广西柳州是主要产钢地，但因为产业内贸易的原因，2017年广西对钢材的进口金额仍然达到1354万美元。广西进口塑料数量较大，以废塑料为主。因为我国是塑料消费大国，但我国塑料工业产能不足，再加之塑料原料价格持续走高，刺激了广西东兴、防城港口岸废旧塑料进口的快速增长。广西进口废塑料以私营企业为主导，主要从我国香港地区进口，其余来自菲律宾、澳大利亚、西班牙和马来西亚等国。

广西进口的工业制成品，以资本技术密集型产品为主，以劳动密集型产品为辅。因为广西劳动力资源具有比较优势，进口的劳动密集型产品主要是为了满足生产的需要。以2004年为例，工业制成品进口占进口总额的90.47%。其中，汽车进口5386万美元，占进口总额的28.5%；金属加工机床进口3217万美元，占当年进口总额的17%。牛皮革及马皮革、制造纸及纸制品用机械及零件、自动数据处理设备及其部件、建筑及采矿用机械及零件都是当年进口额较大的商品。

表 3-10 1999—2017 年广西主要工业制成品进口情况

单位：万美元

商品	1999年	2000年	2001年	2002年	2003年	2004年	2005年	2006年	2007年	2008年	2009年	2010年	2011年	2012年	2013年	2014年	2015年	2016年	2017年
医药品	81	9	52	151	424	156	151	224	313	382	163	199	245	455	202	1208	756	114	296
初级形状的塑料	505	798	759	1053	1057	1424	1754	1330	1995	3087	3613	3763	4292	4339	4308	4890	5176	4751	6122
牛皮革及马皮革	1457	1949	1618	2466	2424	2897	2609	2549	4341	5386	3648	6634	8293	9482	8838	13515	10208	8250	8971
合成纤维纱线	165	271	103	33	53	165	152	203	388	429	406	361	696	259	423	260	183	78	52
合成纤维长丝机织物	593	853	297	159	305	156	163	176	104	61	53	84	80	520	1419	1352	751	660	269
针织或钩编织物	97	90	49	28	43	89	303	321	173	161	108	313	601	485	737	903	1205	1192	536
钢材	2395	6825	1780	2011	597	480	800	681	507	1268	560	2176	2842	1965	2227	1978	1813	1239	1354
未锻造的铜及铜材	590	193	163	49	289	213	286	723	5892	3456	4806	6211	8865	5795	16115	16759	402	71	9127
机械提升搬运装卸设备及零件	478	69	416	297	1589	841	1701	1973	730	1511	701	1822	2191	4735	1696	2401	1310	824	1976
建筑及采矿用机械及零件	582	369	341	239	2011	1021	1880	2934	2253	2487	3978	4585	6803	1541	952	729	510	1681	1703

续表

商品	1999年	2000年	2001年	2002年	2003年	2004年	2005年	2006年	2007年	2008年	2009年	2010年	2011年	2012年	2013年	2014年	2015年	2016年	2017年
食品加工机械及零件	50	74	222	1974	363	106	279	140	240	523	735	128	368	225	81	135	32	118	62
印刷、装订机械及零件	246	335	316	329	890	422	678	1896	1218	238	1010	941	1662	1807	2667	3906	4846	12333	7699
纺织机械及零件	205	107	144	82	121	900	304	408	411	146	75	106	92	158	703	437	317	551	2045
金属加工机床	288	213	286	391	2390	3217	2635	7935	866	9125	2606	6384	11655	8759	18317	11497	13224	5509	6375
橡胶或塑料加工机械及零件	125	25	862	123	158	144	244	485	1680	479	411	649	655	1025	405	501	588	1228	1237
阀门	169	64	165	217	357	685	1165	1591	1918	2572	2093	4614	8401	6374	3936	1881	754	951	1224
自动数据处理设备及其部件	1073	337	414	826	492	1327	921	995	3105	811	560	649	4900	14222	7807	32748	133774	149166	31438
通断及保护电路装置及零件	655	100	87	157	500	362	697	530	507	1229	392	929	2426	5060	5574	7516	7218	11367	16684
电线电缆	96	75	81	70	43	27	223	178	121	907	1705	2719	3383	5130	4711	6574	14068	13854	18773
汽车	262	237	357	1025	953	5386	1294	1433	927	466	237	14	27	46	26	918	1451	3311	409

资料来源:《广西统计年鉴》,经笔者整理得出。

3. 机电产品和高新技术产品的进口

从表3-11中可以看出，广西机电产品进口额大体呈增长趋势，1999年为21650万美元，2004年达到39943万美元，2012年达到217151万美元，2017年为523899万美元，是1999年的24倍。广西高新技术产品2003年以前的进口量很少，从2004年开始大体呈上升趋势，且上升速度很快。2017年，广西高新技术产品进口额达到332680万美元，是2004年的26倍。扩大机电、高新技术产品进口，既有利于增强企业竞争力、促进广西贸易平衡，又有利于为扩大广西出口创造一个相对宽松稳定的国际市场环境。

表3-11　2004—2017年广西机电产品和高技术产品进口情况

单位：万美元

年份	机电产品	高新技术产品
2004	39943	12558
2005	51207	13908
2006	58577	23665
2007	65712	22100
2008	87784	30832
2009	75310	29134
2010	99965	42566
2011	164203	67732
2012	217151	111604
2013	198429	121340
2014	324181	177581
2015	529561	399184
2016	504411	375267
2017	523899	332680

资料来源：《广西统计年鉴》，经笔者整理得出。

3.2.2.3　进出口商品竞争优势指数

根据第2章介绍的贸易专业化指数（*TSC*）公式，分别计算出广西初级产品、劳动密集型产品和资本技术密集型产品的 *TSC* 指数，见表 3-12。

表 3-12　2004—2017 年广西分类产品 *TSC* 指数

年份	初级产品	劳动密集型产品	资本技术密集型产品
2004	-0. 62	0. 87	0. 29
2005	-0. 63	0. 89	0. 44
2006	-0. 68	0. 90	0. 47
2007	-0. 77	0. 90	0. 84
2008	-0. 76	0. 91	0. 62
2009	-0. 68	0. 97	0. 47
2010	-0. 70	0. 94	0. 53
2011	-0. 90	0. 93	0. 42
2012	-0. 68	0. 96	0. 39
2013	-0. 62	0. 96	0. 42
2014	-0. 53	0. 95	0. 52
2015	-0. 51	0. 97	0. 26
2016	-0. 54	0. 97	0. 14
2017	-0. 66	0. 97	0. 55

资料来源：《广西统计年鉴》，经笔者整理得出。

由广西三大类产品的贸易专业化指数可知，初级产品的国际竞争优势不强，且逐年下降；资本技术密集型产品的竞争优势波动中上升，劳动密集型工业制成品在分析年间具有最大的竞争优势，且竞争优势较为稳定。根据第 2 章所介绍的“贸易四阶段论”，基本上表现为 *TSC* 初级<*TSC* 资本技术<*TSC* 劳动，表明广西的贸易结构处于新兴工业化成熟期。

3.3　广西产业结构的演进分析

3.3.1　广西三次产业结构变化

1990 年，广西以农业发展为主，工业化程度很低；1990—1992 年，广西的产业结构保持“一三二”模式；1993—1998 年，广西产业结构发展为“二三一”模式，其中，1993 年第二产业占比 36.8%，1998 年第二产业占比 34.9%；1999—2005 年，广西产业结构又转变为“三二一”模式，其中，1999 年第三产业占比 36.6%，2005 年第三产业占比 39.2%，产业结构虽有所改善，但并未保持良好态势；2006—2017 年，广西产业结构扭转了“三二一”的原有模式，形成“二三一”的产业结构模式，第一产业比重由 1990 年的 39.4%下降至 2017 年的 14.2%，第二产业比重由 1990 年的 26.4%增长为 2017 年的 45.6%，第三产业比重由 1990 年的 34.3%发展为 2017 年的 40.2%。三大产业除产业间比重的变化外，各产业内部结构亦有很大改善。①

2017 年，广西大力推进工业化城镇化，第一产业增加值增长 3.9%，第二产业增加值增长 12.4%，第三产业增加值增长 13.0%。产业结构调整不断优化升级，三次产业结构由上年的 15.3∶45.1∶39.6 调整为 14.2∶45.6∶40.2。由于工业在经济中所占的比重提升，工业化率得以提升，广西工业化从初期阶段迈入中期阶段，工业优势产业加快发展。广西抓住国家推进重点产业调整振兴的有利契机，全面实施做大做强做优工业的决定，培育发展千亿元产业取得新进展。2010 年，食品、汽车、冶金三个产业率先成为广西千亿元产业；2018 年，广西千亿元产业增至 14 个。服务业发展较快，2017 年，全区第三产业增加值 8191.54 亿元，是 1990 年的 53 倍。1990—2017 年广西生产

---

① 李欣广．产业对接理论与产业结构优化［M］．北京：人民出版社，2011.

总值及构成情况见表 3-13。

表 3-13　1990—2017 年广西生产总值及构成

年份	地区生产总值（亿元）	第一产业		第二产业		第三产业	
		增加值（亿元）	比重（%）	增加值（亿元）	比重（%）	增加值（亿元）	比重（%）
1990	449.06	176.77	39.4	118.45	26.4	153.84	34.2
1991	518.59	195.17	37.6	141.02	27.2	182.40	35.2
1992	646.60	233.03	36.0	187.48	29.0	226.09	35.0
1993	871.70	250.11	28.7	321.10	36.8	300.49	34.5
1994	1198.29	333.79	27.9	469.81	39.2	394.69	32.9
1995	1497.56	453.15	30.3	535.86	35.8	508.55	34.0
1996	1697.90	534.88	31.5	587.37	34.6	575.65	33.9
1997	1817.25	582.74	32.1	614.07	33.8	620.44	34.1
1998	1911.30	586.70	30.7	667.29	34.9	657.31	34.4
1999	1971.41	567.72	28.8	682.34	34.6	721.35	36.6
2000	2080.04	557.38	26.8	732.76	35.2	789.90	38.0
2001	2279.34	576.34	25.3	771.18	33.8	931.82	40.9
2002	2523.73	601.99	23.9	846.89	33.6	1074.85	42.6
2003	2821.11	658.78	23.4	984.08	34.9	1178.25	41.8
2004	3433.50	817.88	23.8	1253.70	36.5	1361.92	39.7
2005	3984.10	912.50	22.9	1510.68	37.9	1560.92	39.2
2006	4746.16	1032.47	21.8	1878.56	39.6	1835.12	38.7
2007	5835.33	1241.35	21.3	2434.00	41.7	2159.98	37.0
2008	7038.88	1453.75	20.7	3050.82	43.3	2534.31	36.0
2009	7748.98	1458.49	18.7	3400.42	43.7	2926.07	37.6
2010	9604.01	1675.06	17.4	4536.66	47.2	3392.29	35.3
2011	11764.97	2047.22	17.4	5707.57	48.5	4010.18	34.1
2012	13090.04	2172.37	16.6	6287.19	48.0	4630.48	35.4
2013	14511.70	2290.64	15.8	6778.48	46.7	5442.58	37.5
2014	15742.62	2413.44	15.3	7378.14	46.9	5951.04	37.8
2015	16870.04	2565.45	15.2	7766.34	46.0	6538.25	38.8

续表

年份	地区生产总值（亿元）	第一产业		第二产业		第三产业	
		增加值（亿元）	比重（%）	增加值（亿元）	比重（%）	增加值（亿元）	比重（%）
2016	18317.64	2796.80	15.3	8273.66	45.1	7247.18	39.6
2017	20396.25	2906.87	14.2	9297.84	45.6	8191.54	40.2

资料来源：数据来自《广西统计年鉴（2018）》。

从时间纬度上看，广西三大产业发展迅速，地区生产总值及各产业产值增长趋势明显，产业结构也逐步趋于合理化。1990 年，广西三次产业增加值分别为 176.77 亿元、118.45 亿元、153.84 亿元，其产业结构比为：39.4：26.4：34.2。2012 年，广西第一、第二、第三产业的增加值分别为 2172.37 亿元、6287.19 亿元、4630.48 亿元，产业结构比为：16.6：48.0：35.4。2017 年，广西第一、第二、第三产业的增加值分别为 2906.87 亿元、9297.84 亿元、8191.54 亿元，产业结构比为 14.2：45.6：40.2。

可见，随着改革开放和西部地区大开发的有序进行，1990—2017 年，广西三次产业增加值逐年增长，三次产业结构不断调整，尤其是三次产业在地区生产总值中所占比重的逐年变化。1990—2017 年，第一产业产值在地区生产总值所占的比重由 39.4%下降至 14.2%；第二产业所占比重由 26.4%上升至 45.6%；第三产业所占比重由 34.2%调整为 40.2%。广西产业及其结构的发展与“库兹涅茨定律”相吻合。

横向来看，从表 3-14 中可知，广西 2017 年的地区生产总值仅占全国生产总值的 2.5%。从产业的内部结构来看，广西第一、第二产业占比相比全国稍高，第三产业所占比重为 40.2%，与全国 51.6%的比重相比，差距较为明显。总体而言，广西已脱离以农业发展为主，第二产业有待实现更大幅度的发展，第三产业相比全国平均发展速度稍显落后。

表 3-14　2017 年广西与全国产业生产总值及构成比较

项目	生产总值（亿元）		所占比重（%）	
	广西	全国	广西	全国
三次产业	20396.2	827121.7	2.5	100.0
第一产业	2906.9	65467.6	14.2	7.9
第二产业	9297.8	334622.6	45.6	40.5
第三产业	8191.5	427031.5	40.2	51.6

资料来源：《中国统计年鉴（2018）》《广西统计年鉴（2018）》。

3.3.2　三次产业内部结构变化

产业的内部结构主要从三次产业的具体构成入手，从广西历史数据来看，三次产业内部发展不均衡。

3.3.2.1　第一产业中农林牧渔业平稳发展

广西农业结构调整不断深化，畜禽、水产养殖业发展迅速，单一的种植业生产结构有所改变，农业生产结构性矛盾逐步缓解，广西农林牧渔业出现全面发展新格局。2017 年，广西农林牧渔业总产值为 4742.76 亿元，比 2000 年增长 3913.79 亿元。从农林牧渔业总产值构成来看，农业、林业、牧业、渔业及农林牧渔服务业所占比重分别为 53.7%、7.3%、24.0%、10.5% 及 4.5%。其中，农业占据绝大比重，牧业次之，而农林牧渔服务业所占比重远远低于农业与牧业。与 2005 年广西的农林牧渔总产值构成相比，林业与农林牧渔服务业所占比重虽有增加，但幅度十分小，不足以动摇农业与牧业的主导地位。

2010 年，广西农业和农村经济经历了特大干旱、严重洪涝灾害和复杂经济形势的严峻挑战，仍保持良好发展态势。主要农作物中，除粮食和烤烟因结构调整和天气原因种植面积有所减少外，其他都有不同程度的增加。农业产业化水平比较低，尚未形成较强的产业规模效益；农业重点龙头企业带动能力、农业经济组织市场驾驭能力有待提升。农民人均纯收入仍然低于全国平均水平。

2017 年，广西粮食总产量 1467.7 万吨，较 1978 年增长了 35.6%。1979—2017 年，广西粮食年均增长 0.8%，粮食单产从 2163.5 公斤/公顷提升至 4955.3 公斤/公顷。在特色、高效经济作物生产发展过程中，广西主要经济作物产量总量和亩产水平连年提高。在 2017 年，甘蔗产量 7611.69 万吨，较 1978 年增长 19.2 倍；甘蔗亩产 5.43 吨，较 1978 年增长 2.13 倍。油料产量 71.62 万吨，较 1978 年增长 3.04 倍；油料亩产 180.89 千克，较1978 年增长 1.89 倍。茶叶产量达到 7.33 万吨，较 1978 年增长 9.18 倍；茶园面积 76.11 千公顷，较 1978 年增长 2812.74 倍。同时，园林水果产量达到 1701.3 万吨，年均增长 13.1%。蔬菜产量 3027.72 万吨，同比增长 5.49%；花卉作物播种面积 24.0 千公顷，同比增长 5.9%。中草药材产量 81.51 万吨，同比增长 3.6%。广西 2016—2017 年第一产业及主要农产品产量见表 3-15。

表 3-15　广西 2016—2017 年第一产业及主要农产品产量

项目	2017 年	2016 年	比上年增长/下降（%）
农林牧渔业总产值（亿元）	4742.76	4591.37	3.3
主要农产品产量（万吨）			
粮食	1467.70	1521.30	3.5
油料	71.62	68.95	3.9
甘蔗	7611.69	7461.32	2.0
水果	1701.30	1525.20	11.5
肉类	412.35	407.94	1.1
水产品	378.79	361.37	4.8

资料来源：《广西统计年鉴 2018》，经笔者整理得出。

自治区成立 60 年以来，广西优势农产品和特色农产品逐步向优质高产高效产区集中，一批生产规模大、市场相对稳定的优势农产品生产基地的效益得以发挥。一方面，广西壮大传统优势产业。“双高”糖料蔗基地、优质稻生产基地、桂北柑橘、桂南和桂东南香蕉等优势产业带颇具规模。另一方面，广西新兴优势产业生产区域化明显。2017 年，南宁、柳州、贵港、河池和来宾五市的蚕茧产量占广西产量的 92.6%，比 2000 年提高了 59 个百分点。此外，速生丰产工业原料林产业带，瘦肉型猪、肉牛产业带，高效水产品和家禽产业带逐步建成。

3.3.2.2 第二产业制造业占主导

第二产业一般包括工业与建筑业，其中工业产值所占比重又远大于建筑业，广西亦是如此。面对复杂的国内外形势，2017 年广西经济发展稳中提质、稳中增效。从表 3-16 可知，2017 年广西重工业产值 20075.68 亿元，是轻工业产值的 2.6 倍，仍是广西工业增长的主要支撑力量。2017 年，广西规模以上工业增加值累计增长 7.1%，高于全国平均水平 0.5 个百分点，在全国位居第 17 位，在西部地区位居第 8 位。① 广西主要工业制成品为糖、纸板、钢材、有色金属、原煤、水泥、汽车等。除了有色金属和水泥的产量较2016 年下降以外，其他主要工业制成品产量均呈上升趋势。

表 3-16 广西 2016—2017 年工业总产值及主要工业产品产量

项目	2017 年	2016 年	比上年增长或下降（%）
全部工业总产值（亿元）	27892.91	25371.44	9.9
轻工业（亿元）	7817.23	7273.34	7.5
重工业（亿元）	20075.68	18098.10	10.9
主要工业产品产量			
成品糖（万吨）	936.20	914.69	22.1
机制板及纸板（万吨）	289.03	301.21	49.4
粗钢（万吨）	2265.26	2109.57	11.4
钢材（万吨）	3271.11	3645.08	42.7
有色金属（万吨）	180.45	230.21	-20.9
原煤（万吨）	442.68	432.50	43.9
水泥（万吨）	12218.75	12056.42	-7.0

① 数据来源：《2017 年广西壮族自治区国民经济和社会发展统计公报》。

续表

项目	2017 年	2016 年	比上年增长或下降（%）
汽车（万辆）	248.61	245.45	22.5

资料来源：数据来自《广西统计年鉴 2018》。

广西传统优势产业进一步提升，重点产业辐射带动作用日益凸显。2010 年，汽车、冶金产业销售收入双双超过千亿元，分别达到 1262.56 亿元和 1133.37 亿元；销售收入超过千亿元产业累计达到 3 个，超 500 亿元的产业达到 8 个。销售收入超 30 亿元的企业 32 家，其中超 300 亿元的 4 家，超 100 亿元的 11 家。有色金属、石化、机械、建材、电子、造纸与木材加工、纺织服装与皮革等行业产值增幅超过 35%。主要产品产量增长明显。2010 年底，汽车 136.61 万辆，增长 15.3%；发动机 1.54 亿千瓦，增长 19.4%；钢材 1554.23 万吨，增长 29%；氧化铝 528.84 万吨，增长 16.1%；电解铝 68.74 万吨，增长 28.5%；10 种有色金属产量 139.65 万吨，增长 26%；发电量 1032.15 亿千瓦时，增长 14%；水泥 7455.53 万吨，增长 15.3%。① 企业技术创新发展能力进一步增强。例如，桂林海威科技自主生产的 LED 地板屏及高清户外全彩显示屏在广州亚运会开幕式上使用，把“创意亚运”推向了高潮。

2017 年，广西支柱性特色产业平稳运行，七大支柱产业增加值累计同比增长 3.7%，拉动全区规模以上工业增长 2.4%。其中，食品产业增长 5.8%，有色金属产业增长 11.8%，电力产业增长 11.4%。七大特色产业累计同比增长 11.6%，拉动全区规模以上工业增长 3.2%。其中，建材产业增长 7.3%，医药产业增长 7.8%，电子信息制造产业增长 19.7%，造纸与木材加工产业增长 14.9%，修造船及海洋工程装备产业增长 12.7%。随着国内外需求逐渐回暖，上述产业稳定增长态势会继续保持。

值得关注的是，在广西工业产值增加值中，仅有一小部分来自广西电力、热力的生产与供应业，其余均来自制造业。这说明，虽然广西拥有丰富的矿

① 数据来源：《广西年鉴（2011）》。

产资源、水利资源以及广阔的土地，但这些资源禀赋方面的优势并未在工业中得到体现，尤其是广西的燃气生产与供应业、水的生产与供应业所占份额较小。近年来，广西工业发展转型升级，传统行业部分产能被淘汰，但是新的经济增长点需要成长过程，先进制造业和高技术制造业仍需进一步发展，战略性新兴产业还有待培育。在广西经济发展过程中，产业和区域结构性矛盾比较突出，实体经济发展动力不足，面临的挑战不容低估。广西工业有待进一步发展，产业结构需要进一步调整，以充分利用资源实现要素的优化配置。

1. 汽车工业

汽车工业是广西的主导产业，具有较好的发展潜力。广西汽车工业具有一定的发展基础，中国—东盟自由贸易区的深化发展和广西北部湾经济区的建立为广西汽车工业发展带来良好的外部发展环境。另外，国家近些年来提倡研发环保型汽车，这正是广西汽车产业的优势。2015 年，广西汽车总产量 229.4 万辆，比 2010 年增加了 93 万辆。2017 年，广西汽车总产量全国排名前 5 位。

广西汽车工业包括三大部分：汽车整车制造业（主要产品有：微型轿车，微、轻、中、大型客车，微型、轻型 MPV，微、轻、中、重型载货车及各类专用车、改装车，低速汽车等）、车用内燃机制造业（主要产品有：微型车用汽油发动机，轻、中、重型柴油机）以及汽车零部件制造业。广西主要的汽车生产企业集中在柳州、玉林、桂林、南宁四市，占据了全区汽车总产量的 90%以上。

广西汽车工业培育了部分优势企业，例如，东风柳州汽车有限公司、上汽通用五菱汽车有限公司、广西玉柴机器股份有限公司、桂林客车工业集团等。部分汽车产品，如柳汽通用五菱、玉林柴油机等在国内外具有了一定的知名度，但广西汽车工业结构仍然存在一定的瓶颈，表现在以下两个方面：

第一，广西汽车工业总规模偏小，企业竞争力不强。广西整车生产企业虽具有一定规模，但与国际国内大型汽车集团相比，规模相对较小，没能形成产业集群效应。广西较有实力的汽车企业自主研发能力弱，技术开发资金投入低，核心竞争力不强。

第二，汽车生产结构不合理。广西每年的汽车产量在全国排位比较靠前，但是从产品种类来看，以中微型汽车、载货汽车、客车等生产为主，这些汽车产品的附加值不高，档次较低。如小轿车、重型货车的生产水平不高。汽车零部件中除发动机具有一定的产品竞争力外，其他汽车零部件产业发展落后。零部件生产中专用件较多、通用件较少；高资本技术含量的零部件产量较少，低水平、低附加值的零部件产量较多。

近年来，广西新能源汽车产业发展迅猛，新能源动力系统、动力电池、电机和电控等配套生产逐渐完善。2015 年，广西新增节能与新能源汽车 1336 辆，其中节能与新能源客车 1221 辆，纯电动轿车 115 辆。到 2020 年，广西计划形成新能源整车年生产能力 40 万辆，新能源动力总成年生产能力突破 5 万套，新能源汽车产业实现年产值 300 亿元。

2. 广西冶金工业

冶金产业作为广西传统和支柱性产业，经过多年发展，已经形成了良好的产业基础和较为完备的产业链体系。广西目前拥有柳钢集团、盛隆冶金、北海诚德、玉林中金、中信大锰等一批富有竞争力的钢铁、不锈钢、金属锰及铁合金的生产企业。据统计，2016 年，广西冶金行业实现总产值 2880. 45 亿元，同比增长 7. 6%；主营业务收入 2709. 7 亿元，同比增长 9. 1%；利润 125 亿元，同比增长 61. 9%；钢材产量 3644. 7 万吨，同比增长 2. 8%；铁合金产量 521 万吨，同比下降 3. 2%。2017 年 1—10 月，广西冶金行业总产值 2328. 8 亿元，同比增长 3. 4%；利润 112 亿元，同比增长 25%。重点企业均实现了大幅度利润增长。

随着《广西冶金产业二次创业实施方案（2017—2025）》的颁行，广西冶金产业二次创业总体目标明确，即到 2025 年，全区冶金产业技术装备达到国内先进水平，钢铁产品的品种质量、稳定性明显提高，供需结构趋于平衡，力争本地市场占有率超过 90%，钢铁本地深加工转化比例超过 25%，不锈钢本地制品加工比例超过40%，钢铁主业劳动生产率达到每年每人1200吨以上。

广西发展冶金工业的优势条件有以下六个方面：

第一，区位优势得天独厚。国际、国内地理优势决定了广西在我国与东盟国家的贸易往来中将起到重要作用。广西距离世界最主要铁矿生产和贸易大国澳大利亚较近，具备铁矿运输低成本的优势，同时还有沿海港口，成为国内建设特大型冶金企业最具竞争力的地区。

第二，经济发展平稳，市场环境宽松。国家西部大开发战略促进了西部地区的钢材市场发展，市场容量迅速扩张，为冶金工业提供了巨大的发展空间。虽然我国冶金工业投资有局部过热迹象，但是冶金工业的投资并不均衡，地处华南地区的广东、广西发展相对迟缓，成为今后几年冶金工业发展的潜力区域。

第三，政策环境宽松。广西享受着西部大开发和民族区域自治的优惠政策，能够吸引资金、技术、人才流向冶金工业。

第四，港口海运环境良好。防城港是我国沿海19个主要枢纽港之一，是南部沿海的深水良港，港口条件优越。港池隐蔽宽阔，航道水深，可挖性好，潮差大，回淤小，腹地广，具有建设大型工业港的优越条件。钦州港位于北部湾的湾顶，拥有40多公里长深水码头岸线，自然水深14~16米，稍加开挖可达20~24米，可建两个15万吨级泊位，水运条件十分优越。

第五，交通地理环境优良。广西已经具备海陆空立体交通系统，南昆线、湘桂线、焦柳线、黔桂线与全国铁路形成网络。连接港口的铁路和高速公路网络已经建成。连接广西沿海三市的滨海高等级公路也已建设完成。广西沿海各地所依托的后方陆域为低丘陵荒地，面积很大，达180~300平方公里，农田和居民点很少，厂址开阔，拆迁量小，工程地质条件好，地震烈度低，地基承载力好，容易平整，开发成本低，是布局大型冶金工业的理想场地。

第六，新型矿产资源潜力大。广西贵港高铁三水铝土矿1987年在贵港市覃塘、蒙公一带被首次发现，1988年地质概查及局部地段普查表明，仅贵港市及其邻区110公里范围内远景储量就超过1亿吨，是我国现知最大的三水铝土矿矿床。三水铝土矿是一种高铁贫铝矿石，矿体埋藏浅，绝大部分矿石直接露出地表，水文地质简单，采矿条件好，可露天开采。同时它还是一种新型的矿产资源，对其开发利用可缓解广西铁矿资源不足的矛盾，发展铝铁工业，并带动其他相关工业发展具有重要意义。

广西冶金工业还存在有效供给不足、各地发展不平衡不充分的问题，在产品结构、产业链延伸、多元发展、智能制造等方面与全国先进水平相比存在较大差距。其发展的主要制约因素如下：

首先，建设资金不足。缺乏投资资金是广西长期以来经济发展面临的最主要问题之一。从近年的固定资产投资可以看出，广西投资力度匮乏，资金筹措能力十分有限，资金自我积累弱的矛盾突出，制约了冶金工业固定资产投资的快速增长。

其次，铁矿资源贫乏。广西铁矿石以褐铁矿、赤铁矿贫矿为主，杂质高、难选，只能与区外和国外的富铁矿搭配使用。近年来，广西铁矿石产量始终维持在40万吨左右。随着全球经济复苏，各国对钢铁的需求量均有所增加，其原料铁矿砂因此呈现供不应求之势，直接导致供给价格攀升，这对广西冶金工业来说是一项严峻的考验。

最后，广西焦炭和精煤需要外购。广西煤炭产量低且含硫、灰分高、煤质差，大量采购区外煤是解决广西煤炭需求的主要途径。区内产煤仅能供少数企业使用。广西基本无炼焦煤，目前除柳钢具备炼焦能力120万吨外，使用的焦炭和洗精煤全部由区外采购。

为促进冶金工业更好地发展，广西需集中力量以拉长产业链为突破口，推动支柱产业快速发展。钢铁业需加大企业技术改造和技术创新力度，引进国外钢铁工业的先进实用技术，不断改善钢水质量，推动普通钢转向优质钢，向“精品”方向升级。积极推进中钢联钦州钢铁公司项目建设，在发展低合金钢、碳素结构钢的基础上，进一步发展弹簧钢、齿轮钢等高质量汽车结构用钢等特殊钢，逐步培养广西特殊钢生产基地。对铁合金也要加强环保措施，加大环境污染的治理，降低“三废”的排放，确保产业的可持续发展。积极开发应用新技术、新工艺和先进设备，加速淘汰落后工艺和设备，改造现行的浇注、破碎、筛分等工艺，加强技术改进和创新，提升产品质量，扩大复合铁合金、高硅锰硅合金、高锰锰硅合金、中低碳锰铁产量，研究开发精炼铁合金和特种铁合金等新产品和新品种，拓宽产品品种，提高产品质量。利用广西具备的锰矿资源和能源的比较优势，在现有电解金属锰生产能力的基础上，拓宽锰业产业链，利用沿海港口的优势，进口国外镍铬矿产资源，在沿海港口或靠近市场的地区，建设高锰低镍不锈钢厂。另外，要重点发展冶金工业过程自动化和管理信息化技术，提高广西冶金工业的自动化水平，推进冶金工业的现代化。

3. 第三产业内部均衡发展

与工、农业相比，广西第三产业具有较大发展潜力。2017 年，第三产业增加值 8191.54 亿元，同比增长 9.2%，占地区生产总值的比重达到 40.2%，对经济的贡献率达到 49.8%。广西服务业增加值占全国服务业增加值的比重由 2015 年的 1.91% 增至 2018 年的 1.98%，实现四年连续增长。2015—2018 年，广西服务业增加值增速分别达到 9.7%、8.6%、9.2%、9.4%，分别超过同期工业增加值增速 1.6、1.2、2.6、5.1 个百分点，广西服务业对经济增长的贡献率逐年增加，分别达到 41.9%、48.6%、49.8%、61.5%。服务业在创造税收、吸纳就业等方面全面领跑，支撑经济持续健康发展。2017 年，广西传统服务业、现代服务业、公共服务业分别占服务业增加值比重为 31%、34.7%、34.3%，与 2015 年相比，传统服务业比重下降 5 个百分点，现代服务业比重提高 4.7 个百分点。①

2017 年，广西交通运输、仓储和邮政业增加值 932.61 亿元，比上年增长 6.5%。2017 年末，全区公路总里程 12.33 万公里，比上年新增 0.27 万公

① 易城．广西现代服务业发展现状与对策［J］．市场论坛，2019（12）：14-16.

里，其中高速公路里程5259公里，比上年新增656公里。年末铁路营业总里程5140公里，比上年减少1公里，其中，高速铁路营业里程1751公里。2017年全区货物运输总量17.47亿吨，比上年增长8.6%。货物运输周转量4613.32亿吨公里，增长8.3%。全年规模以上港口完成货物吞吐量3.44亿吨，比上年增长7.4%，其中，外贸货物吞吐量1.21亿吨，下降0.7%。规模以上港口集装箱吞吐量318.37万标准箱，增长26.6%。2017年全区旅客运输总量5.11亿人次，比上年增长0.6%。旅客运输周转量777.57亿人公里，增长4.5%。2017年末，全区民用汽车保有量504.33万辆，比上年末增长18.0%，其中，私人汽车保有量452.65万辆，增长19.7%。民用轿车保有量251.03万辆，增长20.2%，其中，私人轿车238.29万辆，增长21.2%。全区全年完成邮电业务总量799.92亿元，比上年增长76.6%。全区全年金融业增加值1273.40亿元，比上年增长8.7%。①

3.4 本章小结

广西具有得天独厚的区位优势和政策优势。中国—东盟自由贸易区、广西北部湾经济区、东部产业转移给广西经济社会发展带来机遇。由于广西对外贸易发展迅速，对外贸易商品结构和产业结构也发生了相应变化。本章分析了世界及中国贸易结构和产业结构发展的现状及特点，在此基础上系统梳理了1999—2017年广西对外贸易商品结构和产业结构的历史沿革。

广西对外贸易商品结构持续优化，工业制成品出口的竞争能力不断增强，工业制成品的出口占主导地位。从主要出口产品比例来看，资源密集型产品出口占比呈先下降再上升最后波动下降的趋势，围绕15%上下波动。劳动密集型产品出口占比较为稳定，在主要商品出口中占比最大，平均维持在

① 数据来源：《2017年广西壮族自治区国民经济和社会发展统计公报》。

50%以上的水平。主要出口产品中，资本技术密集型产品占比低于劳动密集型产品出口占比，高于资源密集型产品出口占比，平均占比为31.8%。1999—2017年，广西资源密集型商品进口持续上升；劳动密集型产品进口占比自2003年后下降速度较快，呈逐年下降趋势；资本技术密集型产品进口占比波动较大。从总体来看，主要进口商品结构呈现初级产品占比上升，工业制成品占比下降的趋势。初级产品的进口规模扩大，维持在85%的平均水平。重点是保证了重要原料进口，维持生产所需。工业制成品的进口下降，说明广西在1999—2017年工业产品的生产能力持续提升，已逐步培养出自身的技术优势。

广西三大产业发展迅速，地区生产总值及各产业产值增长趋势明显，产业结构也逐步趋于合理化。1999—2017年，广西三次产业增加值逐年增加，由1999年的1971.41亿元增至2017年的20396.25亿元。三次产业结构在此期间不断调整优化，第一产业产值在地区生产总值所占的比重下降程度较大；第二产业和第三产业所占比重呈上升趋势。在全国范围内横向比较，广西第三产业虽然发展较快，但是相比全国第三产业的平均发展速度，稍显落后，第二产业有待更大幅度的发展。

4 广西对外贸易商品结构与产业结构关系实证分析

第3章对广西的对外贸易商品结构和产业结构发展做了系统梳理，定性分析了广西进出口商品结构和产业结构的发展历史、现状及存在的问题。本章将利用现实数据对两者之间的关系进行定量研究，以期更客观地反映两者之间的互动关系。

4.1 广西对外贸易商品结构与产业结构的发展状态

4.1.1 广西对外贸易商品结构与产业结构错位的表现

从第3章所阐述的广西对外贸易商品结构与产业结构的演变历程来看，2004年后广西进出口商品结构逐渐优化。初级产品出口占广西总出口的比重在波动中下降，2007年达到6.6%的低水平，2017年占比11.7%；劳动密集型产品出口占比最大，2009年以后在主要出口商品中的占比均达到50%以上，2017年占比为61.4%；资本技术密集型产品出口占比波动较大，2007年达到69.7%的最高水平，对应的是极低的初级产品出口率，2017年资本技术密集型产品出口占比为26.9%。从进口来看，2004—2017年初级产品进口比例所占的比重较大，均为80%以上；劳动密集型产品进口比例逐渐下降，从 2004 年的 3.1%下降至 2017 年的 1.1%；资本技术密集型产品进口波动较大，基本保持下降趋势，由 2004 年的 16.4%降至 2017 年的 11.8%。总体来看，广西的进口商品结构不断优化，出口商品结构优化效应不明显。工业制成品比较优势逐年增强，按照贸易四阶段理论，广西对外贸易商品结构进入了新兴工业化成熟期。从广西产业结构总体来看，产业结构处于不断优化升级当中，2010 年末广西工业化水平迈入中级阶段。但广西对外贸易商品结构和产业结构的发展是协调还是错位，还有待进一步研究。

一国（地区）的进出口商品结构高低可以用资本技术密集型产品的进出口占比衡量。鉴于年度数据的完整性和连续性（广西 2004 年之前的部分主要商品进出口金额无从获取），本章采用第 3 章中整理的广西资本技术密集型产品的出口和进口额比重作为广西对外贸易商品结构变化的指标。广西自 1999 年以后，产业结构呈现“二三一”模式，第二产业特别是工业对全区 GDP 的贡献最大。2017 年，广西工业产值增加值占全区 GDP 的 37.6%，其中轻工业总产值为 7817.23 亿元，重工业总产值为 20075.68 亿元，重工业产值是轻工业的两倍。一般来说，资本技术密集型产品更多地归属于第二产业中的工业制成品，既可能是重工业产品，也可能是轻工业产品。因此，本章采用工业增加值占全区生产总值的比重作为广西产业结构变化的指标。

表 4-1　2004—2017 年广西工业、资本技术密集型产品进出口占比情况

年份	工业占比（%）	资本技术密集型产品出口占比（%）	资本技术密集型产品进口占比（%）
2004	30.4	31.1	16.4
2005	31.7	34.7	13.1
2006	33.5	43.1	14.4
2007	36.0	69.7	10.7
2008	37.5	44.4	8.7
2009	37.0	19.4	7.8
2010	40.5	30.3	8.4
2011	41.5	31.8	3.8

续表

年份	工业占比（%）	资本技术密集型产品出口占比（%）	资本技术密集型产品进口占比（%）
2012	40.6	21.6	9.9
2013	38.9	18.6	10.9
2014	38.9	26.5	14.3
2015	38.0	22.0	28.7
2016	37.2	25.2	28.8
2017	37.6	26.9	11.8

资料来源：《广西统计年鉴》，经笔者整理得出。

从表 4-1 可以看出，2004—2008 年广西资本技术密集型产品出口占比高于产业结构中的工业占比，2009 年以后均比工业占比要低。在广西的生产结构中，资本技术密集型产品对应的工业品占比呈逐年上升趋势，由 2004 年的 30.4%上升至 2017 年的 37.6%，与此相对应的资本技术密集型产品出口比重虽然在近三年不断上升，但整体来讲，资本技术密集型产品的出口比重保持在 31.8%的较低水平上下轻微波动。从整体比例来看，广西的出口商品结构落后错位于产业结构的发展。从进口商品结构来看，2004—2017 年，广西资本技术密集型产品进口比重平均值为 13.4%，均低于工业增加值占全区生产总值的比重。说明广西的进口商品结构同样落后错位于广西产业结构的发展，且偏离较为严重。2011 年，41.5%的高工业占比对应的是 3.8%的较低资本技术密集型产品进口占比。

4.1.2　广西对外贸易商品结构与产业结构错位的原因

根据上述的数据分析，在 2004—2017 年的大部分年份，广西出口、进口商品结构都落后错位于广西产业结构的发展，进口商品结构错位相比出口商品的错位更加突出。从现实出发，广西对外贸易商品结构和产业结构错位的主要原因有以下七点：

第一，资本技术密集型产业为广西支柱性产业，但出口竞争优势较低。

2017 年，全区生产汽车 248.61 万辆，发动机 20585.59 万千瓦，生产钢材 3270.73 万吨、粗钢 2265.26 万吨，十种主要有色金属产量为 230 万吨，生产水泥 12179.38 万吨。①

以广西汽车产业为例，广西汽车产业规模与实力日益增强，已建立了包括中高档轿车、中重型载货汽车、大中型客车等汽车整车、发动机、低速汽车及零部件制造等较为完整的产业体系。广西汽车产业中拥有上汽通用五菱汽车股份有限公司的“五菱”品牌、广西玉柴集团的“玉柴”品牌、东风柳州有限公司的“乘龙”品牌、桂林客车工业集团公司的“桂林”品牌、桂林福达集团的“福达”品牌等地方优势品牌。广西车用汽油机、柴油机的市场占有率均居全国前列。五菱微型车市场占有率居全国首位。但是广西知名品牌相比较国际和国内来说，技术含量不高。汽车及汽车产品的出口量不大。2017 年，汽车出口 22200 辆，出口金额 31364 万美元，只占到广西出口总额的 1%。这反映了广西的汽车产业产量不低，但是出口量低的现状。从销售市场来看，主要是内销，外销则主要是越南市场，从侧面说明了广西的汽车产业国际竞争力不强。

虽然广西的工业产值占比较大，但是从 2017 年的出口商品种类来看，主要的出口商品为纺织纱线、织物及制品、服装及衣着附件、蔬菜、鲜/干水果及坚果、未锻造的铝及铝材等资源、劳动密集型产品。机电产品和高技术产品的出口额虽有所增加，但在全区出口总额中所占比例仍然较低，且主要集中在汽车、自动数据处理设备及其部件方面。这些产品按照 SITC 归类虽为资本技术密集型产品，但实际上自主研发技术含量较低，附加值不高。

可见，主导产业生产的产品竞争优势较低。相反，广西的劳动密集型产业和资源密集型产业是主导出口产业，但其在广西产业结构中所处的地位不高。

第二，主要进口资源密集型产品，投入主导产业生产。以煤炭进口为

① 数据来源：《2017 年广西壮族自治区国民经济和社会发展统计公报》。

例，广西的煤炭资源相当匮乏，煤炭工业经济总量小，供给能力低，在广西煤炭总消耗量中，自产煤所占比例很小，煤的大部分需求以国内和国际调入为主。贵州、云南等周边省份与广西有着运距短的优势，是广西区外购煤的主渠道，但是为保证“西电东送”项目，近些年来两省的煤炭调出政策不断调整，做出了诸多出省限制，因此，广西的煤炭需求还需通过国外供应来满足。综合考虑国际市场的煤炭供给资源、运输距离、成本等因素，广西的主要煤炭进口国家为越南和澳大利亚。近些年，广西的工业耗煤占到全区煤炭消耗的95%以上，主要用于电力、水泥、化工、食品加工等产业发展。再加之近些年来广西经济建设处于快速发展时期，煤炭供应的重要性和紧迫性更加突出。

1999年以后，广西机电产品和高技术产品的进口额虽在增加，但进口占比仍然较低。2017年机电产品进口比重为17.7%，高技术产品进口占比为11.3%。进口的资本技术密集型产品主要集中在自动数据处理设备及其部件，通电及保护电路装置及零件，电线和电缆等。技术含量并不高，技术带动效应也不明显，与此同时，企业的技术研发能力又跟不上去。

第三，出口商品结构优化缓慢。广西主导产业的国内、国际竞争力低下，是进出口商品结构优化缓慢的主要原因。另外，广西对外贸易商品结构自身也存在问题。纵观广西的主要出口商品，以资源密集型农产品和劳动密集型工业制成品为主导。资源密集型产品出口量的增加会导致远期广西自然资源的快速枯竭。以纸张出口为例，广西区内的纸品企业较多，造纸原料主要是速生桉。速生桉可以快速成材，在广西很多地区将其作为一种经济作物单一连片种植。速生桉对生态植被的破坏非常大，对森林生物链也会产生负面影响。即便如此，《广西北部湾经济区发展规划》却提出在2020年要将广西的桉树种植面积扩大到9000平方公里。劳动密集型产品的供给弹性大，国内和国际市场已趋于饱和，必将会带来这类出口产品价格的进一步下降，广西如果继续保持这种出口状况，那么必将导致贸易条件的恶化。与国内沿海城市和中部出口大省相比，广西的技术优势较弱；与东盟国家的低成本劳动力相比，劳动力价格竞争优势又逐渐减弱。所以，适时调整进出口商品结构，才是对外贸易商品结构和产业结构和谐发展的根本。

第四，国家及广西对外贸易和产业政策的影响。在很长一段时间内，国家对资本技术密集型产业实施进口替代的贸易战略，限制其进口；对劳动密集型产业实施以创汇为主的出口导向战略，鼓励其出口。国家的这种贸易战略对资本技术密集型生产企业实行了过度保护，使相关企业满足于现状，缺少创新机制和动力，生产的工业制成品缺乏国际竞争力。此外，国家的政策有利于劳动密集型生产企业，导致他们一味地追求出口创汇，丧失了技术创新的动力。以开发高新技术产业、进而出口带动产业结构升级的潜在作用没能得到很好的发挥。

广西的资本技术密集型企业以国有大中型企业为主，多为广西的支柱性产业，对广西 GDP 的贡献较大。它们在国家的“奖出限入”贸易政策和产业发展政策的恩惠下，更多的是进行低效的“进口替代”。在此情况下，生产资源会集中到政府支持的生产部门，使资本密集型生产企业的规模不断增大，但由于缺乏国际竞争力，相对于劳动和资源密集型产品出口，其产品的出口不会有太快的增长，从而导致长期以来，资本技术密集型产品的生产强于出口。

第五，对外贸易商品结构和产业结构的发展节奏不一致。后起的工业国家或地区通常会首先鼓励发展资本技术密集型产业部门，如我国在工业发展初期，也是重工业优先发展。通过进口替代积累产品生产能力，在满足国内需求的基础上逐步培养出技术和成本优势向国外出口。随着该产业部门比较优势的增强，其生产的产品出口量会增加。如果该国的资本技术密集型产品的竞争优势还没有被完全培养出来，而劳动密集型产业在国际市场上拥有竞争优势，那么该国会在很长一段时间内以出口劳动密集型产品为主。从“进口替代”转换至“出口导向”需要的时间较长，一般来说，劳动密集型生产部门和资本技术密集型生产部门的生产结构变化通常比进出口商品结构的变化早。因此，在特定时期，两个部门的对外贸易商品结构与生产结构发展必定会出现错位。

第六，贸易结构受产业结构抑制。广西产业结构具有刚性，不易进行存量调整，所以整体导致了广西工业基础底子薄，发展速度较缓慢。只有提升技术水平，进行大范围的结构调整，广西产业才能升级。但是，目前广西的劳动力和技术约束明显，重工业结构存在刚性，轻工业又不具备较强的优势，短期内广西产业结构很难改变，无法为对外贸易商品结构的优化奠定基础。

第七，判断标准的局限性。本书使用工业占全区 GDP 的比重作为产业结构变化的衡量标准，对产业内在结构的变化可能存在分析误差。如果用投入产出比、劳动生产率等指标体系判断产业结构水平，可能得出不同的结果，但因广西数据资料有限，所以未能如愿进行分析。

4.2　广西对外贸易商品结构与产业结构关系实证检验

第 3 章对广西对外贸易商品结构与产业结构演变做了系统回顾，在本章第 1 节，通过比较 2004—2017 年广西工业增加值占全区 GDP 的百分比与资本技术密集型产品进出口占全区进出口总额的比重，分析了广西对外贸易商品结构与产业结构的发展状态，根据已有数据分析得出：广西出口商品结构除个别年份超前错位于产业结构外，大部分年份落后错位于产业结构；广西进口商品结构基本上落后错位于产业结构发展。以上分析根据比例数据得出，较为直观。本节将运用协整理论、脉冲函数和方差分解对两者关系做深层次检验。

4.2.1 指标选取和模型设置

4.2.1.1 指标选取

纵观国内学者对对外贸易商品结构与产业结构指标的构建，主要集中在以下几个方面：对外贸易商品结构变化的衡量，国内较多学者如马章良、顾国达①、陈虹（2011），夏刊、王国顺②（2000）等按照国际商品标准分类法（HS）或国际贸易标准分类法（SITC）将贸易产品分类。这种分类方法的优点是可以找到的统计数据较为全面且连续，能够直观反映对外贸易商品结构变化的方向，缺点是对资本技术密集型产品的划分比较粗略，存在不准确性。由于按照 SITC 一级分类是将第五大类和第七大类归为资本技术密集型产品，严格来讲，在现实经济中有些产品实属于劳动密集型产品。国内还有些学者，例如盛斌（2003），姜茜、李荣林（2010）将贸易产品归入工业部门，并按照 Krause（1987）的归类，将贸易产品分为资源密集型产品等三大类③，但这种分类以研究制造业贸易结构为主。魏浩等学者（2005）在分析中国制成品出口优势时，采用的是贸易结构变动指数和结构收益性指数，这两个指标不太适合研究个别省市情况。④ 王永齐（2004）构造出 COM PO 指标衡量对外贸易商品结构，用来描述贸易结构的动态变化过程。虽然该指标能够衡量结构变化的方向，但是该指标使用 BEC 国际贸易商品分类准则，在实际使用中运用较少。沈利生和吴振宇（2003）用影响力系数和推动力系数度量货物贸易进出口结构。但由于数据较难获得，且我国分类标准存在差异，这种指标的建立缺乏相应的依据。⑤

---

① 马章良，顾国达．我国对外贸易与产业结构关系的实证研究［J］．国际商务，2011（6）：21.

② 夏刊，王国顺．湖南对外贸易与产业结构升级［J］．湖南经济，2000（8）：18.

③ 姜茜，李荣林．我国对外贸易结构与产业结构的相关性分析［J］．经济问题，2010（5）：20.

④ 魏浩，毛日昇，张二震．中国制成品出口比较优势及贸易结构分析［J］．世界经济，2005（2）：23.

⑤ 沈利生，吴振宇．外贸产品结构的合理性分析［J］．数量经济技术经济研究，2003（8）：67.

描述产业结构变化的指标比较多，有的学者使用国际通用的三次产业增加值占国家或地区 GDP 比例来描述，还有的学者采取产业劳动报酬、产业中间产品矩阵等指标描述产业结构变化情况，但这些都较为静态，不能够很好地反映出产业结构的动态演变过程。从很多文献分析中可以发现，很多指标的衡量效果具有片面性。综合对产业结构变化的动态衡量和数据的易获得性，本部分在分析时参考韩晶①（2000）和蓝庆新②（2002）的指标选用方法。

假定经济总量由 n 个部分组成，总的经济指标值用 Y 表示，则 $Y=\sum_{i}^{n} Y_i$，Y_i（$i=1, 2, 3, \ldots, n$）表示由 n 个组成部分构成的经济总指标值。

对上式进行求导可得：

$$dY/Y=\sum dY_i/Y=\sum_{1}^{n}(dY_i/Y)\times(Y_i/Y)_{t-1}+\sum_{1}^{n}(dY_i/Y)\times[(Y_i/Y)_t-(Y_i/Y)_{t-1}] \tag{4-1}$$

其中，$(Y_i/Y)_t$ 表示各组成部分 t 期在总指标值中所占的比例，式（4-1）中第一项为基期结构不变情况下各部分增长率的贡献，第二项是各部分增长率中结构变化的贡献，经离散近似得到：

$$\sum_{1}^{n}(\Delta Y_{i,t}/Y_{i,t-1})\times[(Y_i/Y)_t-(Y_i/Y)_{t-1}] \tag{4-2}$$

用式（4-2）度量总增长率中结构变化的效应。$\sum_{1}^{n}(\Delta Y_{i,t}/Y_{i,t-1})$ 表示 n 个组成部分自身的增长速度；$[(Y_i/Y)_t-(Y_i/Y)_{t-1}]$ 表示各部分的比重变化。根据以上公式，经济结构变化在于各组成部分自身增长速度和其在总指标中的比重变化。通过式（4-2）计算得到正值，表示对经济增长是促进的，值为负则起阻碍作用。

本书用下述公式表示进出口商品结构和产业结构的变化指标。

---

① 韩晶．贸易结构变化对经济增长转型影响分析［J］．贵州财经学院学报．2000（5）：40-43.

② 蓝庆新，田海峰．我国贸易结构变化与经济增长转型的实证分析及现状研究［J］．株洲工学院学报，2002（3）：39-44.

出口结构变化指标：

$$\sum(\Delta X_{i,t}/X_{i,t-1}) \times [(X_i/X)_t - (X_i/X)_{t-1}] \quad (4-3)$$

进口结构变化指标：

$$\sum(\Delta M_{i,t}/M_{i,t-1}) \times [(M_i/M)_t - (M_i/M)_{t-1}] \quad (4-4)$$

产业结构变化指标：

$$\sum(\Delta Y_{i,t}/Y_{i,t-1}) \times [(Y_i/Y)_t - (Y_i/Y)_{t-1}] \quad (4-5)$$

其中，$(X_i/X)_t$ 和 $(M_i/M)_t$ 表示 t 年第 i 种产品的出口、进口额占比；$\Delta X_{i,t}/X_{i,t-1}$ 和 $\Delta M_{i,t}/M_{i,t-1}$ 表示 t 年第 i 种产品出口和进口额的增长率；$(Y_i/Y)_t$ 表示 t 年第 i 次产业增加值占生产总值的比重；$\Delta Y_{i,t}/Y_{i,t-1}$ 表示 t 年第 i 次产业增加值的增长率。

4.2.1.2 模型设置

关于对外贸易商品结构与产业结构之间关系的实证研究，主要采用两种方法。一是投入产出法。这种方法主要通过计算揭示国民经济各部门之间相互依存、相互制约的关系。钟昌标（2000）用此方法研究了宁波市出口贸易，特别是技术进步对三次产业的影响。二是回归分析法，在实证研究中使用较多。

4.2.2 对外贸易商品结构与产业结构关系检验

4.2.2.1 变量与数据

本章用 *expstrchg*、*impstrchg* 和 *indstrchg* 分别代表广西出口商品结构、进口商品结构和产业结构的变化指标，分别套用式（4-3）、式（4-4）和式（4-5）进行计算。

广西可公布的对外贸易数据没有依据 SITC 进行分类，本书对广西统计局公布的主要贸易产品按照 SITC 一级分类进行划分。① 鉴于贸易数据的连续性和可获得性，本章的分析数据使用 2005—2017 年度的数据。结合广西实际，将 SITC 部分商品归类进行了调整，67、68、69、87 和 88 类产品归为资本技术密集型产品。分析年间分类商品的进出口额和广西进出口总额来源于《广西统计年鉴（2005—2018）》以及广西壮族自治区统计局和南宁海关的相关数据。进出口金额以美元为单位，根据式（4-3）和式（4-4）计算得出广西进出口商品结构变化的时间序列。

2005—2017 年广西生产总值和三次产业增加值的数据来源于《广西统计年鉴（2005—2018）》。根据式（4-3）、式（4-4）和式（4-5），计算得出广西进出口商品结构和产业结构变化的时间序列，见表 4-2。

表 4-2 2005—2017 年广西产业结构和进出口商品结构变化

年份	产业结构变动	出口结构变动	进口结构变动
2005	0. 313	0. 768	1. 125
2006	0. 175	3. 890	0. 343
2007	0. 224	17. 224	1. 568
2008	0. 368	10. 583	0. 935
2009	0. 264	12. 954	0. 195
2010	0. 592	9. 938	0. 116
2011	0. 122	0. 193	6. 330
2012	0. 097	8. 692	4. 561
2013	-0. 158	1. 415	0. 184
2014	0. 020	4. 006	1. 476
2015	0. 049	4. 905	9. 570
2016	0. 043	1. 730	0. 116
2017	0. 094	0. 496	10. 256

资料来源：《广西统计年鉴》，经笔者整理计算得出。

① 第 0~4 类归为资源密集型产品（初级产品），第 6 类和第 8 类归为劳动密集型产品，第 5 类和第 7 类归为资本技术密集型产品。

由表 4-2 可知：第一，广西 2005—2017 年的产业结构变化值除 2013 年以外均为正。2008 年，广西产业结构变动达到一个次高峰值 0.368，该年广西三次产业增加值增长速度均为正，第二产业的增长速度最快，高于第三产业和第一产业的增长速度，达到 0.25，而同年第一产业和第三产业的增长速度只有 0.17。同年，第三产业在广西 GDP 中的比重变化也较大，由 2007 年的 41.7%增长为 2008 年的 43.3%，增长了近 2 个百分点，第一和第三产业的比重变化却均为负。这说明，广西第二产业在 2008 年仍然起到支柱作用。

2010 年，广西产业结构变化为 0.592，达到分析年间的峰值。第二产业对产业结构的正向贡献较大，为 1.155。该正向贡献不仅得益于该年广西第二产业较快的发展速度，达到分析年间的最大增长速度 3.5，还因为该年第二产业占地区 GDP 的比例比上年上升了近 4 个百分点。

从整体来看，广西产业结构变化效应基本为正。第一产业增速基本为正，除了 2013 年增速最高。但是第一产业增加值占广西 GDP 的比重在逐年下降。这导致第一产业的比重变化值基本为负，所以第一产业对广西产业结构变化的贡献除 2011 年和 2016 年以外均为负。广西第二产业的增速为正，2005—2012 年，增速基本在 0.2 左右徘徊。2013 年以后的增速在 0.1 左右波动。第二产业占广西 GDP 的比重在波动中呈上升趋势，且上升趋势逐渐变缓。除了 2012 年、2013 年、2015 年、2016 年比重变化为负外，其他年份比重变化均为正。两项乘积表明大部分分析年间第二产业对广西产业结构变化的贡献都为正。广西第三产业增速为正且增速较为均衡，保持在 0.2 左右的年增速，其占广西 GDP 的比重除了 2011 年较低以外，其余年份基本保持在 39%上下。受第二产业的影响，广西产业结构变动的数据基本保持正值，数据分析符合现实情况。

第二，广西出口商品结构变化在美国次贷危机爆发前的 2007 年达到 17.224 的峰值。这主要因为资本技术密集型产品出口的巨大作用。2007 年，广西资本技术密集型产品出口不仅增速为正，且其占整个广西出口额的比重上升幅度也很大。从历史数据来看，2007 年广西机电产品出口金额为 127781 万美元，高技术产品出口金额为 24848 万美元，两者合计金额达到 152629 万美元。广西资本技术密集型产品出口金额在 2007 年达到质的飞跃，首次突破 10 亿美元，相比 2006 年的 91573 万美元，增幅巨大。从整体来看，广西出口商品结构变化均为正。初级产品出口增速除了 2015 年以外均为正，但其所占出口比重呈下降趋势；劳动密集型产品的增速和比重变化较不稳定，在分析年间有正有负；资本技术密集型产品出口在 2013 年、2015 年、2016 年增速为负，但其比重变化基本为正。

2007—2009 年，广西出口贸易结构变化效应明显高于其他年份。2007 年，资本技术密集型产品的正向贡献抵消了资源密集型产品和劳动密集型产品出口变化的负效应。2008 年，广西三大类出口商品结构变动效应均为正值，资本技术密集型产品的出口效应较大，这在全球金融危机的背景下实属难得。经计算可知，2008 年广西资本技术密集型产品出口占比与 2007 年相比有所下降，但广西资本技术密集型产品 2008 年增速为负，两者乘积对广西出口商品结构的优化产生促进作用。

2011 年以后，广西出口商品结构变动为正，但是变化效应值降低。主要由于世界经济危机的消极影响与中国—东盟自由贸易区的正式建立及“一带一路”国际合作给广西带来的积极出口环境效应相互博弈。2014 年，资本技术密集型产品的出口变动效应达到 5.214。即使广西的资本技术密集型产品在国际上的竞争优势并不太明显，但是中国—东盟自由贸易区的正式建立为广西的相关产品出口提供了市场空间。

第三，广西进口商品结构变化效应在分析年间均为正值，于 2017 年达到 10.256 的峰值，主要贡献在于初级产品和资本技术密集型产品的进口作用。2017 年，广西初级产品进口增速和比例变化均为正，其对进口商品结构的拉动作用超过 10。2017 年，广西的资本技术密集型产品进口比例较 2016 年下降幅度较大，但因其增速也在减缓，所以对进口商品结构的作用仍表现为正向。同年，广西劳动密集型产品进口占比也在下降，但是下降速度较为微弱。初级产品的大幅进口对广西进口商品结构的变化起到了决定性作用，劳动密集型产品进口下降的影响在一定程度上被抵消。2010年和2016年，广西进口商品结构变化效应值较低，主要因为劳动密集型产品和资本技术密集型产品的进口占比下降。2010年，劳动密集型产品和资本技术密集型产品对进口商品结构的正向作用在很大程度上被初级产品进口的负向作用抵消。2016年，劳动密集型产品的比重较上年减少，增速也降低。但是这一年，三大类商品的结构变动值都较小，虽都为正数，但对进口商品结构变动的整体影响较小。

从2005—2017年的分析数据来看，广西进口商品结构变化主要来自初级产品和资本技术密集型产品进口变化的正贡献，劳动密集型产品对进口结构变化的影响较小，均值仅为0.1左右。从历年数据的具体计算结果来看，资源密集型产品的增速都为正值，且比重变化基本为正；劳动密集型产品进口增速变化较小，且比重变化在大部分分析年份表现为负；广西资本技术密集型产品除2007—2008年、2011—2013年外，均对进口商品结构变化存在正向贡献。进口商品结构的变化与广西进口的现实情况基本相符。

4.2.2.2 ADF单位根检验

协整检验的前提条件是所检验的时间序列是平稳的。本书使用Eviews9.0对广西产业结构变化、出口商品结构变化和进口商品结构变化的时间序列进行平稳性检验，见表4-3。

表4-3 广西产业结构和进出口商品结构变化时间序列平稳性检验

变量	(C、T、K)	ADF值	1%临界值	5%临界值	10%临界值	结论
产业结构	(c、t、2)	-2.786925	-5.295384	-4.008157	-3.460791	不平稳
出口商品结构	(c、0、0)	-2.408203	-4.12199	-3.144920	-2.713751	不平稳
进口商品结构	(c、t、2)	-3.184977	-5.295384	-4.008157	-3.460791	不平稳
D（产业结构）	(c、t、0)	-4.851417	-5.124875	-3.933364	-3.420030	平稳
D（出口商品结构）	(c、t、0)	-4.924974	-5.124875	-3.933364	-3.420030	平稳
D（进口商品结构）	(c、0、2)	-3.487071	-4.420595	-3.259808	-2.771129	平稳

注：(C、T、K)表示ADF检验形式是否包括常数项、时间趋势以及滞后阶数的多少，滞后阶数由系统根据SIC准则自发选择。

从表 4－3 可知，从 ADF 单位根检验结果来看，在 5% 的显著性水平下，广西产业结构变化、出口和进口商品结构均为 *I*（1）变量，满足协整检验的条件。

4.2.2.3　产业结构变化与出口商品结构变化的相关性检验

1. 协整检验

协整反映变量之间的长期、稳定关系。直接检验广西产业结构变化和出口商品结构变化的时间序列，结果见表 4－4。

表 4－4　Johansen 协整检验结果

Sample（adjusted）：2008 2017

Series：*indstrchg expstrchg*

Unrestricted Cointegration Rank Test（Trace）

Hypothesized		Trace	0.05	
No. of CE（s）	Eigenvalue	Statistic	Critical Value	Prob. ＊＊
None ＊	0.838239	18.59432	15.49471	0.0165
At most 1	0.037091	0.377964	3.841466	0.5387

广西产业结构变化和出口商品结构变化时间序列在 0.05 显著性水平下存在协整关系，可以直接用普通最小二乘法建立广西产业结构变化对出口结构变化的回归方程：

$$indstrchg = 0.069737 + 0.016882\ expstrchg \quad (4-6)$$

$$(0.976723)\ (1.868537)$$

（括号中的数值表示与参数估计值对应的 t 统计量，下同。）

由式（4－6）可知，广西出口商品结构变化效应前面的系数为0.016882，说明出口商品结构变化效应与产业结构变化效应之间是一种较弱的正向关系。

从结构变化的计算过程可知，广西出口商品结构的正向变动主要源自初级产品不断下降的出口比重。产业结构的正向变化主要得益于第二产业较快的增长速率和不断攀升的产业占比。

2005—2017 年，广西资源密集型产品的出口占比在大部分分析年间呈下降趋势。主要原因有以下几点：第一，可能与中国—东盟自由贸易区的运行有关。广西作为中国—东盟自由贸易区的前沿阵地，受其政策影响较大。“早期收获计划”及《货物贸易协议》的实施，促使中国与东盟之间的进口关税大范围降低。2010 年 1 月，中国—东盟自由贸易区正式建成，双方实行零关税的产品覆盖面超过 90%，这一利好形势对中国与东盟双方的对外贸易都起到较大的促进作用。同时，广西的货物贸易出口环境也有较大改善。第二，广西和东盟邻国具有相似的气候和生态环境，因此在一些具有优势的资源密集型产品种类上与东盟邻国有相似之处，这必然会导致广西资源密集型产品的出口受到一定程度的制约。广西相比东盟国家来说，某些资源类产品优势不足，蔬果、矿物质等产品的出口受到挑战，这是引致广西资源密集型产品出口比重下降的原因之一。第三，受国家政策的影响，某些资源类产品的出口受到了一定程度的限制，这也是导致部分初级产品出口占比下降的原因。第四，中国与东盟农产品实行零关税政策，使广西从东盟国家进口的农产品增加，由于农产品结构具有相似性，而广西农产品的价格相比东盟国家价格优势不强，这也在一定程度上影响了广西初级产品的出口。前些年，广西劳动力成本相比国内部分省市还存在一定的价格优势，生产出来的劳动密集型产品，例如服装、家具具有一定的出口竞争优势。随着中国—东盟自贸区的建成和完善，有些之前在中国投资的外商转移至越南等一些劳动力成本更低的东南亚国家。广西的劳动密集型产品竞争优势下降，对广西出口商品结构的变动产生了负向影响。虽然近年来广西资本技术密集型产品增长速度有所增加，对东盟国家出口的机电产品和资本技术密集型产品有所增加，但是占广西总出口的比重变化始终较小，不足以抵消前两大类商品引致的出口结构负向变化。

广西第二产业在2005—2017年大部分年份处于正增长，比重也基本处于上升趋势。虽然第一产业的变化效应在分析年间多数为负，第三产业在分析年间的增速变化较小，比重在部分年份减少，但是两者对产业结构变化的负面影响被第二产业的正面影响抵消了。单纯从三次产业占比来看，第一产业占比的下降趋势较为明显，第二和第三产业整体上均呈现波动中上升态势，但是第三产业占比的上升趋势更为平缓。

2. 格兰杰因果关系检验

对广西出口商品结构变动与产业结构变动做格兰杰检验，结果见表4-5。

表4-5 广西产业结构变化与出口商品结构变化的格兰杰因果关系检验

原假设	F统计量	概率值	滞后阶数	结论
出口商品结构变化不是产业结构变化的格兰杰原因	2.08225	0.1829	1	接受
产业结构变化不是出口商品结构变化的格兰杰原因	0.00024	0.9881	1	接受
出口商品结构变化不是产业结构变化的格兰杰原因	1.7234	0.2562	2	接受
产业结构变化不是出口商品结构变化的格兰杰原因	1.05011	0.4064	2	接受
出口商品结构变化不是产业结构变化的格兰杰原因	5.46283	0.0984	3	拒绝
产业结构变化不是出口商品结构变化的格兰杰原因	0.90777	0.5308	3	接受

由表4-5可知，模型取滞后1阶、2阶或3阶，在5%的显著性水平下，广西产业结构变化不是出口商品结构变化的格兰杰原因。模型取滞后1阶、2阶，出口商品结构变化也不是产业结构变化的格兰杰原因。模型取滞后3阶，出口商品结构变化才是产业结构变化的格兰杰原因。这说明两者具有一定的关联性。如上文分析，广西产业结构变动受第二产业比重增长的影响较大，出口商品结构变动主要是因为资源密集型产品的出口比重不断下降和劳动密集型产品的出口比重上升，资本技术密集型产品的比重增长较微弱。虽然资源密集型产品生产和出口下降的趋势保持一致，但是劳动密集型产品的出口比重在分析年间没有下降，对应广西第二产业的增加值也没有上升。从数据上直观分析，广西出口商品结构并没有得到很好的改善。资本技术密集型产品的出口比重在分析年间的上升幅度不大，且波动性较大，这与广西第

二产业增加值的小幅度上升有一定关联性。广西第二产业的主要产出是成品糖、钢材、电力、水泥、发动机等。在这些产品中，除了钢材、发动机出口量较大外，其他产品基本是内销，出口量很少。发动机主要出口东南亚，出口市场存在局限性。广西出口商品结构在滞后 3 阶才是产业结构变化的格兰杰原因，从一个侧面说明广西出口商品结构的优化虽然在一定程度上促进了产业结构升级，但是带动作用不太明显。

4.2.2.4 产业结构变化与进口商品结构变化的相关性检验

下文同样检验广西产业结构变化与进口商品结构变化之间的关系。

1. 协整检验

对广西产业结构变化和进口商品结构变化的时间序列进行 Johansen 协整检验的结果见表 4-6。

表 4-6 Johansen 协整检验结果

Sample (adjusted): 2002 2012

Series: *indstrchg impstrchg*

Unrestricted Cointegration Rank Test (Trace)

Hypothesized No. of CE (s)	Eigenvalue	Trace Statistic	0.05 Critical Value	Prob. **
None *	0.819379	17.1448	15.49471	0.028
At most 1	0.003121	0.031258	3.841466	0.8596

检验结果表明，广西产业结构和进口商品结构在 5%的显著性水平下存在着协整关系，用普通最小二乘法得到如下方程：

$$indstrchg = 0.210875 - 0.014640\ impstrchg \qquad (4\text{-}7)$$

$$(3.148314)\ (-0.986145)$$

由式（4-7）可知，进口商品结构变化的系数为-0.014640，说明进口商品结构变化与产业结构变化之间是一种微弱的负向关系，进口商品结构变化没有对产业结构的变动产生正向促进作用。相比较出口商品结构的变化效应，进口商品效应对广西产业结构变动效应的影响较为微弱。

从结构变化的计算过程可知，广西产业变化效应中起决定作用的是三次产业比例的变化。第二、第三产业的增加值的增长速率基本均为正值，说明随着广西经济的发展，生产规模的整体扩大，第二、第三产业的增加值也在逐年上升。第一产业占比呈逐年下降趋势，因此广西第一产业的变化对产业结构变动的影响是负向的。广西产业结构增长变化的正效应主要是因为第二和第三产业的发展速度较快，且第二产业比重不断上升。由上文分析所知，广西第三产业比重上升的态势较为平稳，第二产业比重上升存在波动性。长期以来，由于政策的导向作用和广西自身经济发展的需要，对第三产业的政策支持较大。第二产业中的重工业是广西的支柱产业，例如钢铁、冶金、汽车行业等。这些行业投入大，规模基数大，改革的速度较慢。因此，从数据上可以看出，虽然分析年间的第二产业的比重变化均为正值，但是增长速率在部分年份出现了负值。

广西进口商品结构的负向变动主要是由于劳动密集型产品的进口比重不断下降造成的，这与广西的贸易现实相吻合。广西劳动密集型产品进口增速在大部分分析年间为正，但是增速较小。从数量上看，劳动密集型产品进口在增加，这与扩大的广西进口总规模是相一致的。从比重上看，劳动密集型产品进口占广西总进口的比重变化在大部分分析年间为负向，这从一个侧面说明广西进口商品结构进行了优化。资源密集型产品的比重基本呈上升趋势，这与广西现实情况也是相符的。随着广西生产规模和经济规模的扩大，自身资源储备出现不足，且随着中国—东盟自由贸易区的逐步深化发展，给具有“三沿”优势的广西带来了更多的物品供给渠道。如农产品、矿产资源类产品可大量从东盟国家进口，价格低、质量高，这是导致资源密集型产品进口扩大的主要原因。从数据上看，资源密集型产品进口增速上升较快，对广西进口商品结构的变化起到主要的影响作用。广西资本技术密集型产品的发展速度在分析年间有正有负，比重变化也不稳定，有正向也有负向。从整个发展趋势来看，资本技术密集型产品进口占比是上升的，但是上升过程较为波动，无法抵消劳动密集型产品过快的比重下降变化。

2. 格兰杰因果关系检验

上述检验可知：广西进口商品结构变动与产业结构变动之间的关系是负向而稳定的。接下来对两者做格兰杰因果关系检验，检验结果见表 4-7。

表 4-7 广西产业结构变化与进口商品结构变化的格兰杰因果关系检验

原假设	F 统计量	概率值	滞后阶数	结论
进口商品结构变化不是产业结构变化的格兰杰原因	1.10955	0.3196	1	接受
产业结构变化不是进口商品结构变化的格兰杰原因	0.29219	0.6019	1	接受
进口商品结构变化不是产业结构变化的格兰杰原因	1.29616	0.3405	2	接受
产业结构变化不是进口商品结构变化的格兰杰原因	0.22534	0.8047	2	接受
进口商品结构变化不是产业结构变化的格兰杰原因	2.4861	0.2371	3	接受
产业结构变化不是进口商品结构变化的格兰杰原因	0.10402	0.9523	3	接受

由表 4-7 可知，在 5%的显著性水平下，广西产业结构变化不是进口商品结构变化的格兰杰原因，进口商品结构变化也不是产业结构变化的格兰杰原因。在广西进口商品结构变化中，劳动密集型产品进口比重下降和资源密集型产品进口比重上升起主导性作用；在产业结构变化中，第二和第三产业增加值比重上升起主要作用。两者均不是对方的格兰杰原因，这与广西产业发展的现实状况有关。由于广西轻工业的发展赶不上重工业的发展，因此劳动密集型产品在广西的生产规模较小，其进口主要是为了消费，故进口与生产的关系不大。而资源类产品如煤、矿砂等进口后可以投入重工业的生产制造当中，对广西第二产业的生产会起到积极作用。

4.2.2.5 三者关系的进一步检验

由 ADF 单位根检验结果可知，广西产业结构变化与出口商品结构和进口商品结构变化均平稳，建立 VAR 模型进一步分析。首先检验序列的平稳性，AR 图如图 4-1 所示。

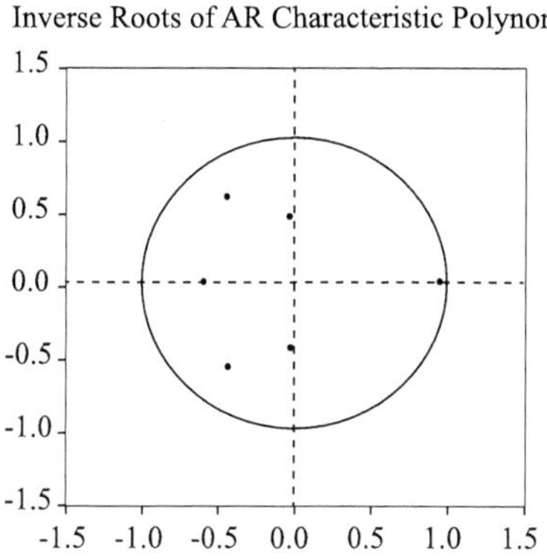

图 4-1 VAR 模型平稳性检验结果（Graph 形式）

由图 4-1 可知，序列均平稳。由表 4-8 滞后阶数的检验可知，VAR 模型的滞后阶数定义为 2 阶。

表 4-8 VAR 模型滞后阶数判断结果

VAR Lag Order Selection Criteria

Endogenous variables：*indstrchg expstrchg impstrchg*

Exogenous variables：C

Sample：2005 2017

Included observations：10

Lag	LogL	LR	FPE	AIC	SC	HQ
0	-50. 56487	NA *	9. 037242	10. 71297	10. 80375	10. 61339
1	-44. 38198	7. 419463	18. 259	11. 2764	11. 6395	10. 87807
2	-26. 36651	10. 80928	7. 124030 *	9. 473302	10. 10873	8. 776238
3	942. 6487	0	NA	-182. 5297 *	-181. 6220 *	-183. 5255 *

1. 脉冲响应函数

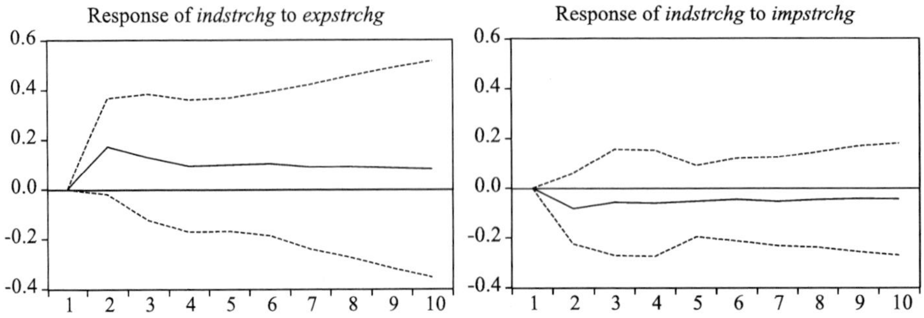

图 4-2 广西进出口商品结构变化的冲击对产业结构变化的脉冲响应

由图 4-2 可知，出口商品结构的变化对产业结构的冲击影响开始为零，作用力随后上升，第二期达到冲击的峰值，而后作用力持续下降。总体来看，广西出口商品结构变动对产业结构的冲击影响为正。出口商品结构中，初级产品出口比重持续下降，必然会导致相关第一产业受到影响。产业结构变化在第一期后受到了出口商品结构的冲击，呈上升趋势，主要得益于劳动密集型产品出口的增加拉动了第二产业的生产。二期以后，出口商品结构变化对产业结构变动的冲击影响下降，这是因为劳动密集型产品出口带来的产业结构调整效果是短暂的。广西资本技术密集型产品出口比重增长趋势并不明显，且出口的资本技术密集型产品其资本、技术含量不高。广西出口的部分高技术、机电产品按 SITC 分类可归入资本技术密集型产品，但其实自有技术和资本的含量并不高，很多关键零部件和技术核心都不是自主研发，这样生产出口的相关产品后续发展优势不强。广西的机电产品和高新技术产品主要出口地是越南等东南亚国家，随着这些市场需求的饱和，广西的相关产品出口会受到挑战。出口优势不具有可持续性，即会导致对第二产业甚至是产业结构变动没有持续性的提升拉动力。

进口商品结构的变化对产业结构的冲击影响开始为零，负向作用力加强，在第二期表现最为明显，其后负向影响逐渐减弱。这说明广西进口商品结构变动对产业结构变动的影响为负。由前文分析可知，广西劳动密集型产品进口下降与第二产业相关的劳动密集型产品生产存在反应时滞。资源密集型产品进口对第二产业生产的促进作用不明显。

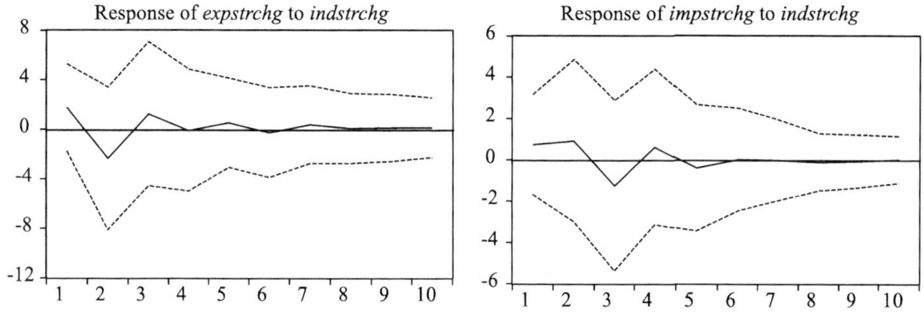

图 4-3 广西产业结构变化的冲击对进出口商品结构变化的脉冲响应

由图 4-3 可知，产业结构的变化对出口商品结构的冲击影响一开始为正，在第二期降为负值，随后爬升再下降，直至为零。由前文分析可知，广西产业结构变化主要在于第一产业比重的下降和第二产业的增速和比重的增加，出口商品结构变化主要在于资源密集型产品出口比重的下降和劳动密集型产品出口比重的持续上升。第二产业产量的增加，在一定程度上促使了广西劳动密集型产品的出口，所以本期冲击影响为正。随着第二产业劳动密集型工业的进一步发展，在出口商品结构中，资本技术密集型产品出口情况并没有得到较好改善，产业结构调整拉动出口商品结构向好的方向变化的力量减弱。如统计数据显示，虽然广西资本技术密集型产品的出口量在上升，但是占总出口比重时高时低，从而导致了长时期内广西产业结构变动对出口商品结构调整的作用微弱。

本期产业结构的变化对进口商品结构的冲击影响一开始为正，随后还有小幅上升趋势，在第二期到达峰值后下降，第三期冲击影响为负，随后攀升，第六期之后下降为零。广西进口商品结构变化是由劳动密集型产品进口比重下降和资源密集型产品比重上升引起的；产业结构变化是由第一产业比重下降和第二产业增速上升引起的。第二产业生产规模的扩大，会直接导致区内资源需求的紧缺，对资源密集型产品会产生较大的进口需求，即使劳动密集型产品进口比重下降也较快，但多少可以进行一定程度的平衡。第二产业生产规模的进一步扩大所带动的资源密集型进口增多是进口商品结构变化的重要原因。

2. *方差分解*

利用方差分解可以看出每个因素对某一指标变化的贡献，表 4-9 是方差分解的结果。

表 4-9　VAR 型方差分解结果

Variance Decomposition of *indstrchg*:				
Period	S. E.	*indstrchg*	*expstrchg*	*impstrchg*
1	0. 183035	100	0	0
2	0. 270209	49. 48024	41. 16837	9. 351387
3	0. 305264	38. 851	50. 24854	10. 90046
4	0. 325517	34. 18372	52. 75071	13. 06557
5	0. 345107	30. 63601	55. 38662	13. 97738
6	0. 363526	27. 62411	58. 14562	14. 23027
7	0. 378688	25. 51411	59. 3812	15. 10469
8	0. 392522	23. 76498	60. 76669	15. 46833
9	0. 404322	22. 44319	61. 83874	15. 71807
10	0. 415018	21. 32142	62. 59803	16. 08054
Variance Decomposition of *expstrchg*:				
Period	S. E.	*indstrchg*	*expstrchg*	*impstrchg*
1	5. 944305	8. 6729	91. 3271	0
2	7. 49257	15. 4244	72. 61849	11. 95711
3	7. 923179	16. 22539	68. 23999	15. 53462

续表

4	8.425637	14.3581	71.87379	13.76811
5	8.762383	13.66686	70.37516	15.95798
6	9.150732	12.60702	70.91977	16.47321
7	9.409866	12.09998	71.75905	16.14096
8	9.648799	11.51679	71.59069	16.89253
9	9.879728	11.00282	71.98191	17.01527
10	10.07131	10.6115	72.36913	17.01937

Variance Decomposition of *impstrchg*:

Period	S. E.	*indstrchg*	*expstrchg*	*impstrchg*
1	4.055111	3.31749	26.51135	70.17116
2	5.044941	5.425384	42.34442	52.2302
3	5.346431	10.36345	38.91716	50.71939
4	5.605341	10.60306	40.83954	48.55739
5	5.757204	10.517	43.21162	46.27138
6	5.848417	10.19249	42.55324	47.25427
7	5.941255	9.877169	43.79896	46.32387
8	6.006185	9.702495	44.91161	45.38589
9	6.066077	9.524757	44.98287	45.49238
10	6.128981	9.330263	45.8304	44.83933

Cholesky Ordering: *indstrchg* *expstrchg* *impstrchg*

上述方差分解的结果表明:

第一，在第一期，广西产业结构的变化完全来源于自身，进出口商品结构对其无影响。从第二期开始，出口商品结构的贡献为41.17%，进口商品结构的贡献仅为9.35%。从2~10期数据来看，出口商品结构变化对产业结构变化的贡献均大于进口商品结构的贡献，出口商品结构的贡献逐年上升，进口商品结构的贡献保持在14%左右。

第二，出口商品结构的标准差91.32%~72.37%的绝大部分都被自身承载，并且持续到第10期仍然起到主要作用；产业结构的贡献较小，最高也不到20%，且影响力逐年下降。进口商品结构的变化对其贡献居第二位，进口商品结构变动对出口商品结构变动的影响逐年上升，最高也不到18%，这说明广西出口部门和进口部门的互动性还需加强。

第三，广西进口商品结构变动在第1~9期对其自身的贡献最大，其次是出口商品结构变化的贡献。产业结构的贡献度基本是在11%以下，说明产业结构的变动对进口结构变动的影响很小。因为广西进口的资源密集型产品直接用于消费，而资本技术密集型产品的进口也没有起到技术外溢作用，对出口的资本技术密集型产品生产没有产生相关影响。所以，进口商品结构变化对出口商品结构的变化没有起到太大影响。而出口商品种类的变化会直接改变广西的市场供给状况。例如，低档的资本技术密集型产品出口到越南，使广西自身对中高档的资本技术密集型产品产生更大的进口需求，相对来说会在更大程度上影响广西进口商品的结构变动。

4.3 本章小结

总体来看，广西进出口商品结构是不断优化的，工业制成品比较优势逐年增强，按照贸易四阶段理论，广西对外贸易商品结构进入了新兴工业化成熟期。广西产业结构总体上也在不断优化升级，广西工业化水平已经迈入了中级阶段。

本章分为两大部分，第一部分采用广西资本技术密集型产品的出口和进口额比重作为广西对外贸易商品结构变化的指标，用工业增加值占全区生产总值的比重作为广西产业结构变化的指标，直观分析了广西进出口商品结构和产业结构的关系。研究发现，广西出口商品结构在分析年间基本落后错位于产业结构发展，进口商品结构的落后错位现象更为严重。究其原因，主要在于以下七点：第一，虽然资本技术密集型产业为广西支柱性产业，但是其产品出口竞争优势较低；第二，主要进口资源密集型产品，投入主导产业生产；第三，出口商品结构优化缓慢；第四，国家及广西对外贸易和产业政策的影响；第五，对外贸易商品结构和产业结构的发展节奏不一致；第六，产业结构刚性抑制了贸易结构升级；第七，判断标准的局限性。

第二部分通过构建结构变化分析指标，对广西产业结构、出口和进口商品结构变动的时间序列进行 ADF 单位根检验，结果均为平稳且具有协整关系。回归后发现，三者关系较弱。广西产业结构变化不是进出口商品结构变化的格兰杰原因，在滞后 1 阶和 2 阶的情况下，进出口商品结构变化也不是产业结构变化的格兰杰原因。运用脉冲响应函数分析发现，广西出口商品结构变动对产业结构的冲击影响为正，进口商品结构变动对产业结构的冲击影响为负。产业结构变动对进出口商品结构变动的影响较小。通过方差分解得出：广西产业结构的变化更多是来自自身和出口产业结构的贡献；出口商品结构的变化主要来自自身的贡献；而进口商品结构的变化受出口商品结构和自身的影响较大。

5 广西对外贸易商品结构与产业结构相互影响分析

从第 4 章的单项数据来看，广西产业结构、出口商品结构和进口商品结构的变化效应在分析年间基本为正。产业结构变化主要受第二产业较快的增长速度和在三次产业中比重不断攀升的影响。在出口商品结构变化中，初级产品出口比重不断下降，增速基本为正；劳动密集型产品出口比重在波动中上升，增速为正；资本技术密集型产品出口增速在有的分析年份为负，比重增加不明显。在进口商品结构变化中，初级产品进口占比较大；劳动密集型产品进口占比很小，且呈下降趋势；资本技术密集型产品的进口比重波动性较大。初级产品的大幅进口抵消了前两类产品增速下降的影响，对广西进口商品结构的变化起到了决定性作用。总体来看，广西产业结构变化均不是对外贸易商品结构变化的格兰杰原因，进口商品结构变化也不是产业结构变化的格兰杰原因，只有在滞后 3 阶的时候，出口商品结构变化才是产业结构变化的格兰杰原因。广西出口商品结构变化受其自身影响较大，进出口商品结构变化受产业结构的影响均比较小。从产业结构变化来看，出口商品结构变动对其产生的影响比进口商品结构变动的影响稍高。本章将具体研究广西三次产业发展对分类商品进出口结构变化以及分类商品进出口对三次产业结构变化的影响。

5.1 模型设置与数据来源

H·钱纳里和 M·赛尔昆在著作《发展的型式：1950—1970》一书中提

出半对数回归方程，用来分析对一国经济机构产生影响的各种因素：

$$X = C + C_1\ln y + C_2(\ln y)^2 + C_3\ln N + C_4(\ln N)^2 + C_5F + C_6T \quad (5-1)$$

其中，X 是用比重表示的经济结构，y 是人均收入，N 是总人口，F 是净资本流入，T 是时间。钱纳里和赛尔昆提出：影响一国经济结构变化的主要因素是人均收入和总人口数量，这两个变量分别代表人均收入水平的提高和一国市场规模，净资本流入反映该国与外部环境的资源流通。

上述方程是研究经济变量结构变化所采用的一般形式，可以根据具体分析对方程进行变化处理。本书在式（5-1）的基础上，参照杨全发（1999）的建模思想，以广西三大类产品进出口额占比作为因变量，以三次产业增加值为自变量构造回归方程，研究广西三次产业发展对三大分类商品进出口结构变化的影响，具体的回归方程见式（5-2）、式（5-3）、式（5-4）和式（5-8）、式（5-9）、式（5-10）。为研究广西分类商品进出口结构对三次产业结构变化的影响，同样在杨全发模型设置的基础上进行调整，具体的回归方程如式（5-14）、式（5-15）、式（5-16）、式（5-17）、式（5-18）、式（5-19）所示。

限于广西三大类商品贸易数据的可获得性，本章的研究时段为2004—2017年。由于广西没有对三大类产品的进出口额进行专门统计，为了分析的需要，在广西历年主要进出口商品额数据的基础上，按照SITC分类法自行统计出三大类商品在广西进、出口总额中的占比。① 广西主要商品的进出口金额来源于广西壮族自治区统计局和南宁海关。广西三次产业增加值及其各自占地区GDP的比重均来自历年《广西统计年鉴》。

---

① 广西统计局2004年后对主要进出口商品数量及金额进行了统计，但是个别年份存在个别主要商品进出口额缺失的问题，鉴于此，本章进行数据分析的年份为2005—2012年。笔者把广西主要进出口商品按照SITC分为三大类，分别计算出三大类产品当年在广西主要商品进出口总额中的占比。广西主要进出口商品进出口额在其进出口总额中占有相当大的比重，以此分类得到的研究结果能够在一定程度上反映广西经贸现实问题。

5.2 广西三次产业影响进出口商品结构变化分析

5.2.1 三次产业对出口商品结构变化的影响

本节主要研究的是三次产业对广西出口商品结构变动的影响，在自变量的设置上，只考虑广西第一、第二、第三产业的增加值绝对值，不考虑人口、资本、时间等因素，建立以下回归方程：

$$EES = C_{10} + C_{11}\ln Y_1 + C_{12}\ln Y_2 + C_{13}\ln Y_3 \quad (5-2)$$

$$LES = C_{20} + C_{21}\ln Y_1 + C_{22}\ln Y_2 + C_{23}\ln Y_3 \quad (5-3)$$

$$CES = C_{30} + C_{31}\ln Y_1 + C_{32}\ln Y_2 + C_{33}\ln Y_3 \quad (5-4)$$

其中，EES、LES、CES 分别代表 2004—2017 年广西资源密集型、劳动密集型、资本技术密集型产品的出口额占比（%）；Y_1、Y_2、Y_3 分别代表广西一、二、三次产业增加值（亿元）。

用 Eviews9. 0 做回归，得到回归方程如下：

$$EES = 126.34 - 43.03\ln Y_1 + 22.02\ln Y_2 + 3.10\ln Y_3 \quad (5-5)$$

$$LES = 295.44 - 189.70\ln Y_1 + 64.94\ln Y_2 + 76.89\ln Y_3 \quad (5-6)$$

$$CES = -321.78 + 232.72\ln Y_1 - 86.96\ln Y_2 - 79.99\ln Y_3 \quad (5-7)$$

从式（5-5）的回归结果来看，广西第一产业系数为负，说明第一产业的发展并没有促进广西资源密集型（初级）产品的出口比重提高。第一产业为农林牧渔业，广西历年出口金额较大的初级产品为水海产品、蔬菜、鲜/干水果及坚果、中药材及中式成药等。2017 年，这四种初级产品出口金额分别为 27572 万美元、69772 万美元、36643 万美元、10620 万美元。而广西主要生产的农产品有水稻、蔗糖、蔬菜、特色水果等。近些年，广西农业科技化发展速度较快，许多农产品新品种和新技术得到国际和国内的认可，如广西培育出的超级稻品种“桂两优二号”、感光型水稻“百优 838”、水稻“丰田优 553”、玉米“桂单 0810”和“桂糖 28 号”糖料蔗等，生产技术均处于国内前列。广西在推进农业发展中发挥重要作用的新品种、新技术还有很多，例如桑蚕育种“化性遗传互补”技术、冷冻胚胎克隆水牛技术等。农业新品种的成功培育，以及标准化栽培、高值化加工等先进适用技术的推广，使广西动植物良种覆盖率达到 90% 以上。广西企业引进了区外如“广 8A”“和两优 1 号”等一批优良品种和育种材料，与国内同行的交流与合作进一步加强，使农业种业创新取得长足进步，良种供种能力显著提高，广西恒茂、桂福园等一批“育繁推一体化”种子企业健康发展。资源密集型产品主要产自第一产业，然而从数据分析上看，广西第一产业的发展并没有有效促进初级产品出口的扩大。原因在于：一方面，广西部分主要农产品对内销售占比较大。虽然广西作为全国最大的糖料蔗生产基地，连续 20 年保持蔗糖产量居全国首位，但是在当前国际贸易背景下，广西糖业发展凸显总体水平不高、发展基础薄弱、糖料蔗生产机械化水平低、生产成本高等问题。虽然近年来自治区政府为了提高糖业发展水平，全面推进 500 万亩糖料蔗示范基地建设，推进糖料蔗经营规模化、种植良种化、生产机械化、水利现代化建设，但是出口竞争优势较低，从统计年鉴数据上难以找到广西蔗糖出口的数据。另一方面，广西农产品的出口市场主要是东盟国家，其产业结构与广西较为相似，如蔬菜和鲜/干水果的出口并非具有很强的出口竞争优势，导致虽然广西农产品产量高，但是对出口的促进作用不高。

广西第二产业对初级产品出口的带动作用为正向，说明第二产业的发展在一定程度上促进了广西初级产品的出口。原因在于：广西第二产业积累的先进技术扩散到第一产业，农用机械技术的改进对于初级产品和生产具有正向促进作用，反映出广西第二产业和第一产业发展具有关联性。广西第二产业中汽车、冶金产业发展很快。2017 年，柳州汽车、钢铁、机械三大支柱产业强劲发力，技术革新为支柱产业的发展提供了动力。广西党委、政府为做大做强做优广西工业，调整优化产业结构，做出实施 14 个千亿元和 4 个战略性新兴产业发展的战略决策。广西在 14 个千亿元产业中建立了以企业为主体、产学研相结合的 23 个产业研发中心，科技部门重点围绕千亿元产业发展，组织实施千亿元产业“350 重大科技攻关计划”工程，取得了一批国内领先水平的重大成果。冶金、汽车行业的发展对广西第一产业发展起到拉动作用。

第三产业系数为正。究其原因，与广西第三产业中的交通运输、物流的发展有关。无论是水路还是公路，广西都有直通东盟国家的通道。这些基础设施的建设发展为广西初级产品出口奠定了基础。广西初级产品主要出口地是东南亚国家，初级产品主要从广西崇左陆路出口、防城港水路出口。随着“一带一路”建设和广西与东盟各国经贸关系越来越密切，广西出省出海出边的交通枢纽也更为便捷。2012 年 8 月，南宁至河内的直达公路运输线路开始投入使用，这一运输线路全程 381 公里，车辆运行约 7 个半小时（包括通关时间），途经中国凭祥、友谊关口岸，以及越南谅山、北江、北宁等地，不在口岸进行接驳，这标志着中越交通运输进入“点到点”“门到门”时代。同年底，钦州至崇左高速公路通行，促使中国与东盟之间的公路运输更为畅通。铁路方面，2012 年底德保至靖西铁路投入使用，广西对接东盟又多了一条铁路干道。随着双边经贸文化的密切交流，铁路成为双边人员、货物往来的重要渠道。广西与东盟不仅陆路相连，而且独具优势的海上交通合作也发展密切。广西钦北防三港口开通了集装箱班轮航线 30 多条，直达越南、曼谷、马来西亚和新加坡。同时，广西直飞东盟国家的空中航线也相继开通，客运服务基本覆盖了东南亚，货运服务也将后续展开。2017 年，首趟“渝桂新（重庆—钦州）”南向通道试运行班列开行，班列从重庆出发，运行近 48 小时，顺利抵达广西钦州港东站。在港口完成通关手续后，货物下水出海，前往新加坡。至此，“渝桂新”南向通道试运行班列成功完成上下对开，标志着“渝桂新”铁海联运大通道实现双向贯通。通过“渝桂新”线路，货物从重庆到北部湾，再由海运到达东南亚及全球，较之江海联运模式，可缩短 20 天以上的运输时间。“渝桂新”向北连接丝绸之路经济带，向南连接21世纪海上丝绸之路和中南半岛，将形成“一带一路”经西部地区的完整环线和陆海贸易新通道，对广西融入“一带一路”建设、深化与新加坡交流合作意义重大。只有交通便利了，国际物流才有发展的基础，进而广西的优质初级产品出口才会得到进一步发展。所以，广西第三产业的发展对初级产品出口具有促进作用，回归系数为3.10。

从式（5-6）可知，由于系数为负，广西第一产业的发展没有促使劳动密集型产品的出口比重提高。广西第一产业的发展除了主要依靠自然资源和气候外，劳动力也是很重要的生产资源。劳动密集型产品的生产主要依赖于劳动力的数量和质量。随着广西经济的发展，劳动力资源在总量上就会出现稀缺，加之劳动力向第三产业转移，第二产业和第一产业对劳动力的争夺会越来越激烈。

第二产业系数为正，说明第二产业特别是轻工业的发展促进了劳动密集型产品出口比重的提高。劳动密集型产品主要产自第二产业中的工业，就广西来说，主要产自轻工业。2017年广西轻工业的生产总值达到7817.23亿元，为初级产品的出口提供了来源。广西主要出口的劳动密集型产品有纺织纱线、织物及制品，家具及其零件，服装及衣着附件等，2017年的出口金额在工业制成品中占比较大，分别为250047万美元、14324万美元和274048万美元。凭祥、梧州是出口纺织品、服装的主要口岸。凭祥与越南接壤，利用其地理优势，纺织品边境贸易很活跃。对越南的边贸可以直接采用人民币结算，规避了越南盾贬值的汇率风险。梧州企业充分利用地方政府及各相关部门给予企业承接东部产业转移等政策扶持，例如地方政府给出了土地、水电等方面的优惠。相对于沿海发达城市而言，梧州地区人力资源成本较为低廉，工人流失率较低，从而使梧州的服装生产企业具有了一定的比较优势。广西的纺织纱线、织物及制品、服装等主要出口越南、老挝、泰国等地，也有由东盟国家转口至欧美等国。但是随着越南、印度纺织品出口规模的扩大，广西相关产品的出口必定会受到抑制。

第三产业系数为正，说明广西第三产业的发展对劳动密集型产品的出口也具有促进作用。第三产业中金融业的发展对劳动密集型产品出口的资金支持效用显现。中小企业是广西经济的“蓄金池”，是创新创业的中坚力量，数量占广西企业的99%，在社会就业、创造社会财富等方面发挥了极其重要的作用。广西财政联合金融机构支持中小企业贷款。2017—2018 年，自治区财政共注入财政资金 2 亿元，利用广西金融投资集团融资担保增信平台、广西中小企业信用担保有限公司，建立新兴产业企业融资“绿色通道”，适当放宽担保准入及审核条件，执行费率优惠，为新兴产业企业提供融资担保服务。此外，广西还支持中小企业直接融资。给予中小企业债券融资贴息，出台贴息政策，对成功参与发行集合票据和集合债券的中小企业，由自治区财政按各企业实际发行金额的 1.5%分别给予一次性贴息补助。现阶段，随着广西教育质量的提升，劳动力素质不断提高，有利于劳动密集型产品的生产和出口。2017 年，广西研究生教育招生 1.1 万人，在校研究生 2.94 万人，毕业生 0.9 万人。普通高等教育招生 27.99 万人，在校生 86.67 万人，毕业生 21.07 万人。各类中等职业教育（不含技工）招生 25.28 万人，在校生 68.68 万人，毕业生 19.97 万人。普通初中招生九年义务教育巩固率为 94%，高中阶段毛入学率为 88.5%。从数据上看，广西接受高等教育的人数较往年增多。

从式（5-7）可以看出，广西第一产业对资本技术密集型产品出口具有促进作用，广西第一产业产品可能为资本技术密集型产业生产提供了要素来源。例如，广西的中药材种类丰富，为广西制药业的发展提供了很好的原材料。广西药业中的金嗓子喉宝、桂林西瓜霜、百年乐、湿毒清等知名品牌在国内和国外销量都很好。广西是全国银杏产量最高的省（区），这为广西生产银杏叶片等中成药提供了丰富的原料。广西贵港高铁三水铝土矿矿床是我国现知最大的三水铝土矿矿床，这种新型矿产资源为资本技术密集型产业的发展起到很好的带动作用。广西的锰矿资源也比较丰富，为开发代森锰、氮化锰、锰酸锂、电子级四氧化三锰、软磁铁氧体磁芯等锰系列深加工产品提供了原料支持，拓宽了锰业产业链条，扩大了电解金属锰、电解二氧化锰产量和能力，从而进一步开发无汞碱锰电池、锂锰二次电池等高新产品。除了锰矿，广西的铝矿资源也很丰富，这些矿产资源直接投入资本技术密集型产业生产。

第二产业系数为负。资本技术密集型产品主要产自第二产业，但是第二产业的发展却没有促进资本技术密集型产品出口比重的提高，这是个值得深思的问题。这从侧面反映出广西高速发展的第二产业并没有对出口部门产生较为有利的影响。第二产业的发展还是主要以发展重工业为主，例如钢铁、冶金等。广西支柱产业——汽车行业确实推进了汽车相关产品的出口量的增加，但是力量是微弱的。资本技术密集型产品的出口发展速度和生产速度不成比例。

第三产业系数为负，这同样说明广西第三产业中的部分行业，例如教育业发展没有为资本技术密集型产品的生产提供足够的高级人才储备。广西高等院校相对较少，211 院校就只有广西大学一所，其工学、理学类专业设置也较少。与国内其他省（区、市）相比，广西教育水平存在一定差别，很多的高科技人才需要从区外甚至国外引进，高水平人才资源的匮乏严重限制了广西资本技术密集型产品的出口比重。另外，资本技术密集型产品生产需要资金支持，广西金融业对相关研发企业的资金、政策支持不到位，严重阻碍了广西资本技术密集型产品出口比重的提升。

5.2.2　三次产业对进口商品结构变化的影响

为研究三次产业对广西进口商品结构变动的影响，建立以下回归方程：

$$EMS = C_{10} + C_{11}\ln Y_1 + C_{12}\ln Y_2 + C_{13}\ln Y_3 \tag{5-8}$$

$$LMS = C_{20} + C_{21}\ln Y_1 + C_{22}\ln Y_2 + C_{23}\ln Y_3 \tag{5-9}$$

$$CMS = C_{30} + C_{31}\ln Y_1 + C_{32}\ln Y_2 + C_{33}\ln Y_3 \tag{5-10}$$

其中，EMS 、LMS 、CMS 分别代表 2004—2017 年广西资源密集型产品、劳动密集型产品、资本技术密集型产品的进口比重（%）；Y_1，Y_2，Y_3 分别代表广西

一、二、三次产业增加值（亿元）。

用 Eviews9.0 做回归，得到回归方程如下：

$$EMS = 240.54 - 43.28\ln Y_1 + 68.92\ln Y_2 - 49.88\ln Y_3 \quad (5-11)$$

$$LMS = 9.64 - 2.92\ln Y_1 - 2.21\ln Y_2 + 3.95\ln Y_3 \quad (5-12)$$

$$CMS = -150.18 + 46.20\ln Y_1 - 66.71\ln Y_2 + 25.94\ln Y_3 \quad (5-13)$$

由式（5-11）可以看出，广西第一产业系数为负，第一产业并没有促进初级产品的进口比重的提高。由上文分析同样得到，广西第一产业的发展也没有促进初级产品出口比重的提高，这说明广西第一产业的发展与初级产品的进出口关联性不强。广西第一产业生产的主要产品是蔬菜、水果、粮食、甘蔗等，而进口的主要产品是大豆、天然橡胶和合成橡胶、食用植物油等，进口产品和广西具有生产优势的农产品具有互补性。东兴口岸海关优化监管流程、提高通关效率，为企业创造了优良的通关环境，降低了企业的通关成本，从而使广西的橡胶进口成为大头。此外，广西每年从美国、巴西等国进口大豆的金额也很大。2017 年，广西进口大豆 407899 万美元，比上年增长了近 1 倍。广西大豆进口持续增长的主要原因在于：首先，由于国内居民消费水平的不断提高、畜禽产品以及食用油消费需求的增加，为大豆进口数量的增加提供了需求基础；其次，养殖饲料行业对豆粕需求总量的稳步提高以及对国内库存的补充，成为推动广西大豆进口增长的重要原因。除了这几种代表性商品外，广西对农产品的进口量较小，且随着广西第一产业的发展，能够扩大农产品的产量，更大程度地满足消费需求，对进口的需求相对缩小。

第二产业系数为正，说明第二产业的发展促进了初级产品进口的比重。广西对鲜/干水果及坚果的进口自 2009 年以后逐年上升，一方面得益于国内消费需求的增加，另一方面也得益于广西保鲜剂深加工技术的提升。

第三产业系数为负，表明第三产业的交通运输、仓储业、金融业等行业为初级产品进口提供物流和资金的支持力度不够。

由式（5-12）可以看出，广西第一产业对劳动密集型产品进口的作用为负。农业科技化的发展能够节省广西对第一产业劳动力资源的投入，第一产业的剩余劳动力可以转移到第二产业，为生产劳动密集型产品提供人力资源。广西武鸣、玉林、河池等地加快农业机械化进程，不断加快农业的规模化、科技化、专业化进程。加强农产品生产基地建设，使优势农业上规模、上档次，改变以往小而全、小而散的小农经济模式。另外，通过农业科技技术的推广，部分蔬菜项目落实了无公害生产，达到减轻劳动强度和节本增效的目的。对于一些龙头企业，实行以“公司+农户”为主要经营形式的产业化道路。政府还制定了激励措施，拿出一部分资金，为群众免费机耕，从而激发了农民的种植积极性。随着广西劳动密集型行业的进一步发展，对劳动密集型产品的进口需求本身也会进一步萎缩。

第二产业系数为负，说明广西第二产业的发展没有很好地促进劳动密集型产品进口比重的提高。广西第二产业特别是轻工业的发展，会提高我国劳动密集型产品的产量，对国外相应劳动密集型产品的需求减少，特别是服装、鞋子等具有生产优势的商品进口减少。

第三产业的发展系数为正，交通运输、金融业的逐渐发达，以及日渐良好的营商环境为广西劳动密集型产品的进口提供了支持。

由式（5-13）可知，广西第一产业发展促进了资本技术密集型产品进口比重的提高。广西的农业科技化、规模化进程在加快，因此需要更加高水平、能够实现科技化作业的农业工具。虽然广西农业科技水平在进步，但是相比较国内其他省（市、区）还存在差距。资本技术密集型农机产品的进口可以满足广西农业科技化的需要。

第二产业系数为负，说明广西第二产业的发展没有促进广西资本技术密集型产品进口比重的提高。广西部分资本技术密集型产品如自动数据处理设备及其部件、金属加工机床等产品的出口量和出口金额比进口量和进口金额大很多。2017 年，广西自动数据处理设备及其部件进口 31438 万美元、金属加工机床进口 6375 万美元。从出口数据上看，自动数据处理及其部件出口 131978 万美元，金属加工机床出口 6479 万美元。广西生产的资本技术密集型产品附加价值相对较低，而进口的资本技术密集型产品附加价值相对较高，两者关联性较弱。

第三产业系数为正，说明第三产业的发展带动了资本技术密集型产品的进口。广西金融业的发展为生产、制造企业进口资本技术密集型产品提供了资金支持。教育业、交通运输业的发展也扩大了资本技术密集型产品的进口，为进口科技转化、提升提供了条件。

5.3 广西进出口商品结构影响产业结构变化分析

5.3.1 分类商品进出口结构对第一产业比重变化的影响

对杨全发的模型进行修改，建立具体回归方程如下：

$$Y_1S = C_{10} + C_{11}\ln EE + C_{12}\ln LE + C_{13}\ln CE \tag{5-14}$$

$$Y_1S = C_{10} + C_{11}\ln EM + C_{12}\ln LM + C_{13}\ln CM \tag{5-15}$$

其中，Y_1S 表示广西第一产业增加值占广西 GDP 的比重；EE 、LE 、CE 分别表示资源密集型（初级）产品、劳动密集型产品和资本技术密集型产品的出口额（万美元）；EM 、LM 和 CM 分别表示资源密集型（初级）产品、劳动密集型产品和资本技术密集型产品的进口额（万美元），式（5-16）、式（5-17）、式（5-18）、式（5-19）中的变量含义相同。根据广西 2004—2017 年的统计数据，用 Eviews 9.0 对上述方程做回归，回归系数见表 5-1。

表 5-1　广西进出口结构对第一产业比重变化的影响

自变量	因变量	
	Y_1S	
C	64.03	68.03
lnEE	-2.48	
lnLE	-1.03	
lnCE	-0.42	
lnEM		-0.82
lnLM		-2.08
lnCM		-1.89

注：数据由 Eviews9.0 统计得出。表中第一行为被解释变量，第一列为解释变量，第二列数据对应式（5-14）解释变量前的回归系数，第三列数据对应式（5-15）的系数。

由表 5-1 可知，广西初级产品出口与第一产业比重变化具有相关性。一般来讲，一国或地区第一产业生产的产品如果在国际市场上具有竞争优势，必然会扩大出口，出口量的增加会进一步促进第一产业的发展。但是，广西初级产品出口的增加对第一产业比重变化不但没有正向提升作用，反而会导致第一产业比重的下降。这从侧面说明广西出口的初级产品国际竞争力不强，其生产存在萎缩的情况。广西历年出口的初级产品主要是鲜/干水果及坚果、蔬菜等农产品，出口地为美国、东盟、中国香港和中国澳门。[①] 广西与东盟邻国同属亚热带气候，农产品生产结构具有一定相似性。[②] 广西出口的水果、大米等农产品相比东盟其他国家，价格、质量优势并不明显。初级产品出口系数为负，反映了广西第一产业出口部门与非出口部门的联系不深，产业链短。例如，广西的铝矿储藏量高，但出口较多的为铝锭等附加值低的产品，深加工产品出口较少。近年来，由于产业结构调整的需要，广西第一产业比重的下降速度快于初级产品出口的下降速度。第一产业

① 樊端成．从农产品市场结构变迁看贸易结构优化：建国 60 年广西农业结构演变与展望［J］．市场论坛，2011（2）：11.

② 杨克斯，李梅，陶振华，等．中国—东盟自由贸易区框架下广西产业发展与结构调整［J］．广西大学学报（哲学社会科学版），2008（2）：3.

增加值占比从 2004 年的 23. 8%下降至 2017 年的 14. 2%，初级产品出口占广西总出口的比重由 2004 年的 20. 1%下降至 2017 年的 11. 7%。劳动密集型产品出口系数为负，表明劳动密集型产品出口对广西第一产业的发展不具有促进作用。广西劳动密集型产品出口较多的是服装、家具、藤编制品等，主要投入的生产要素是劳动，而非第一产业生产的资源类产品。资本技术密集型产品的出口系数也为负，表明其对第一产业没起到正向拉动作用。资本技术密集型产品的生产需要资金和技术的支持，以第二产业和第三产业为依托，虽然在制造过程中会使用到部分第一产业的资源，但是使用量较少。再者，虽然广西近些年资本技术密集型产品出口有所扩大，但是相比较其他发达省份还存在较大差距。

三大类产品的进口系数均为负，表明广西进口部门对第一产业的发展基本上不存在正向促进作用。初级产品的进口与广西第一产业生产会产生竞争效应。劳动密集型产品进口用于直接消费。资本技术密集型产品进口挤占了第一产业的资金支持，且没有很好地发挥技术外溢作用，科技对第一产业的作用不大。广西第一产业特别是农业，虽然进行了科技化改革，但是改革不够深入，由于山地环境的限制，广西农业生产仍然主要依靠人力耕作，大面积的机械化作业难以推广。

5. 3. 2　分类商品进出口结构对第二产业比重变化的影响

分类商品进出口结构对广西第二产业比重变化的回归方程如下设置：

$$Y_2S = C_{10} + C_{11}\ln EE + C_{12}\ln LE + C_{13}\ln CE \quad (5\text{-}16)$$

$$Y_2S = C_{10} + C_{11}\ln EM + C_{12}\ln LM + C_{13}\ln CM \quad (5\text{-}17)$$

其中，Y_2S 表示广西第二产业增加值占广西 GDP 的比重。根据广西 2004—2017 年的数据，用 Eviews 9. 0 对上述方程做回归，回归系数见表 5-2。

表 5-2 广西进出口结构对第二产业比重变化的影响

自变量	因变量	
	Y_2S	
C	-21.48	-19.82
lnEE	8.84	
lnLE	-4.11	
lnCE	1.48	
lnEM		3.08
lnLM		3.59
lnCM		-0.73

由表 5-2 的回归结果可知，在第二产业比重变化的方程中，初级产品和资本技术密集型产品出口能带动第二产业比重的增加。这是因为广西企业出口初级产品和资本技术密集型产品得到的外汇可用于进口第二产业生产所需的原材料、技术和中间产品，促使了第二产业产出的增加。虽然广西的资本技术密集型产品出口金额呈上升状态，但是出口比重一直较小，且国际竞争力不强。广西在高技术产业中表现较为突出的电子及通信设备制造业等产业规模在全国仍处于中下水平。机电及高技术产品出口市场主要面向比中国经济更为落后的国家和地区。广西生产的汽车、手用或机用工具主要出口越南等东南亚国家。随着“一带一路”国际合作和国外市场对广西资本技术密集型产品附加价值需求的增加，以商品出口带动技术改进取得一定成效，资本技术密集型产品的出口对改善广西第二产业产品生产结构具有正向意义。劳动密集型产品增速减缓，总量上处于下降趋势，进口国市场对广西出口的劳动密集型产品技术需求度不高，导致该类产品生产部门进行技术改进的动力不足，生产技术更新缓慢，以至于对第二产业没起到促进作用。

三大类产品中初级产品和劳动密集型产品的进口系数均为正，表明这两大类产品出口对第二产业的比重上升存在拉动作用。广西进口的初级产品，如天然橡胶，主要用于第二产业轮胎的制造，为广西汽车产业提供了原材料；大豆主要用于生产食用油等；从东南亚国家进口的原木、纸浆主要用于第二产业中家具和造纸的生产，进口量越大，越能够促进相关产业的发展；进口的铁矿砂及其精矿、锰矿砂及其精矿主要用于广西钢铁行业的生产；广西的煤炭产量低、煤质差，每年都要从澳大利亚、越南等地进口大量的煤用于冶金等重工业的发展。劳动密集型产品，如合成纤维纱线等进口的增加为广西纺织业、服装业的发展提供了原料。从回归结果上看，资本技术密集型产品的进口对第二产业比重的上升没有起到促进作用，主要因为进口的资本技术密集型产品在产业内产生的技术外溢和技术改进的作用不强。

5.3.3 分类商品进出口结构对第三产业比重变化的影响

三大类商品贸易对广西第三产业比重变化的回归方程设置如下：

$$Y_3S = C_{10} + C_{11}\ln EE + C_{12}\ln LE + C_{13}\ln CE \qquad (5-18)$$

$$Y_3S = C_{10} + C_{11}\ln EM + C_{12}\ln LM + C_{13}\ln CM \qquad (5-19)$$

其中，Y_3S 表示广西第三产业增加值占广西 GDP 的比重。根据广西 2004—2017 年的数据，用 Eviews 9.0 对上述方程做回归，回归系数见表 5-3。

表 5-3 广西进出口结构对第三产业比重变化的影响

自变量	因变量	
	Y_3S	
C	57.66	52.04
$\ln EE$	-6.39	
$\ln LE$	5.16	
$\ln CE$	-1.06	
$\ln EM$		-2.27
$\ln LM$		-1.58
$\ln CM$		2.65

由表 5-3 的回归结果可知，资源密集型产品出口对广西第三产业发展没

有起到促进作用，而该类产品进口对第三产业发展也没有促进作用。因为资源类产品出口对于广西来说较为稳定。广西进口的大量鲜/干水果、蔬菜等并不完全在广西消化，很多只是由广西口岸进口，之后销往国内各地。在此情况下，对广西物流、运输的要求就没有那么高。劳动密集型产品的出口回归系数为正，进口回归系数均为负，说明该类产品出口对广西第三产业的发展产生正向促进作用。劳动密集型产品从统计数据上看，出口金额逐年呈上升趋势，大量的产品出口对包装、交通运输、资金支持的要求较高，会带动第三产业中相关行业的发展。资本技术密集型产品进口对第三产业的系数为正，说明资本技术密集型产品对第三产业有很大的正向促进作用，这一类产品生产需要大量的资金和技术支持，这无疑会促使广西金融业、教育产业的发展。但是从总体来看，广西进出口商品贸易与第三产业比重变化的关联性并不太强，笔者认为主要原因在于以下三个方面。

第一，广西第三产业基础薄弱，对货物贸易的支持力度不够。虽然2004—2017年广西第三产业占全区GDP的比重都在40%上下水平，与发达地区相比存在的差距较大。第三产业中与货物贸易联系较密切的项目，如国际运输、国际金融服务（主要是贸易结算服务）等发展缓慢，这不仅影响了第三产业自身的发展，还无法为货物贸易提供良好的配套服务。但是由于广西沿边、沿海、沿江，因此具有发展国际运输业务的区位优势。2012年，中越两国之间开始实施“两议定书”①，这对中越两国间发展国际公路运输无疑是很好的消息。现如今，广西大型运输企业也积极发展与相邻国家的旅客、货物直通，广西公路口岸的出入境货运量也是年年增长。广西发展国际道路运输的前景广阔，但终究是起步太晚。2017年广西货运总量17.47亿吨，而广西国际道路运输对经济的贡献并不大。广西水路有防城港至下龙湾及北海至下龙湾两条航线直通东盟。但是纵观北海港、防城港和钦州港三大海运港

① “两议定书”是指《中华人民共和国政府和越南社会主义共和国政府关于修改中越两国政府汽车运输协定的议定书》和《中华人民共和国政府和越南社会主义共和国政府关于实施中越两国政府汽车运输协定的议定书》。

口，相当大一部分货物的进出口是通过外轮公司完成的，广西的自有交通工具不具备比较优势。

广西对外贸易发展迅速，资金流动较快。近年来，广西金融业虽有一定程度的发展，但仍无法满足货物贸易快速增长的需求。货物贸易、保税物流体系的建立，对广西金融业支付中介、信用中介等功能提出了更为严格的要求。中国—东盟自由贸易区的正式建立，促使广西对离岸金融、航运金融等相关业务的需求增加。跨国贸易，特别是港口贸易伴随大量资金流动，需要金融机构提供一站式的金融服务。广西的金融创新服务功能不强，无法为货物贸易提供结算—融资—投资的一站式金融服务。

第二，广西第三产业与工业的联系不够紧密，对商品出口的带动效应不明显。下面以广西第三产业中的支柱行业——旅游业为例，探讨第三产业对货物贸易的影响。广西旅游资源丰富，得天独厚的旅游资源及南博会、民歌节的召开，为广西旅游业带来了丰厚的经济收益。据广西旅游部门统计，2011 年广西接待游客超 5 亿人次，接待入境过夜游客 512 万人次。广西旅游业发展较快，但是产业链较低，以观光旅游为主体，旅游外延产品单一老化。① 旅游产品多以小工艺品为主，技术含量不高。如果广西旅游业能够加强与轻工业的联系，研究开发出更具广西人文风情的文化产品，形成文化产业链条，那么能更好地发挥旅游业对文化商品的出口带动作用，从而进一步带动广西文化产业的发展。

第三，进口产品资本技术含量低，对广西第三产业发展的促进作用不强。广西进口的制造纸及纸制品用机械、自动数据处理设备及其部件、金属加工机床等资本技术密集型产品，科技含量不高，一般作为生产工具直接投入生产，技术外溢作用不强。加之广西企业对科技的投入严重不足，技术创新内在动力缺乏。政府、企业尚未建立起促进技术进步的机制，这势必会影响广西教育业、科学研究、技术服务等第三产业的发展。

---

① 区路基．南博会对广西旅游业的影响及对策［J］．桂林旅游高等专科学校学报，2004（6）：32.

5.4 本章小结

本章利用广西2004—2017年的经济数据，定量分析了三次产业对进出口商品结构变化的影响以及分类商品进出口对产业结构变化的影响，得出结论如下：

广西第一产业的发展有利于资本技术密集型产品出口比重的提高，但不利于初级产品和劳动密集型产品出口比重的提升；第二和第三产业的发展有利于初级产品和劳动密集型产品的出口，但不利于资本技术密集型产品出口比重的提升。

广西第一产业的发展对资本技术密集型产品进口比重的提高具有正向促进作用，但不利于初级产品、劳动密集型产品进口比重的提高；第二产业的发展可以有效提高初级产品的进口比重，但对劳动密集型和资本技术密集型产品进口比重的提高没有产生积极作用；第三产业的发展能够促进劳动密集型和资本技术密集型产品进口比重的提高，但对初级产品进口比重的提升作用则较为微弱。

广西分类商品进出口对三次产业结构变化产生的影响不尽相同。从研究结果来看，初级产品、劳动密集型产品和资本技术密集型产品出口的增长，均没有带动广西第一产业比重的提高。三大类产品进口增长对第一产业比重的提高也没有产生促进作用。第二产业比重变化与初级产品进出口关联性较强，初级产品进出口对第二产业的比重变化均存在正向拉动作用。劳动密集型产品的进口促进了第二产业的发展，但出口没有发挥促进作用。资本技术密集型产品的出口有效促进了第二产业的发展，但其进口部门与第二产业发展的关联性不强。从广西第三产业的发展来看，只有劳动密集型产品出口和资本技术密集型产品进口对第三产业的发展有利，初级产品进出口、劳动密集型产品进口和资本技术密集型产品出口对其均没有产生正向促进作用。

6 结论及政策建议

本章主要包括两部分内容，第一部分对前3章研究的主要内容和结论进行总结，第二部分基于研究结论提出适合广西发展的政策建议。

6.1 主要结论

6.1.1 理论研究结论

本书研究了广西对外贸易商品结构和产业结构的相互发展关系。第1章和第2章梳理了关于两者关系的国内外文献及两者发展的理论基础。从现有文献和理论中总结发现对外贸易商品结构与产业结构的可能发展状态：从经济的长期发展来看，对外贸易商品结构与产业结构的发展趋势是一致的，即随着一国或地区经济的不断发展，产业结构等级（指第三产业或制造业中的资本技术密集型产业占整个产业产出的比例）越高，对外贸易商品结构特别是出口商品结构会相应改变，即主要出口商品由初级部门转移到工业制成品部门，产业结构升级伴随着贸易结构优化。同时，由于国际产业转移、国际国内供给、需求要素引致的对外贸易商品结构优化又会反过来影响一国或地区的产业结构向高级化方向发展。在短时期内，一国或地区的对外贸易商品结构和产业结构发展可能产生错位。当主要出口商品的层次高于国内主导产业时，对外贸易商品结构超前错位于产业结构；反之，对外贸易商品结构落后错位于产业结构。对外贸易商品结构既可以从改变产品需求和生产要素供给方面影响产业结构，也可以通过技术进口、进口竞争提升产业结构。对外贸易商品结构优化还可能引发新产业的出现，这对产业结构升级也会产生影响。产业结构主要通过产品生产结构、产业竞争力和国际产业转移来影响对外贸易商品结构。

第3章梳理了1990—2017年广西的对外贸易商品结构发展和产业结构变迁，包括分类商品进出口情况和三次产业及三次产业内部的发展情况。根据2004—2017年的统计数据详细分析了广西进出口商品结构与产业结构的发展状态。研究发现，广西的出口商品结构整体落后错位于产业结构的发展，进口商品结构自2004年以后也一直落后错位于产业结构的发展，且偏离较为严重。究其原因，一是广西的资本技术密集型产业虽为支柱性产业，但是生产出来的产品出口竞争优势较弱；二是进口的资源密集型产品占绝大部分比重，出口结构优化缓慢；三是产业结构和对外贸易商品结构的发展存在时滞；四是国家和地区的外贸产业政策影响。

6.1.2 实证研究结论

为进一步探索广西对外贸易商品结构与产业结构的相关性，三次产业发展对进出口贸易结构变化的影响，以及分类商品进出口对产业结构变化的影响，本书第4章和第5章基于广西2004—2017年的经济数据进行实证分析，得出结论如下：

第一，广西产业结构变动、出口商品结构变动和进口商品结构变动的时间序列经过了ADF单位根检验，结果均是平稳且有时间序列，具有一定的协整关系。从回归结果上看，广西出口商品结构变化与产业结构变化效应是较微弱的正向关系，进口商品结构变化与产业结构变化效应是较弱的负向关系。广西产业结构变化在滞后3阶的情况下均不是进出口商品结构变化的格兰杰原因。在滞后1阶和滞后2阶的情况下，进出口商品结构变化也不是产业结构变化的格兰杰原因。用脉冲响应函数分析发现，广西出口商品结构变动对产业结构的冲击影响为正，进口商品结构变动对产业结构的冲击影响为负。产业结构变动对进出口商品结构变动的影响较小。方差分解的结果得出：广西产业结构的变化更多是来自其自身和出口产业结构的贡献。在第 1 期，产业结构和出口商品结构的变化对产业结构变动贡献均超过 40%，随后出口商品结构对产业结构的贡献增大，在第 10 期，贡献高达 62%。广西出口商品结构的变化主要来自其自身的贡献，在第 1~10 期，贡献度均在 70%以上。广西进口商品结构的变化受其自身和出口商品结构的影响较大。在第 1 期，其自身贡献高达 70%，出口商品结构的贡献为 26. 5%。在第 10 期，两者贡献达到均等。

第二，广西三次产业的发展对进出口商品结构的变化具有不同影响。从出口方面来看，广西第一产业的发展有利于资本技术密集型产品出口比重的提高，但不利于初级产品和劳动密集型产品出口比重的提高；第二产业的发展有利于初级产品和劳动密集型产品出口比重的提高，但不利于资本技术密集型产品出口比重的提高；第三产业的发展促进了初级产品和劳动密集型产品出口比重的提高，但对资本技术密集型产品出口比重的提升不利。从进口方面来看，广西第一产业的发展促进了资本技术密集型产品进口比重的提高，但不利于初级产品、劳动密集型产品进口比重的提高；第二产业的发展有利于初级产品进口比重的提高，但不利于劳动密集型和资本技术密集型产品进口比重的提高；第三产业的发展促进了劳动密集型产品和资本技术密集型产品进口比重的提高，但对初级产品进口比重的提升作用不大。

第三，广西分类商品进出口对三次产业结构变化也具有不同影响。从第一产业与广西三大类产品的出口情况来看，广西初级产品、劳动密集型产品和资本技术密集型产品出口的增长，均没有带动第一产业比重的提高，说明这三大类产品出口对第一产业比重上升均没有产生积极影响。三大类产品进口增长也均没有促进第一产业比重的提高。第二产业比重变化与初级产品进出口关联较强，初级产品进出口对第二产业的比重变化均存在正向拉动作用。劳动密集型产品进口促进了第二产业的发展，但其出口没有对第二产业的发展起到促进作用。资本技术密集型产品出口促进了第二产业的发展，但其进口部门与第二产业的发展关联性不强。广西初级产品进出口均没有对第三产业的发展起到促进作用。劳动密集型产品的出口对第三产业的发展起到促进作用，但进口没有。资本技术密集型产业的进口均对广西第三产业的发展有利，而出口没有起到正向促进作用。

6.2 政策建议

产业结构和对外贸易结构的发展息息相关，但从实证分析的结果上看，广西的对外贸易结构与产业结构的关联性不强。究其原因，是由广西产业发展和对外贸易发展错位导致的。

6.2.1 基于广西产业结构特色的外贸政策调整

2006 年至今，广西产业结构呈现出“二三一”的产业结构发展模式。在第一产业内部，农业和牧业占主导地位；在第二产业中，工业占绝大部分比重；第三产业的重要性逐年递增，产业内部发展较为均衡。根据广西的地方特色和产业结构特点发展对外贸易，对外贸结构的优化起到了良好的促进作用。

6.2.1.1 加强与东盟国家优势互补，深化初级产品贸易

广西初级产品出口在出口总额中的占比不高，且呈下降趋势；初级产品进口却逐年递增，占广西进口的比重高达到 80%以上。从初级产品出口种类上看，主要是水海产品、鲜/干水果及坚果、蔬菜、肥料；进口的主要产品为大豆、铁矿砂、锰矿砂、煤等。广西初级产品进口占比远高于出口占比的原因是广西与东南亚国家具有相似的自然条件，在初级产品特别是农产品的生产上具有高度的同质性。随着中国—东盟自由贸易区的深化发展，广西与东盟国家的初级产品同质化竞争会更加激烈，“特色”即成为培养广西初级产品

竞争力的主要考量。[①]

1. 以产业内贸易为基础，培养广西农产品的特色竞争优势

随着广西出口商品结构的优化，初级产品出口比重下降是必然趋势。但是，广西作为农业大省，初级产品出口量的下降速度不会很快，这与现实情况也是吻合的。因此，着力培养广西初级产品的出口竞争优势十分重要。从2017年的贸易数据来看，广西鲜/干水果及坚果的进出口金额都比较高，这属于典型的产业内贸易。产业内贸易要考虑产品的差异化和消费者的不同需求。东南亚国家种植的水果多为热带水果，广西为避免同质竞争，出口可以温带水果为主，比如以柑橘、鲜梨、苹果和橙为主。广西桂北、桂中、桂西南[②]具有生产柑橘、橙的良好地理环境，可加大这类水果的出口。鲜梨和苹果可由国内其他生产地集中到广西口岸出口。随着国内其他省市与东盟国家合作的密切化程度加深，广西口岸特别是凭祥口岸的进出口环境可进一步改善，吸引更多的农产品选择广西口岸进出口。广西的水海产品出口量几乎每年都稳居第一，这相较于东盟国家具有较强的出口竞争优势。因此，广西可利用其优越的生产环境，发展向海经济，有重点地发展名特优新水产品养殖，稳步拓展远洋渔业，加大对虾、优质罗非鱼的养殖[③]，保持住水海产品生产及出口的优势。在扩大水海产品生产的同时，也可注重对水海产品产业链的延伸，进行深化加工，并以此带动相关加工成品的出口。例如罗非鱼罐头制品等，在生产及出口上存在很大的发展空间。

2. 注重初级产品贸易方式的多样化发展，扩大进出口市场

广西初级产品，特别是农产品的主要贸易方式为边境小额贸易，以对越南的边境小额贸易为主。[④] 随着中国—东盟自由贸易区的深化发展，广西边贸

---

① 周明．CAFTA 背景下广西农产品贸易竞争力研究［J］．广东农业科学，2011（13）：180.

② 赵江红．中国—东盟自由贸易区的建设对广西农产品贸易的影响［J］．中国经贸导刊，2010（6）：42.

③ 牟科俭．CAFTA 背景下广西农产品贸易的挑战及对策研究［J］．企业导报，2011（16）：170.

④ 张娟，邓文才．人民币升值对广西农产品贸易的影响探析［J］．中国集体经济，2012（19）：32.

优惠政策的作用不再明显，其他省份可以不借助广西边贸政策，享受新的政策优惠，这将使广西的农产品贸易量缩水。① 因此，广西应改变农产品以边境小额贸易为主的对外贸易方式，加大培养初级产品一般贸易和加工贸易。从贸易国别上看，广西与东盟新成员在初级产品进出口方面的竞争比与东盟老成员的竞争小，广西与东盟的初级产品贸易仍然存在很大的发展空间。在稳定现有贸易市场的基础上，拓展新的贸易市场。例如，广西农产品主要出口至越南，销往欧美等国家的较少。在东盟市场竞争加大的情况下，广西应发挥其地理优势和与东盟国家的人文联系，拓展其他市场。可以选择地理、贸易政策上较为便利、较为先进的东盟国家作为转口地，例如新加坡和马来西亚。新加坡拥有稳定的社会和政治体系、自由公平的贸易政策和环境、良好的对外贸易软硬件设施，且其具有优越的地理位置，经水路可将货物直接运至欧洲、地中海、西亚、南亚等地。广西可加强与新加坡初级产品转口贸易合作，使自身的优势初级产品先进入新加坡，再经转口贸易打开其他国际市场。选择从马来西亚转口，可利用其文化优势拓展市场。马来西亚是伊斯兰国家，具有巨大的消费潜能，进入该国的清真食品如果能够获得认证，则等同于拿到了进入世界其他伊斯兰国家的通行证。

3. 利用会展平台，积极推行广西初级产品技术贸易

中国—东盟博览会永久落户南宁，可利用好会展平台，加强广西与东盟初级产品的贸易往来。围绕中国—东盟博览会，大力开展农产品、农业先进适用技术、农产品加工设备等专题会展活动。利用好中国—东盟农产品贸易合作研讨平台，向东盟及其他国家推广广西的先进农业技术，在农产品有形贸易的基础上发展农产品技术贸易。广西的农业生产技术相比东盟一些国家而言具有比较优势。近些年，广西北海的清洁田园工作取得有效进展，北海利用绿色植保、测土配方施肥、节水灌溉、生态循环等技术，减少了化学农药、传统化肥的施用量，提升了土壤有机质含量，培育出高产稳产农田，有

① 牟科俭 . CAFTA 背景下广西农产品贸易的挑战及对策研究［J］. 企业导报，2011（16）：169.

效减轻了农业面源污染。此外，广西感光型水稻新品种“百优838”的生产技术、桑蚕育种“化性遗传互补”技术、“桂糖28号”糖料甘蔗的培育技术、亚种间克隆水牛和冷冻胚胎克隆水牛等先进技术都值得在东盟国家进行推广。以初级产品货物贸易的发展带动技术贸易的可持续性发展。

6.2.1.2 利用比较优势，适当开展劳动密集型产品贸易

从广西进出口商品结构上看，2004年至今，广西劳动密集型产品出口占比较为稳定，在53%的水平上下波动，劳动密集型产品进口占比则呈下降趋势，且下降速度较快。这说明广西劳动密集型产品的出口竞争优势较为稳定，对该类产品的进口需求在缩小。因此，广西可以继续发挥土地、人力、政策等优势，稳定并适当缩小劳动密集型产品的出口规模，进口规模依据地区发展而定。

1. 在稳定的基础上适当缩小劳动密集型产品出口规模

出口劳动密集型产品的主要动因是创汇和解决区内劳动力就业。广西历年出口的主要劳动密集型产品包括服装、鞋类、纺织纱线、家用陶瓷器皿等，利用的是劳动力成本低的优势。广西生产的劳动密集型产品加工深度、科技含量和附加值并不高①，但其主要的出口市场是比我国消费水平更低的东南亚市场，所以短期内广西劳动密集型产品出口具有一定的竞争力。但是，考虑到可持续发展以及出口市场的拓展，广西劳动密集型产品要在质量和档次上改进；考虑到广西出口商品结构的优化发展，对于劳动密集型产品的出口规模可以适当缩小。在此期间，培养资本技术密集型产品的出口竞争优势，实现出口商品结构的递进式升级。

2. 积极承接“粤港澳大湾区”产业转移，发展加工贸易

中国东部沿海地区经过30多年的发展，土地、劳动力、能源等要素资源的成本逐步上升②，加工贸易发展出现了瓶颈。出于发挥动态比较优势的考

---

① 刘丽，莫玲娜．对广西出口贸易结构的实证分析［J］．商场现代化，2008（12）：220.

② 广西区研究生创新项目组．北部湾经济区港口整合与广西贸易结构优化研究［J］．现代商贸工业，2009（15）：98.

虑，东部地区类似广东、福建甚至香港等地的传统劳动密集型产业开始向中西部地区转移。2019 年，中共中央、国务院印发了《粤港澳大湾区发展规划纲要》。作为“一带一路”建设的重要节点，广西与“粤港澳大湾区”地理位置毗邻，加工贸易起步晚、发展慢，具有发展加工贸易的空间。因此，广西紧抓国家实施粤港澳大湾区建设重大机遇，以产业园区为载体，全面推进与粤港澳基础设施互联互通、产业承接转移，共建珠江—西江千里绿色生态走廊，使“东融”取得明显进展。2017 年，桂港澳贸易额达 38.8 亿美元，在 2012 年基础上实现翻番，年均增长 18.5%。广西的劳动密集型产品的出口，例如纺织品的出口，一直以来以边境贸易为主要出口方式，发展加工贸易也可使广西的劳动密集型产品出口方式多样化，防范边境贸易的政策决定性影响。

广州、深圳、香港、台湾等地向广西转移的主要是劳动密集型和资源密集型产业，例如电子加工、纺织品、食品加工等行业，其中加工贸易企业占比最大，主要分布在南宁、玉林、梧州等经济、交通基础好的城市。广西自身也具有发展加工的优势：第一，区位优势。东临广东和港澳，南临北部湾，与越南交接，是全国唯一的“三沿”地区。广西承接“粤港澳大湾区”产业转移的地理障碍相对较小，转移成本低。广西作为中国—东盟自贸区的“桥头堡”，临近东盟大市场，有充足的市场空间。第二，广西具有承接“粤港澳大湾区”产业转移的人文优势。广东与广西有着不可忽视的文化渊源和相似的消费习惯，在承接产业转移时能够更顺畅、沟通更方便。第三，广西拥有较好的资源优势，包括劳动力优势和自然资源优势。相比广东，广西的劳动力成本低；相比云南、贵州，广西的劳动力素质较高。另外，广西生物资源种类繁多，有着丰富的矿产和能源储备，为开展加工贸易提供了生产资料。第四，广西拥有优越的政策环境。例如少数民族自治政策、西部大开发政策、国家边贸优惠政策等。另外，每年在南宁定期举行的中国—东盟博览会，也为发展加工贸易提供了有利条件。广西北海出口加工区按照“境内关外”的监管模式设立，在区内实施“进口免税、入区退税、进料保税”的税收优惠政策。为促进广西加工贸易出口，2005 年南宁海关公布了大力发展加工贸易的 10 项举措；2007 年，国家加工贸易政策调整对东部和中、西部地区实行差别政策，西部地区新设立的企业可以继续开展限制类商品加工贸易；2008 年，广西北部湾经济区发展规划正式获批并进入实施阶段；2019 年 8 月，中国（广西）自由贸易试验区正式设立，被正式纳入国家发展战略层面。① 以上这些政策都为广西加工贸易的发展提供了有力的政策支持。第五，广西具有一定的经济和产业基础。与中国东、中部地区部分省市相比，广西在经济总量上存在差距，但是在西部地区，广西经济发展排位还比较靠前，且具有一定的产业基础，特别是第二产业。广西与广东存在产业梯度，广东有技术和资本优势，广西拥有劳动力资源优势。广西可承接“粤港澳大湾区”转移的劳动密集型产业部门或者资本技术密集型产业中的劳动密集型生产环节，在承接的产业或生产部门培育比较优势。这是一种产业链高端与低端的分离，既可以通过委托生产来完成，又可以通过合资合作生产来完成，这个过程是两个地区进行产业内贸易的过程。②

既然广西发展加工贸易是全新的开始，那么在发展模式上就要尽量避免走低效、高耗能、高污染的老路子，可以结合自身优势，实行跨越式发展。首先，在发展加工贸易时，广西政府要综合考虑经济建设和生态环境的和谐发展，有选择地承接“粤港澳大湾区”的产业转移，提高东部地区加工贸易产业的准入门槛，承接的转移产业要与广西特别是北部湾经济区的发展定位相吻合。对于高耗能、高污染，国家明令淘汰的落后生产能力加工项目，要禁止转入，避免简单重复。在加工贸易园区建设方面要考虑废物集中处理和工业废弃物循环利用，推行清洁生产。③ 其次，要完善出口加工区、经济园区的产业规划，实现差异化定位，形成各具特色的地方产业集群，以带来规模

① 官锡强，罗永乐．广西出口产业优势分析及动态比较优势的培育［J］．改革与战略，2008（9）：104.

② 李欣广．产业对接理论与产业结构优化［M］．北京：人民出版社，2011.

③ 覃州．广西北部湾经济区承接香港加工贸易产业转移研究［J］．沿海企业与科技，2011（1）：65.

经济效益。[①] 例如，南宁承接的富士康精密电子项目，香港英皇集团的旅游项目，玉林承接的机械制造、食品加工项目，梧州承接的电子加工项目等已经初步显示出产业集群效应。最后，循序渐进地提升加工贸易的层次。一般在承接东部产业转移、发展加工贸易初期，广西的加工企业都比较初级，随着经验、技术、资金、人才和国外销售市场的不断培养，可逐渐发展为精、深加工企业，培育自己的产业优势和产业链条，争取用深加工结转的方式承接加工贸易业务[②]，提高加工贸易产品的技术含量，提升加工贸易产品的档次。避免只在加工制造、装配环节占优势，而在品牌设计、流通销售环节占劣势的问题。[③] 走新型工业化道路要求，以市场为导向、企业为主体，把增强自主创新能力作为中心环节[④]，提升加工贸易企业的整体综合竞争实力。

3. 劳动密集型产品逐步实施进口替代

广西进口的劳动密集型产品主要是皮革和初级形状的塑料、纺织纱线等，主要是作为基本原材料投入生产。在可以从国内或区内采购或生产的情况下，可以考虑进口替代战略。一方面可以解决国内或区内的就业问题；另一方面可以培养自己的生产技术，更有效地为生产、加工、出口劳动密集型产品服务。既然发展劳动密集型产业是我国和广西经济发展不可逾越的阶段，那么就在进口替代过程中进行技术创造，提升劳动密集型产品生产的技术含量，培养自身劳动密集型产业的动态比较优势。

6.2.1.3 平衡资本技术密集型产品进出口

从广西 2017 年的进出口数据来看，机电产品出口额为 1176188 万美元，高技术产品出口额为 467154 万美元；而机电产品进口为 523899 万美元，高技术产品进口为 332680 万美元，广西的资本技术密集型产品进出口发展不太平衡。

---

① 张干．广西加工贸易发展的机遇与对策探讨［J］．法制与经济，2011（8）：81.

② 杨素琳．广西承接加工贸易产业转移的思路探讨［J］．商业时代，2009（4）：97.

③ 黄晓虹，官锡强．广西对外贸易战略的转换与外贸结构的调整［J］．广西财经学院学报，2008（8）：3.

④ 周家福，陈英．广西加工贸易发展的比较优势研究［J］．广西财经学院学报，2009（8）：41.

1. 根据不同市场需求稳步扩大资本技术密集型产品出口

广西出口的资本技术密集型产品主要有：自动数据处理设备及部件、汽车、汽车零件、电线电缆等。这些产品的技术含量基本不高，产品附加值也比较低。所以就技术需求而言，主要面向的出口市场是东南亚等国家。但是随着东南亚等国家与欧美国家的交往深入以及欧、美、日、韩等发达国家在东南亚国家投资的扩大，广西的资本技术密集型产品出口受到挑战，适时变革成为关键。广西要找准比较优势扩大出口。虽然广西资本技术密集型产品技术含量不高，而且高新技术企业缺乏自主知识产权和核心技术，也缺乏有利于风险投资发展的环境①，但是与发达国家相比存在互补性。② 相较发达国家和地区，广西的资本技术密集型产品具有劳动力比较优势，努力开拓发达国家中对低技术资本技术密集型产品的需求市场，可以丰富广西的资本技术密集型市场；相较东南亚部分国家，广西的资本技术密集型产品存在技术、资本的优势，例如汽车、农业机械类产品。广西的微型车、柴油机、机械搬运设备等的生产具有一定的生产优势，在越南等国家具有一定的市场需求。对这部分市场要进一步巩固，适时了解其动态需求，做好需求跟踪、出口反馈信息，不断根据出口地区需求改进自身技术。

2. 强化资本技术密集型产品进口，发挥其技术外溢作用

广西进口的资本技术密集型产品主要有自动数据处理设备及部件、制造纸及纸制品用机械及零件、金属加工机床、阀门等。从产品类型来看，广西的部分机电产品和高技术产品表面上归属于资本技术密集型产品，实则具有劳动力要素较高、技术要素较低的特点。类似自动数据处理设备、电线电缆等产品既向东南亚国家出口，也同时从东南亚国家进口，隶属于产业内贸易。总体来看，广西进口的资本技术密集型产品技术含量不高，能够发挥的技术外溢效应不强。广西相关企业在进口资本技术密集型产品时，要注重对高端

---

① 陈林杰，等．广西北部湾经济区产业布局优化研究［M］．北京：人民出版社，2011.

② 张志敏，李秀婷，刘皇．实现机电产品出口模式升级和转换的政策选择［J］．国际贸易，2013（11）：26.

设备和关键元器件的引进，进而进行技术消化、吸收和再创新。引进是开始，消化创新才是关键。例如，广西柳钢引进国外的先进生产设备和生产线，如果只是单纯引进而不加以创新，那么生产效率的提高和产能的提升存在局限性。广西资本技术密集型产品进口市场也需要变化，多向欧美发达国家转移，通过进口商品学习他们的先进技术。在东南亚国家资本技术密集型产业内贸易发展比较成熟的阶段，可以考虑广西企业“走出去”，直接在东南亚国家进行投资建厂，扩大广西资本、技术的影响力。

6.2.1.4 大力发展服务贸易，带动进出口商品结构优化

一般来讲，服务贸易是伴随货物贸易产生和发展起来的。广西政府可适当引导制造业与服务业相结合，在产品输出的同时，加强与之相关的辅助性服务一并输出。中国—东盟自由贸易区的建成，为广西开展服务贸易提供了契机。2007 年，中国与东盟签署的《服务贸易协议》正式生效，不仅带动了广西区内服务业的发展，还进一步推动了广西与东盟的服务贸易自由化。《广西服务贸易发展行动计划》（2015—2017）的制定，明确了广西服务贸易发展目标、重点和措施，即重点发展运输、旅游、建筑工程、服务外包、文化、教育、电子商务等领域。广西服务贸易增长速度较快，但是整体水平偏低。2015 年，广西服务贸易进出口总额 60.08 亿美元，同比增长 35%。其中，出口 30.08 亿美元，增长 51%；进口 30 亿美元，增长 22%；顺差 0.8 亿美元。总体来看，广西服务贸易数额小、占比低。在广西服务出口贸易中所占份额较大的是旅游、劳务输出和运输，这些行业主要依赖劳动力和自然资源优势，附加值低。金融、保险、咨询等服务贸易占比较小。进口服务中，主要是高附加值的知识、资本、技术密集型服务产品。广西服务贸易开拓国际市场能力弱，主要的服务贸易出口市场为越南。[①]

作为服务贸易的后发地区，中国—东盟自由贸易区为广西服务贸易的开展搭建了良好平台，广西可有效依托这个平台，走具有自身特色的服务贸易

---

① 蒋文．广西服务贸易发展的现状和对策分析 [J]．前沿，2010（22）：93.

道路。第一，要制定好广西服务贸易的发展规划，要从长远发展来规划。东盟是广西开展服务贸易的第一步，先通过与东盟老成员国如越南等国家开展服务贸易，发挥广西在交通、劳务技术输出上的比较优势，打下服务贸易的基础，积累经验。待机会成熟时，可逐步拓宽与东盟其他国家如新加坡等较发达国家的服务贸易，实现优势互补，强化广西服务贸易的能力。同时，可以借助“一带一路”国际合作的契机，将合作伙伴范围进一步扩大。第二，多层次地发展服务贸易。除了稳定优势服务贸易项目外，广西还可以跨越式地发展新兴服务贸易。广西具有少数民族文化特色，《印象·刘三姐》不仅在国内受欢迎，在国外也具有一定的知名度，特别是在亚洲地区容易产生共鸣。广西可以对这些文化产品进行包装，根据不同的对象市场进行适当改良，让表演团队走出国门，在传播文化的同时发展服务贸易，一举两得。第三，利用区位优势巩固物流运输服务。广西与越南接壤，近些年广西与越南的基础交通设施越来越完善。随着中越“两议定书”的签订生效，广西开放的国际道路运输业务口岸增加为东兴、友谊关、水口和龙邦四个，经批准的广西—越南国际道路运输线路拓展。中越车辆直通的逐步实现，促使两国的运输合作范围和规模逐步扩大。广西可以利用其较为优越的运输能力、高质的运输设备扩大对越南甚至对东盟其他国家的运输服务。第四，扩大服务外包市场。广西在高新技术上的优势比东盟部分国家明显，有条件的软件、信息行业可以适当考虑海外发展。广西可以借鉴其他先进国家和地区的服务外包经验，加快发展软件与信息服务外包。在软件、信息行业服务贸易拓展的同时，还可配套教育、培训和技术贸易的发展。第五，广西也可以尝试走提供境外消费服务的道路。

在发展服务贸易的同时，还可以积极促进货物贸易的发展。广西在向越南出口机电产品的同时可以推动技术出口，以此带动教育、科学研究、技术服务业的发展。在文化服务“走出去”的同时，可以带动相关文化产品的生产和出口。一方面，广西的民族歌曲和舞蹈，可以制作成书籍、光盘出售；民族服装、民族乐器独具特色，进行精加工、美化包装后可以出口；广西的其他民族特产如绣球、壮鼓等产品经过设计也可出口。另一方面，建立广西民族文化网站，既可以推广文化，也可以作为电子商务平台。广西政府在此过程中应注意引导制造业与服务业适当结合，并通过政策引导，使出口的产品更具有技术和资本要素，以此促进广西资本技术密集型产品的出口，从而带动出口商品结构的升级。

6.2.2 与对外贸易商品结构优化相协调的广西产业结构调整

6.2.2.1 调整第一产业内部结构，培育广西农产品竞争优势

在广西第一产业内部结构中，农业、牧业生产占优势，渔业、林业和第一产业服务业所占比重较小。广西历年出口较多的初级产品主要是水海产品、鲜/干水果及坚果、蔬菜、肥料，其次是药材和粮食。进口较多的初级产品是大豆、鲜/干水果及坚果、食用植物油、天然橡胶（包括乳胶）。因为广西出口的农产品比例呈下降趋势，进口的农产品比例呈快速上升趋势，所以为了与对外贸易商品结构适应性发展，应注重第一产业内部生产结构的适当变化，在保证农业、牧业生产的基础上，进一步发展渔业、林业和第一产业服务业，使其均衡发展。

1. 稳定农业、牧业生产比重，加强渔业发展

2017 年，广西农业、牧业产值占农林牧渔业总产值的比例分别为 53.7% 和 24.0%，两者在整个广西的第一产业发展中占据了绝大部分比重。广西第一产业发展主要依据自然禀赋条件，农业和牧业具有悠久的发展历史。因此，可依据自然禀赋优势和广西进出口商品结构对第一产业内部结构进行适当调整。由于出口的农产品中，鲜/干水果及坚果、蔬菜占有较大比例，可加强对出口量较大的水果、蔬菜的种植。但需要注意的是，广西的水果也是从东南亚国家进口较多的农产品。广西的农业种植条件与东南亚国家相似，农

产品种类较为雷同。[①] 因此，要注意农产品的差异化生产，发挥各自的优势，各取所利，避免直接竞争。发展特色牧业，建立牧业生产合作社，向精细化方向发展。[②] 广西出口的肥料数量多，可将畜禽养殖和肥料收集统一起来。广西具有河海地理优势，在水海产品繁殖上具有优势，再加之每年出口的水海产品占很大比重，可以重点发展渔业，扩大养殖、扩大出口。同时，可对池塘进行标准化改造，提高效率，在不破坏广西生态环境的基础上加大养殖力度。

2. 加强第一产业出口部门与非出口部门的联系，发展产品深加工

广西第一产业的发展与初级产品进出口的联系相对紧密，可加强农产品出口部门对生产部门的导向作用，以国际市场需求为依据，以动态比较优势为基础，建立适合国际和国内市场的第一产业模式。广西第一产业链较短，深加工产品出口较少。就水果产业来讲，得益于有利的气候条件，广西热带水果种植业规模较大，但是没有形成完整的产业链条，水果出口对区内产业结构的提升作用不强。柑橘、沙田柚、桂圆、百香果、山黄皮等水果大量出口东南亚、加拿大和欧盟等地，主要以鲜/干果和罐头产品为主，深加工产品较少。因此，政府可适当加大对第一产业生产部门的政策和技术支持力度，引导生产部门发展产品深加工、延伸产业链。例如，水果生产部门可发展热带果汁（浆）加工，对热带浓缩果汁生产线进行自主研发及改进，取得果汁加工发明专利，并对外推广等。此外，在国外游客较多的市县可建立广西特色农产品出口生产基地，吸引有意向的进口商实地考察消费。既可以促进特色农产品出口，又可以推广农产品培育技术，以农产品贸易带动服务贸易及农村服务业的发展。

3. 改变农业经营方式，实施产业化调整

根据广西初级产品出口商品结构，对农业经营模式进行产业化调整。重

① 杨克斯，等．中国—东盟自由贸易区框架下广西产业发展与结构调整［J］．广西大学学报（哲学社会科学版），2008（2）：1-5.

② 蒋广兴．广西农业产业发展的区位商分析［J］．农民致富之友，2013（8）：35.

点发展水果、蔬菜、水产等主导产业及其主导产品的生产。加强农业专业化、标准化、规模化、集约化生产基地的建设，为农业产业化发展提供支撑。同时，树立部分广西农产品龙头企业，以龙头企业的发展带动农产品生产基地的建设。广西的稻谷、玉米、甘蔗产业都可以建立起具有一定实力的龙头企业，整合生产资源，推荐产业集群化发展。① 此外，还可实行农工商、产供销一体化经营，提高广西农产品竞争优势。广西地方政府也要逐步完善农村社会化服务体系，使各种经济组织积极发挥相应作用。

4. 加大农业科技化力度，提升农产品竞争力

现代社会，小农经济已经不具备较大的竞争优势，为了能生产出高质量、高产的农产品，实行农业科技化和机械化是必然的发展道路。虽然近些年，广西将科学技术引入农产品研究，并取得了一定的成绩，例如水稻新品种“百优838”、桑蚕育种“化性遗传互补”技术、“桂糖28号”的研发、冷冻胚胎克隆水牛技术都在国内甚至国外处于领先水平，但是总体来看，广西农业仍然属于粗放型，处于传统农业向现代农业的过渡阶段。② 因此，广西政府应加大对农业科研的扶持力度，无论是在政策层面还是资金层面，都要调动起农业科研的积极性，优先重点扶持科技优势明显的农产品龙头企业③，向先进国家和地区学习农业先进技术，结合广西实际提升农产品技术含量。

6.2.2.2 保持第二产业既有优势，实现第二产业内部均衡发展

由于广西第二产业占地区GDP的比重最高，工业结构的优化是广西产业结构升级的关键。在广西工业结构的调整过程中，要基于广西自身发展需求和进出口需求确立一批既具有竞争优势、又具有发展潜力，既具有一定科技含量水平、又具有较强产业关联的主导产业。通过主导产业的前向、后向、

---

① 白景彰，陆文宣，陈显梅．广西农业特色产业发展概况［J］．广西蚕业，2013（2）：45.

② 蒙永亨，文明礼，汪水兰，刘华明．民族地区农业科技进步对农业发展影响研究：以广西为例［J］．湖北农业科学，2013（5）：2446.

③ 韦素萍．新形势下提高广西农业企业科技创新能力对策思考［J］．现代农业科技，2013（10）：302.

横向的扩散和渗透效应，形成主导产业集群，进而实现产业结构的优化升级。

1. 确定产业发展梯度，优先发展外向型主导产业

在广西主导产业群中，汽车、机械制造、生物制药、食品加工业等行业不仅向区内或国内提供产品，还出口到国外，是具有外向型发展优势的主导产业。考虑到进出口商品结构和产业结构的协调，广西政府应优先发展外向型主导产业，并加大政策、资金和技术支持力度。例如，广西的汽车产量在全国排名一直比较靠前，中型客车、载货汽车、柴油机、汽车配件等产品也在国内占领了一定的销售份额，赢得了质量口碑。然而，很多规模化生产的车型技术水平不够高，汽车配件的通用性不够强。虽然出口的汽车整车数量呈上升趋势，但是产品附加值不高，出口市场只能是比我国更为落后的国家，在先进国家的汽车消费市场上国际竞争力不强。在中国—东盟自由贸易区带给广西良好外部发展环境的同时，广西政府以及相关企业一定要稳定住既有的出口市场，在此基础上增加资金、技术投入，强化研发力度。在继续保持比较优势的基础上争先创优，逐步培养出自己的研发体系和核心竞争力。在汽车业、机械制造业发展中着重发展龙头企业，适当延伸产业链条，形成主导产业集群。

广西生物制药业具有历史基础和良好的发展条件。中药材资源丰富，中医药制药业经过十几年的发展，形成了一定的规模，生产技术、工艺和设备也达到较为先进的水平。广西与东南亚国家接壤，东南亚国家华人聚集，得益于地理、人文优势，广西的中草药产品被东盟国家的华人认可。近些年，广西中草药制品在东盟国家形成了一定的品牌效应，中药出口量巨大。随着中医、中药在东盟各国逐步合法，广西与东盟药业合作的潜力巨大。[①] 利用好此发展契机，改进并完善中草药配方及制造工艺，不仅可以带动广西中草药的出口，还可以带动化工、医疗保健、包装销售等行业的发展。

2. 承接东部产业转移，培育自身的产业集群

由前文分析可知，广西具有承接东部产业转移的资源、区位和政策优

---

① 陈喜强．产业结构调整与就业结构协调研究［M］．北京：人民出版社，2011：191.

势，同时与中国东部省市的工业结构具有互补性，是东部地区特别是广东实施产业转移的理想转入地。但是现阶段，东部地区向广西转移的多为劳动密集型制造行业。如果仅仅只是单纯做好劳动密集型制造业的承接和发展，从长期来看，必定会使第二产业的比重进一步加大，三次产业的不均衡发展会进一步扩大，不利于广西经济的持续性发展。因此，广西政府应以产业结构均衡和对外贸易商品结构均衡为出发点，注重产业转移承接与产业培育相结合，推进高新技术改造，提升传统工业，促进工业化与信息化融合。另外，随着经济的发展，居民消费结构必定存在升级。在此形势下，可在承接发展制造业的基础上，加快发展商贸物流、旅游休闲等产业，并加强服务新型工业化，积极培育信息服务、研发设计、科技成果转化等生产性服务企业。①

在承接东部产业转移的过程中，广西不能一味地被动接受，要敢于选择，敢于逆梯度承接一些高新技术产业。其实，广西相比部分中、西部地区的省区市，具有较好的工业基础和人力资源储备，广西的高新技术行业发展也较为迅速，例如电子信息产业。经过多年发展积累，广西电子信息产业发展已形成一定规模，并建立起自己的软件研发基地。广西的电子设备、光纤通信产品、新型元器件及各类软件产品具有一定的国际竞争力。随着中国—东盟自由贸易区的正式建成，商品、人员、服务在国际流动的速度加快，很多产业对电子商务、物流管理等产品提出市场需求。② 东部的电子信息企业在转移至广西的同时，可能也存在技术转移。广西应抓住契机，以各中心城市的高新技术开发区为依托，重点培育现代通信、应用电子设备、集成电路设计与制造、应用软件研究开发等技术，以及资本含量较高的电子信息产业集群。

---

① 欧建峰，吴启贤．对建设广西桂东承接产业转移示范区的思考［J］．特区经济，2012（4）：212.

② 杨克斯，李梅，陶振华，等．中国—东盟自由贸易区框架下广西产业发展与结构调整［J］．广西大学学报（哲学社会科学版），2008（1）：4.

3. 合理利用外商直接投资，促进第二产业内部结构优化

在广西的三次产业中，第二产业是实际利用外资的主体，第三产业也有一定比例的外资投入，但是波动较大，第一产业实际利用外资的比重非常小。在第二产业内部结构中，外商投资的重点是工业，在建筑业上的投资较少。外商直接投资对于广西经济发展具有一定的促进作用，通过弥补资源缺陷、技术外溢、促使产业间相关联、进行出口示范等途径促进广西产业结构优化。外商直接投资可以直接或间接地对广西产业结构调整产生影响，但是纵观现有的FDI，多数进入广西的劳动密集型轻工行业、高新技术行业引进外资较少。而从对外贸易商品结构上看，广西出口结构优化的主要方向是提高资本技术密集型产品的出口，减少劳动密集型产品出口。所以，应适当引导外商将资本、技术投入到广西的支柱性重工业中，比如汽车生产制造业，或者投入一些新兴发展的轻工业中，比如医药制造业，以此推动广西第二产业结构的内部优化，进而达到优化广西产业结构、进出口商品结构的目的。

4. 发挥进口产品对第二产业的技术外溢作用，构建环保产业模式

广西资本技术密集型产品进口与第二产业发展的关联性并不大，究其原因，是依靠进口进行技术改进的作用不明显。广西进口部门和生产企业应充分利用技术外溢效应，有效推动传统第二产业的改造，实现产品进口—技术消化吸收—技术创新—移植推广的良好循环。只有将技术改进与技术创新结合起来，在技术改进过程中结合企业自身需求有条件地自主研发，并制定技术创新激励机制，保持企业的生产活力，才能从整体上改变广西产业整体素质低、产品更新慢、工艺陈旧、设备老化的现状。通过“看不见的手”，使落后行业和企业及时退出市场，从根本上改变第二产业的面貌，最终实现产业结构升级。广西资本技术密集型产品进口多集中于电子机械等传统类型，这也是我国其他省区市热衷引进的技术产品。因此，广西对传统资本技术密集型产品的进口，不仅要与国外供货商博弈，还会面临国内和国际进口商的竞争。广西如果能够转变思维，构建环保产业发展模式，如垃圾发电、回收纸业、废弃电子产品再利用等，则可避免与其他省份的竞争，实现第二产业的

跨越式发展。

6.2.2.3 加快发展第三产业，特别是新兴服务业

从本书第5章的实证分析可知，广西第三产业对进出口的促进作用不明显。这主要是因为广西第三产业基础薄弱，发展缓慢。长期以来，交通运输、批发零售等传统服务产业的发展占主导地位，金融保险、会展等新兴产业发展不足。2010年，中国—东盟自由贸易区正式成立，广西可利用其沿边、沿海、沿江的区位优势，积极开拓与东南亚国家的合作，促进第三产业特别是新兴服务业的发展。

1. 立足东盟，发展物流产业

物流产业是在商品流动的基础上产生的，伴随着信息、资金、人员流动，以交通运输、通信技术为基础的新兴行业。广西物流业目前处于起步阶段，物流业的发展面临着一些问题，例如物流基础设施不够完善。广西虽然在部分中心城市和边境城市建立了综合性物流园区，但是整体来看，虽然这些物流园区的外部结构已经建成，但是物流设施并不完善、信息化水平较低、管理水平较为落后①，物流功能没能得到很好的发挥。广西物流企业规模较小，服务单一。从数量上看，广西的中小物流企业较多，但是具有国内甚至国际竞争优势的大型物流企业并不多。一般都是从事运输、仓储、简单的货运代理业务，经营多式联运业务的较少。② 运输以散货居多，集装箱运输特别是特种货物的集装箱运输较少，第三方物流发展水平较低。广西物流人才的学历一般较低，物流专业化能力不强。

虽然广西物流业存在一定的问题，但是广西具有发展物流甚至是国际物流的优势。第一，区位优势。广西处于中国—东盟自由贸易区的前沿地带，沿海、沿江、沿边的地理优势明显。近年来，广西大力发展国内及国际交通网络，水陆空立体化的交通枢纽正在完善。水路方面，防城港、北海至

---

① 王明宪，宋芬．广西物流业发展的机遇及未来发展的对策［J］．沿海企业与科技，2011（1）：88.

② 粟增富，兰茜．广西物流业发展现状分析［J］．广西经济管理干部学院学报，2009（1）：13.

下龙湾的两条航线直通东盟；东兴和凭祥拥有通往东盟国家最便捷的公路通道。随着中国—东盟经济合作的深入及中越道路车辆互通的实施，从广西进入东盟国家的交通优势会进一步显现，这无疑是与东盟国家开展物流的大好契机。第二，国家及广西政府出台的《物流业调整和振兴规划》等政策为广西物流业的跨越式发展提供了政策支持和法律保障。① 广西政府可在加大物流基础设施建设、引进国内外大型物流企业的同时重点培育自己的物流企业，加强高素质物流人才队伍建设，并积极搭建物流信息化及网络化平台，整合海陆空资源，将工业园区与物流园区相结合②，建立以南宁、凭祥等中心城市为辐射点的综合物流体系，实现为中国—东盟自由贸易高效服务的现代物流产业。

2. 利用中国—东盟博览会平台，提升广西会展业服务质量

中国—东盟博览会永久落户南宁，给广西带来了无限商机，不仅扩大了广西商品进出口的规模，还将带动广西会展业的发展。会展服务业在广西是一个新兴的行业。从现在的发展情况来看，较为固定的主要展馆有：南宁国际会展中心、广西展览馆、广西科技馆等。已形成一定影响规模的展会有：中国—东盟博览会、中国—东盟商务与投资峰会、南宁市国际民歌节、南宁东南亚国际旅游美食节等。除南宁外，其他城市较为特色的展会有：中越边境贸易（凭祥）洽谈会、桂林山水节旅游产品经贸洽谈会等。③

虽然广西逐步形成自己的会展特色，但是相比东、中部发达地区，广西经济较为落后，会展业的历史不长，会展服务的软硬件设施不够完善，无论从展会数量还是质量上都与东、中部发达地区存在差距。从硬件设施上看，广西展馆数量不多，场地不大，配套设施也不够完善，这是制约展会规模和档次的一个重要原因。从软件上看，电子商务不够发达，导致展会信息

---

① 王景敏，隋博文．面向中国—东盟自由贸易区的广西物流业发展研究［J］．物流科技，2010（11）：45.

② 潘尚贤．中国—东盟自由贸易区发展条件下广西物流业发展现状分析与定位思考［J］．商场现代化，2011（7）：27.

③ 梁海跃．电子商务环境下广西会展业的研究与思考［J］．知识经济，2013（8）：118.

发布和信息交流的渠道不顺畅。广西对会展服务的管理、组织都不够先进。布展过程中缺少特色，在招展过程中不够人性化，吸引力不够，展后的跟踪、反馈、改进性服务少。此外，与会展相关的法律、法规也不够健全①，这些原因必定会影响到广西会展的质量和可持续性发展。会展业其实是一个关联性很强的行业，交通运输、物流客流、信息通信、住宿餐饮、旅游观光、金融服务等都与其联系得非常紧密。所以，会展业的发展可以带动其他服务行业的发展。但从广西的会展服务来看，目前主要还是纯粹的会展服务项目，延伸项目发展较少。

可喜的是，广西具有发展会展业的独特优势，这不光包括地理人文优势、特色资源优势，还包括国家、地方政府的政策支持等优势。② 广西的邻省广东具有良好的会展业发展历史，向其取经学习也较为便利。通过学习国内贸易大省和他国会展经验，并融入广西文明，建立起蕴含广西精神的现代会展服务业。因此，广西的会展业发展首先要立足国际化战略，充分利用好中国—东盟自由贸易区的平台，走专业化和品牌化道路。③ 以中国—东盟博览会为龙头，通过展会加强与东南亚国家甚至是欧美国家的经贸合作往来，吸引更多的商人、游客了解广西。改变政府组织，以综合性展会占主导地位，全面发展，明确主题，实现场馆功能服务的专业化。通过积累展会经验，培养自身的会展品牌，提高展会的专业性和质量。

3. 拓展国际金融业务，加强区域经济合作

中国—东盟自由贸易区启动以来，广西与东盟国家间的双边贸易及投资发展迅速，东盟已替代欧美国家成为广西第一大贸易伙伴。随着中国与东盟国家间经贸合作的深入，人民币的稳步升值，为广西发展国际金融业提供了机遇。2010 年 6 月，广西边境口岸城市凭祥作为跨境贸易人民币结算试点正

---

① 唐奇展，于芳芳，刘鹤杨．广西会展业跨越式发展研究［J］．广西财经学院学报，2013（2）：56.

② 谢磊，刘毅．“10+1”自由贸易区新阶段广西外贸发展对策研究［J］．企业科技与发展，2008（14）：12.

③ 张莉莉．广西会展业发展的机遇及战略研究［J］．今日财富，2011（10）：24.

式启动，凸显了广西面对东盟开放合作的桥梁、平台作用，同时也促进了广西北部湾经济区的进一步开放、开发。目前，广西已制定了试点企业、试点银行办理跨境贸易人民币结算业务的具体操作办法，有关银行已积极与越南、新加坡等国的商业银行沟通，并在账户开立、风险防范等方面达成了协议。广西金融业应积极拓展国际金融业务，为双边贸易提供更优质、便捷的服务。

虽然广西金融业发展存在规模小、金融机构不平衡以及金融业务创新能力弱的问题，但仍然有较大的发展空间。第一，注意协调广西金融部门之间的机构和比例，平衡银行和其他金融机构的比例。第二，通过主管部门引导，加快直接融资的发展。广西的直接融资规模相比间接融资的规模较小。① 广西中小企业通过金融机构直接融资的渠道不顺畅，这极大阻碍了广西中小企业的发展。在与越南等边境国家进行贸易时，中小企业是贸易主体，因此广西金融业需认真考虑如何向这些中小企业提供更便捷、更安全的融资方式和融资渠道。第三，注重金融机构及金融产品的多样化发展，化解金融发展的结构性矛盾。② 虽然近年来，广西金融机构在开发金融产品方面做出了一定成绩，但是相比金融业发达地区，广西金融机构金融产品的创新能力有限。在人民币逐步成为中国与东盟国家进行贸易投资的区域性结算货币形势下，广西金融机构更应该根据区域经济交易的需要，逐步完善并开发出为双边经济发展服务的金融业务。此外，广西还需从完善金融体系和规范金融市场的角度出发，做好资金管理、金融风险防控、公开金融市场信息等工作，引进并加强培养高水平的金融人才，加大与东盟国家的区域间金融机构合作发展。力争尽快建立起完善的广西金融体系，为中国区域经济、广西经济服务。

4. 深化发展广西旅游业，以服务带动货物出口

广西旅游资源丰富，桂林山水、北海银滩、德天瀑布、百色革命基地等

---

① 杨克斯，欧阳国书，等. 广西金融发展非均衡分析［J］. 广西大学学报（哲学社会科学版），2010（6）：6.

② 黄良波. 关于广西金融改革与发展问题的思考［J］. 区域金融研究，2009（1）：9.

旅游品牌在国内外享有一定的知名度。但是，广西旅游业存在旅游资源分散、整合性不强的问题。广西的地理面积大，桂北和桂南的旅游景点间的公路距离较远，景点比较单一，这样不容易吸引游客前往。广西在旅游产品结构上，以观光旅游为主，形式单一。在游客口味越来越挑剔的情况下，单一形式的旅游服务可能满足不了其需求。另外，高水平旅游专业人才缺乏，特别是小语种导游人才的素质不高。广西与东盟国家接壤，有很多东南亚国家的游客来广西消费，语言上的障碍得不到有效消除，潜在的旅客群体会流失掉。

广西应根据自身特点，深化发展旅游业。第一，广西的地理位置优越，广西旅游业要利用区位优势发展境外旅游服务。例如，有一部分去越南旅游的旅客会选择在广西出境，广西的旅游企业可加强与越南或东南亚其他国家的旅游合作，积极申请部分国家口岸落地签证政策，简化国内外游客在广西的出入境手续办理，促进广西与东盟国家的双边或多边旅游发展。第二，加快广西与东盟国家的海陆空旅游线路的建设，并开通更多的国际旅游列车和空中航线。[①] 第三，将科技创新引入旅游业的发展中。对于传统旅游的理解可能是看好风景、品好人文，然而随着消费者收入和需求的提高，他们对旅游质量提出了更高的要求。不光对旅游景点本身有看点的要求，对旅游的一些配套服务，比如餐饮、住宿、交通环境、信息交流等方面的要求也在逐步提高。因此，旅游业也离不开科学技术手段和工具。运用先进的科技手段和工具改善旅游企业的经营管理和服务，是提高旅游质量的前提。第四，对广西的初级景区进行综合规划和设计，增加一定的民族文化含量，利用好南宁国际民歌节的平台，吸引更多的游客来广西旅游，认识广西。第五，对于旅游附加产品的生产和销售要进行创新。旅游纪念品要避免简单和低质，在质量、包装、文化寓意上下功夫。在推动广西服务业的基础上，加大旅游商品的国内外销售，商品的种类力求多样化，既包括单纯的工艺

---

① 区路基．南博会对广西旅游业的影响及对策［J］．桂林旅游高等专科学校学报，2004（6）：33.

品，也要推出音视频、书籍等综合性较强的文化产品，以旅游带动广西相关工业的发展。第六，可给予其他国家的大型旅游集团来广西投资的政策优惠，同时鼓励有实力的旅游企业到境外办企，加快广西旅游业的发展。

广西服务业技术含量不高，主要依赖劳动力资源，广西政府应依靠技术进步，积极促进消费型服务业向生产型服务业转化，促使企业的内在化服务不断外在化，增加生产者需求。

6.3 本章小结

本章第一部分对本书前几章的研究结论进行总结，归纳了理论研究和实证研究的主要结论。第二部分结合广西实际提出广西贸易结构与产业结构协调发展的政策建议。首先，提出基于广西产业结构特色的外贸政策调整建议，包括：加强与东盟国家的优势互补，深化初级产品贸易；利用比较优势，适当开展劳动密集型产品贸易；平衡资本技术密集型产品进出口；大力发展服务贸易，以此带动进出口商品结构优化。其次，提出了与优化广西对外贸易商品结构相协调的产业结构调整策略：调整第一产业内部结构，培育广西农产品竞争优势；保持第二产业既有优势，实现第二产业内部均衡发展；加快发展第三产业，特别是新兴服务业。以上建议紧密结合广西自身特色和经济发展现状，以期能为广西对外贸易商品结构优化和产业结构升级做出绵薄贡献。

参考文献

[1] 卜伟，杨玉霞，池商城．中国对外贸易商品结构对产业结构升级的影响研究［J］．宏观经济研究，2019（8）：55-70.

[2] 盛斌，魏方．新中国对外贸易发展 70 年：回顾与展望［J］．财贸经济，2019（10）：34-39.

[3] 赵红，彭馨，陈雨蒙，谷庆．中国对外贸易产品结构调整研究：基于节能目标约束视角［M］．北京：科学出版社，2017：29.

[4] 毕吉耀．世界经济形势及面临的主要风险［J］．中国经贸导刊，2019（5）：7.

[5] 成艳萍，陈海英．中国产业结构与外贸结构的关系研究：基于出口国内附加值视角的实证检验［J］．山东财经大学学报，2018（5）：17-26.

[6] 郭旭红，武力．新中国产业结构演变述论（1949—2016）［J］．中国经济史研究，2018（1）：133-142.

[7] 胡秋阳．中国的经济发展和产业结构：投入产出分析的视角［M］．北京：经济科学出版社，2008：121-169.

[8] 马章良，顾国达．我国对外贸易与产业结构关系的实证研究［J］．国际商务，2011（6）：21.

[9] 李荣林，姜茜．我国对外贸易结构对产业结构的先导效应检验：基于制造业数据分析［J］．国际贸易问题，2010（8）：3-12.

[10] 张志敏，李秀婷，刘皇．实现机电产品出口模式升级和转换的政策选择［J］．国际贸易，2013（11）：26.

[11] 袁欣．中国对外贸易结构与产业结构：“镜像”与“原像”的背离

[J]. 经济学家，2010（6）：67-73.

[12] 余道先，王强．世界产业结构演进影响因素的南北差异及其对中国服务业发展的启示：基于 20 个国家 1970—2010 年面板数据的实证分析 [J]. 世界经济研究，2012（10）：4.

[13] 尹翔硕．中国出口制成品结构与制造业生产结构差异的分析 [J]. 国际贸易问题，1997（4）：6-12.

[14] 陈建华，马晓逵．中国对外贸易结构与产业结构关系的实证研究 [J]. 北京工商大学学报（社会科学版），2009（3）：2.

[15] 卢志宏．世界产业结构变动趋势下我国产业结构升级研究 [J]. 西北大学学报（哲学社会科学版），2010（5）：101-103.

[16] 尹翔硕．中国外贸结构调整的实证分析 [M]. 太原：山西经济出版社，2003：76.

[17] 陈明森．自主成长与外向推动：产业结构演进模式比较 [J]. 东南学术，2003（3）：51-66.

[18] 陈元．我国外贸发展对国内外经济的影响与对策研究 [M]. 北京：中国财政经济出版社，2007：40-44.

[19] 许明秀．世界经济正在经历巨大的变革 [J]. 中外企业文化，2019（7）：20.

[20] 张曙霄，张磊．中国贸易结构与产业结构发展的悖论 [J]. 经济学动态，2013（11）：40-44.

[21] 蔡捷芳．改革开放以来对外贸易与产业结构升级关系研究：以福建省为例 [J]. 金融经济，2016（24）：29-31.

[22] 赵翊．“一带一路”背景下宁夏产业结构升级与贸易结构优化的相关性分析 [J]. 对外经贸，2016（12）：6.

[23] 陈能军．出口商品结构如何影响产业结构调整：基于 1995—2015 年 30 个样本国家的经验数据 [J]. 江汉论坛，2017（3）：91-96.

[24] 吴春娜．西安“一带一路”战略的贸易基础 [J]. 经贸实践，2017

(7)：61.

［25］张欣蕾，赵娜，李飞．基于 VAR 模型的中国对外贸易结构与产业结构的关系研究［J］．平顶山学院学报，2018，33（2）：103.

［26］刘婷．中国对外贸易结构与产业结构的互动关系研究［J］．当代经济，2018（14）：18-19.

［27］陈晋玲．我国对外贸易结构优化对产业结构升级影响研究［J］．商业时代，2014（10）：27.

［28］陈林杰，等．广西北部湾经济区产业布局优化研究［M］．北京：人民出版社，2011（10）：75.

［29］陈喜强．产业结构调整与就业结构协调研究［M］．北京：人民出版社，2011（12）：191.

［30］曹亮，蒋洪斌，陈小鸿．CAFTA 框架下中国进口的贸易创造和贸易转移［J］．国际贸易问题，2013（8）：74.

［31］代谦，别朝霞．人力资本、动态比较优势与发展中国家产业结构升级［J］．世界经济，2006（11）：84.

［32］杜传忠，郭树龙．中国产业结构升级的影响因素分析：兼论后金融危机时代中国产业结构升级的思路［J］．广东社会科学，2011（4）：65.

［33］樊端成．从农产品市场结构变迁看贸易结构优化：建国 60 年广西农业结构演变与展望［J］．市场论坛，2011（2）：11.

［34］范文祥．国际产业转移对我国产业结构升级的阶段性影响分析［J］．经济地理，2010（4）：622.

［35］官锡强，罗永乐．广西出口产业优势分析及动态比较优势的培育［J］．改革与战略，2008（9）：104.

［36］关满博．东亚新时代的日本经济［M］．上海：上海译文出版社，1997：64.

［37］谷源洋．世界经济有望迈入周期景气的起步阶段［J］．全球化，2014（3）：58.

［38］谷文艳．世界贸易结构综述［J］．国际资料信息，2006（8）：3.
［39］张曙霄．中国对外贸易结构问题研究［D］．长春：东北师范大学，2002：19.
［40］韩晶．贸易结构变化对经济增长转型影响分析［J］．贵州财经学院学报，2000（5）：40-43.
［41］扈剑晖．广西 2002 年至 2009 年生态足迹与产业发展分析［J］．国土与自然资源研究，2012（5）：35-36.
［42］黄晓虹，官锡强．广西对外贸易战略的转换与外贸结构的调整［J］．广西财经学院学报，2008（8）：3.
［43］黄良波．金融支持中国与东盟新成员国劳动密集型产业分工与合作研究：以纺织服装业为例［J］．金融理论与实践，2009（8）：4.
［44］张燕，陈漓高．从对外贸易角度看中国产业升级的路径：基于投入产出法的实证分析［J］．世界经济研究，2007（12）：42-48.
［45］陈虹．中国对外贸易结构与产业结构的关系研究［D］．长春：吉林大学，2011：44.
［46］黄良波．关于广西金融改革与发展问题的思考［J］．区域金融研究，2009（1）：9.
［47］黄庆波，冯林．大连对外贸易发展与产业结构升级的实证研究［J］．大连大学学报，2006（10）：90-94.
［48］黄锦明，陈卉娟．对我国出口商品结构优化的评价［J］．国际商务，2010（1）：21.
［49］黄锦明．我国出口商品机构优化：进展、机理与对策：基于 1980—2008 年数据分析［J］．工业技术经济，2010（11）：8.
［50］黄茂兴，李军军．技术选择、产业结构升级与经济增长［J］．经济研究，2009（7）：145.
［51］蒋婷．湖南省对外贸易结构与产业结构相互关系研究［D］．成都：西南财经大学，2007：18.

[52] 蒋昭侠．产业贸易教程［M］．北京：中国经济出版社，2004：127.
[53] 蒋广兴．广西农业产业发展的区位商分析［J］．农民致富之友，2013（8）：35.
[54] 蒋文．广西服务贸易发展的现状和对策分析［J］．前沿，2010（22）：93.
[55] 姜茜，李荣林．我国对外贸易结构与产业结构的相关性分析［J］．经济问题，2010（5）：20.
[56] 姬沈育．优化产业结构的对外贸易分析［J］．经济经纬，2001（2）：60.
[57] 李欣广．产业对接理论与产业结构优化［M］．北京：人民出版社，2011：133-195.
[58] 罗斯托．从起飞进入持续增长的经济学［M］．成都：四川人民出版社，1988：10-11.
[59] 陈宪，张鸿．国际贸易：理论、政策、案例［M］．上海：上海财经大学出版社，2004：138-144.
[60] 刘维．广西承接东部地区产业转移问题研究［D］．武汉：中南民族大学，2009：17
[61] 刘丽，莫玲娜．对广西出口贸易结构的实证分析［J］．商场现代化，2008（12）：219.
[62] 刘秉镰，刘勇．我国区域产业结构升级能力研究［J］．开发导报，2006（12）：82-85.
[63] 李玲，郭大维．浅析我国对外贸易商品结构与产业结构的非一致性［J］．商业文化，2007（5）：53.
[64] 金泽虎．国际贸易学［M］．2 版．北京：中国人民大学出版社，2017：23.
[65] 谢秀珍．优化我国出口贸易结构的思考［J］．福建金融管理干部学院学报，2017（4）：39.

[66] 李惊雷. 比较优势理论的发展与我国外贸结构调整 [J]. 商业现代化，2007 (6)：12.

[67] 余剑. 对外贸易、经济增长与结构调整 [J]. 国际经贸探索，2005 (5)：31-35.

[68] 蓝庆新，田海峰. 我国贸易结构变化与经济增长转型的实证分析及现状研究 [J]. 株洲工学院学报，2002 (3)：39-44.

[69] 梁海跃. 电子商务环境下广西会展业的研究与思考 [J]. 知识经济，2013 (8)：118.

[70] 林桂红. CAFTA框架下广西提高农产品对外贸易竞争优势的思考 [J]. 安徽农业科学，2011 (22)：13829.

[71] 蒙永亨，文明礼，汪水兰，刘华明. 民族地区农业科技进步对农业发展影响研究：以广西为例 [J]. 湖北农业科学，2013 (5)：2446.

[72] 牟科俭. CAFTA背景下广西农产品贸易的挑战及对策研究 [J]. 企业导报，2011 (16)：169.

[73] 莫永楷. 中国加入WTO后广西医药业前景分析 [J]. 广西师范学院学报（自然科学版）增刊，2003 (8)：160.

[74] 姜泽华，白艳. 产业结构升级的内涵与影响因素分析 [J]. 当代经济研究，2006 (10)：53-56.

[75] 金哲松. 中国贸易结构与生产结构偏离的原因分析 [J]. 中央财经大学学报，2003 (3)：38.

[76] 马磊，王志勇. 如何提高广西第一产业的效率 [J]. 当代经济，2008 (3)：100.

[77] 欧建峰，吴启贤. 对建设广西桂东承接产业转移示范区的思考 [J]. 特区经济，2012 (4)：212.

[78] 潘尚贤. 中国—东盟自由贸易区发展条件下广西物流业发展现状分析与定位思考 [J]. 商场现代化，2011 (7)：27.

[79] 区路基. 南博会对广西旅游业的影响及对策 [J]. 桂林旅游高等专科学

校学报，2004（6）：32.

［80］覃州．广西北部湾经济区承接香港加工贸易产业转移研究［J］．沿海企业与科技，2011（1）：65.

［81］霍利斯·钱纳里，莫伊思·赛尔昆．发展的型式：1950—1970［M］．李新华，等译．北京：经济科学出版社，1988.

［82］孙伟，王艳．出口商品类型与产业结构变动关联机制探析［J］．北方论丛，2006（1）：138-140.

［83］粟增富，兰茜．广西物流业发展现状分析［J］．广西经济管理干部学院学报，2009（1）：13.

［84］沈利生，吴振宇．外贸产品结构的合理性分析［J］．数量经济技术经济研究，2003（8）：67.

［85］唐奇展，于芳芳，刘鹤杨．广西会展业跨越式发展研究［J］．广西财经学院学报，2013（2）：56.

［86］王景敏，隋博文．面向中国—东盟自由贸易区的广西物流业发展研究［J］．物流科技，2010（11）：45.

［87］王明宪，宋芬．广西物流业发展的机遇及未来发展的对策［J］．沿海企业与科技，2011（1）：88.

［88］王梠伦．对外贸易与中国产业结构高度化进程实证研究［J］．技术经济，2006（2）：24-27.

［89］王菲．实现中国对外贸易结构与产业结构协调发展的对策研究［J］．中国商贸，2010（10）：197-198.

［90］王志勇．广西第一产业的效率分析［J］．广西经济管理干部学院学报，2007（3）：64.

［91］王涛生，左红艳，陈健美．机电类出口产品质量指数非线性自校正模型及其应用［J］．中南大学学报（自然科学版），2013（1）：133.

［92］姜跃春，张玉环．上半年世界经济形势及中国面临的外部挑战［J］．世界知识，2019（15）：54.

[93] 吴颖．吉林省贸易结构和产业结构关系的实证分析［D］．长春：吉林大学，2005：11.

[94] 韦素萍．新形势下提高广西农业企业科技创新能力对策思考［J］．现代农业科技，2013（10）：302.

[95] 魏浩，毛日昇，张二震．中国制成品出口比较优势及贸易结构分析［J］．世界经济，2005（2）：23.

[96] 武海峰，刘光彦．对外贸易、产业结构与技术进步的互动关系研究［J］．山东社会科学，2004（7）：35-38.

[97] 夏刊，王国顺．湖南对外贸易与产业结构升级［J］．湖南经济，2000（8）：18.

[98] 谢磊，刘毅．“10+1”自由贸易区新阶段广西外贸发展对策研究［J］．企业科技与发展，2008（14）：12.

[99] 辛慧炜．“十二五”广西加工贸易发展路径研究［J］．科技经济市场，2013（8）：100.

[100] 西蒙·库兹涅茨．现代经济增长［M］．戴睿，易诚，译．北京：北京经济学院出版社，1989：13-15.

[101] 裴沛．对外贸易结构对江苏省产业结构的影响研究［J］．农机市场，2008（2）：59-62.

[102] 杨克斯，李梅，陶振华，等．中国—东盟自由贸易区框架下广西产业发展与结构调整［J］．广西大学学报（哲学社会科学版），2008（1）：4.

[103] 杨克斯，欧阳国书，洪芳，等．广西金融发展非均衡分析［J］．广西大学学报（哲学社会科学版），2010（6）：6.

[104] 杨素琳．广西承接加工贸易产业转移的思路探讨［J］．商业时代，2009（4）：97.

[105] 杨全发．中国对外贸易与经济增长［M］．北京：中国经济出版社，1999：138-150.

［106］姚婷．中国—东盟自由贸易区框架下广西银行业的功能定位研究［J］．沿海企业与科技，2012（7）：9-11．
［107］陈伯泉．1980年以来中国对外贸易商品结构演变趋势分析［J］．当代财经，1996（5）：48-49．
［108］张群，张曙霄，吴石磊．货物贸易结构优化：一个文献综述［J］．价格月刊，2013（9）：28．
［109］张炳达，唐辉亮，李成军．国际贸易理论与实务［M］．上海：上海财经大学出版社，2008：90．
［110］张二震，马野青．国际贸易学［M］．南京：南京大学出版社，2004：59．
［111］张相文，曹亮．国际贸易学［M］．武汉：武汉大学出版社，2004：96．
［112］张莉莉．广西会展业发展的机遇及战略研究［J］．今日财富，2011（10）：24．
［113］曹文裴．江苏省对外贸易结构与产业结构关系的实证研究［D］．南京：南京航空航天大学，2010：11．
［114］张学鹏，路凤敏，孙玉娇．中亚对中国贸易结构与其产业结构变化关系实证分析［J］．上海经济，2019（3）：36．
［115］张娟，邓文才．人民币升值对广西农产品贸易的影响探析［J］．中国集体经济，2012（19）：32．
［116］张丝思．对外贸易与产业结构升级的理论关系［J］．时代经贸，2008（2）：101-102．
［117］张伟，李勇．对外贸易与产业绩效［J］．石家庄经济学院学报．2004（6）：689-691．
［118］周家福，陈英．广西加工贸易发展的比较优势研究［J］．广西财经学院学报，2009（8）：41．
［119］周明．CAFTA背景下广西农产品贸易竞争力研究［J］．广东农业科

学，2011（13）：180.
[120] 钟昌标．外贸对区域产业结构演进的效应［J］．数量经济技术经济研究，2000（10）：18-20.
[121] 赵江红．中国—东盟自由贸易区的建设对广西农产品贸易的影响［J］．中国经贸导刊，2010（6）：42.
[122] 赵景峰．世界产业结构的演进趋势［J］．经济观察，2008（6）：45.
[123] 释经组．世界经济持续下行 不稳定不确定性增多［N］．中国信息报，2019-07-26（002）.
[124] 习近平．携手共进，合力打造高质量世界经济［N］．人民日报，2019-06-29（002）.
[125] 郭天琪．基于结构视角的贸易政策与产业政策协调研究［D］．哈尔滨：哈尔滨工业大学，2014：17.
[126] 刘斌斌，丁俊峰．出口贸易结构的产业结构调整效应分析［J］．国际经贸探索，2015（7）：42-51.
[127] 冯青．金融发展对产业结构升级的影响研究：以江苏为例［D］．南京：南京师范大学，2012：16.
[128] 李梅．外商直接投资对广西产业结构优化的影响研究［D］．南宁：广西大学，2007：42.
[129] 王莹，成艳萍．山西省对外贸易结构与产业结构关系的实证分析［J］．经济问题，2018（6）：128.
[130] 王念，庞程．基于技术水平视角的广西出口结构和产业结构变化研究［J］．大众科技，2017，19（10）：122.
[131] 周静言．俄罗斯贸易结构与产业结构错位发展的实证分析［J］．辽东学院学报（社会科学版），2018，20（1）：54.
[132] 孙晓华，王昀．对外贸易结构带动了产业结构升级吗？——基于半对数模型和结构效应的实证检验［J］．世界经济研究，2013（1）：21.
[133] 徐承红，张泽义，赵尉然．我国进口贸易的产业结构升级效应及其机

制研究：基于“一带一路”沿线国家的实证检验［J］. 吉林大学社会科学学报，2017，57（4）：65-66.

［134］马骥. “一带一路”背景下对外贸易促进产业升级机制与对策分析［J］. 邵阳学院学报（社会科学版），2017，16（5）：64.

［135］李韵. 我国农业贸易结构与产业结构的互动关系研究［J］. 农业经济，2019（8）：119.

［136］杨海丽，梁伦西，曾庆均，钟成林. 对外贸易、FDI 和产业结构优化升级：基于重庆数据的实证研究［J］. 贵州商学院学报，2019，32（2）：36.

［137］周婧婷. 对外贸易结构对产业结构变迁影响的研究［D］. 上海：上海外国语大学，2019：13.

［138］潘家栋. 人民币汇率变动对我国出口贸易的影响研究［D］. 杭州：浙江大学，2017.

［139］赵红，周艳书. 影响中国出口贸易结构升级因素的实证分析［J］. 重庆大学学报（社会科学），2009，15（3）：39.

［140］刘艳光. 出口商品结构升级与贸易强国之路［J］. 时代金融，2011（21）：110.

［141］赵楚. 珠三角地区产业结构升级与贸易结构优化的关系研究［D］. 武汉：武汉大学，2013：65.

［142］王笑笑. 中国出口贸易转型升级的影响效应研究［D］. 杭州：浙江大学，2017.

［143］王光净. 区域产业结构优化与发展模式探索：基于可持续发展的视角［M］. 北京：经济管理出版社，2016：24.

［144］袁航. 创新驱动对中国产业结构转型升级的影响研究［D］. 北京：北京邮电大学，2019：16.

［145］孙林霞，宋立楠. 陕西省出口贸易结构存在的问题及优化对策［J］. 知识经济，2019（15）：49.

[146] 威廉·配第．政治算数［M］．陈冬野，译．北京：商务印书馆，1978：18-19.

[147] 科林·克拉克．经济进步的条件［M］．张旭坤，夏晴，等译．北京：中国人民大学出版公司，2020：34-56.

[148] 李兰冰．区域产业结构优化升级研究［M］．北京：经济科学出版社，2015：13.

[149] 邢孝君．中国对外直接投资对产业结构升级的影响［D］．杭州：浙江工业大学，2017：78.

[150] 潘团．科技创新、产业结构升级对经济增长的影响研究［D］．合肥：安徽财经大学，2017：43.

[151] 杨兵，戴淑芬，葛泽慧．技术创新与我国高端制造业结构优化升级的动态关系研究［J］．中国管理信息化，2019（17）：150-156.

[152] 凌丹，赖伟豪，刘慧岭．双向 FDI 技术溢出、技术进步与产业结构升级［J］．武汉理工大学学报（社会科学版），2018，31（6）：62-69.

[153] 尹忠明，李东坤．中国对外直接投资对国内产业升级的作用机理：基于不同投资动机的探讨［J］．北方民族大学学报（哲学社会科学版），2015（1）：37-41.

[154] 贾妮莎，韩永辉．外商直接投资、对外直接投资与产业结构升级：基于非参数面板模型的分析［J］．经济问题探索，2018（2）：142-152.

[155] 宛群超，袁凌，王瑶．对外直接投资、区域创新与产业结构升级［J］．华东经济管理，2019（5）：34-42.

[156] 甘劲燕．人力资本对产业结构升级的影响：基于省际面板数据的研究［J］．价值工程，2019（20）：59-61.

[157] 朱华宇．技术创新、人力资本与产业结构升级［D］．杭州：浙江工商大学，2018：48.

[158] 傅智能，黎舒圆．人力资本积累与产业升级关系的实证分析：以湖北省为例［J］．当代经济，2019（8）：22-25.

［159］杨长湧．世界经济2018年形势和2019年展望［J］．大陆桥视野，2018（11）：39.

［160］中国财政科学研究院课题组，傅志华，马洪范，等．从“逆全球化”看2018年国际经济形势［J］．财政科学，2018（5）：5-12.

［161］黄奇帆．新时代国际贸易新格局、新趋势与中国的应对（上）［N］．第一财经日报，2019-10-08（A11）.

［162］陈湘桂．广西劳动密集型产业发展的实证分析及对策［J］．改革与战略，2005（6）：45.

［163］刘雷，何传启．世界产业结构现代化的历史与分析［J］．理论与现代化，2019（4）：5-13.

［164］白景彰，陆文宣，陈显梅．广西农业特色产业发展概况［J］．广西蚕业，2013（2）：45.

［165］谢娱，周磊．风生水起北部湾 扬帆远航正当时：改革开放40年广西外贸发展回顾及主要特征［J］．当代广西，2019（1）：27.

［166］易城．广西现代服务业发展现状与对策［J］．市场论坛，2019（12）：14-16.

［167］广西区研究生创新项目组．北部湾经济区港口整合与广西贸易结构优化研究［J］．现代商贸工业，2009（15）：98.

［168］沈佳斌．经济增长理论导论［M］．北京：北京大学出版社，2015：28.

［169］徐广军，张汉鹏．美国产业演进模式与我国产业结构升级［J］．经济与管理研究，2006（8）：39-42，89.

［170］黄群慧．工业化后期的中国工业经济［M］．北京：经济管理出版社，2018：56.

［171］罗斯托．从起飞进入持续增长的经济学［M］．贺力平，译．成都：四川人民出版社，1988：63.

［178］A. SAPIR. Trade in investment-related technological services［J］. World development, 1986 (14): 605-622.

[179] BALASSA B. Exports and economic growth: further evidence [J]. Journal of development economics, 1978 (5): 181-189.

[180] BRANDER J A , SPENCER B. Export subsidies and international market share rivalry [J]. Journal of international economics, 1985 (2): 81.

[181] C GRANGER. Investigating causal relations by econometric models and cross spectral methods [J]. Econometrics, 1969 (37): 424-438.

[182] DOLLAR D. Outward-oriented developing economies really do grow more rapidly: evidence from 95 LDCs, 1976—1985 [J]. Economic development and cultural change, 1992, 40 (3): 520-544.

[183] DANIEL SAKYI. Trade openness, foreign aid and economic growth in post—liberation Ghana: an application of ARDL bounds test [J]. Journal of economics and international finance, 2011 (3): 146-156.

[184] FEDER G. On exports and economic growth [J]. Journal of development economics, 1983 (12): 59-73.

[185] GTHATAK S, MILNER C, UTKULU U. Export, export composition and growth: co-integration and causality evidence for Malaysia [J]. Applied economics, 1997 (29): 211-225.

[186] HAUSMANN R. The product space conditions the development of nations [J]. Science, 2007: 317-482.

[187] HOEKMAN B, PRIMO BRGA C A. Protection and trade in service: a survey [J]. Open economic review, 1997, 8 (3): 285-308.

[188] JAMES A, BRANDER. Intra-industry trade in identical commodoties [J]. Journal of international economics, 1981, 11 (1): 1-14.

[189] KHALAFALLA K, ALAN J WEBB. Export-led growth and structural change: evidence from Malaysia [J]. Applied economics, 2001 (33): 1703-1715.

[190] KUZNTS S. Economic growth of nations: total output and production strcture [M]. Canbriclge: Havard University Press, 1971: 67-89.

[191] KANTA MARWAH, AKBAR TAVAKOLI. The effect of foreign capital and imports on economic growth: further evidence from four Asian countries (1970—1998) [J]. Journal of asian economics, 2004 (15): 399-413.

[192] KALI R, MENDEZ F, REYES J. Trade structure and economic growth [J]. Jounal of international trade and economic development, 2007, 16 (2): 245-269.

[193] LAWRENCE EDWARDS. Trade and the structure of South African production [J]. Development southern africa, 2001 (10): 94.

[194] M FERRANTINO. Export diversification and structural dynamics in the growth process: the case of Chile [J]. Journal of development economics, 1997 (52): 375-391.

[195] MARWAH K, TAVAKOLI A. The effects of foreign capital and imports on economic growth [J]. Journal of Asian economics, 2004 (15): 399-413.

[196] MAZUMDAR J. Do static gains from trade lead to medium-run growth [J]. Journal of political economy, 1996 (6): 1328-1337.

[197] MICHAELY M. exports and economic growth: an empirical investigation [J]. Journal of development economics, 1977 (4): 49-53.

[198] OHLIN B. International and international trade [M]. Cambridge: Havard University Press, 1933: 35.

[199] P KRUGMAN. Incerasing retums, monopolistie competition and intenrational trade [J]. Jounral of international economics, 1978 (9): 469-479.

[200] RICARDO HAUSMANN, DANI RODRIK. Economic development as self-discovery [J]. Journal of development economics, 2003 (72): 603-633.

[201] PETER C Y CHOW. Causality between export growth and industrial development: empirical evidence from the NICs [J]. Journal of development eco-

nomics, 1987, 26 (1): 55-63.

[202] SIMON KUZNETS. Economic growth of nations: total output and production Structure [M]. Cambridge: Harvard University Press, 2013: 303-326.

[203] S DODARO. Export and growth: a reconsideration of causality [J]. Journal of developing areas, 1993 (27): 117-244.

[204] UKPOLO. Export composition and growth of selected low-income African countries: evidence from time-series data [J]. Applied economics, 1994 (26): 445.

[205] VERNON R. international investment and international trade in the product cycle [J]. The quarterly journal of economics, 1966, 80 (2): 190-207.

[206] W G HOFFMANN. Growth of industrial economics [M]. Manchester: Manchester Universitty Press, 1958: 20-30.

重要术语索引表